高职高专物流类专业系列教材

库存管理
第 2 版

主　编　黄君麟　熊正平　马艳秋
副主编　张海平　许文韬　陈怡丹
参　编　张丽辉

机械工业出版社

本书从库存管理基础入手，综合研究了企业库存管理的全部内容，系统阐述了库存与库存管理、库存需求分析和预测、库存订货量的确定、库存计价与记录、库存管理方法、MRP 与库存管理、JIT 与库存管理、ERP 与库存管理、库存管理实践以及库存管理绩效评价等方面的内容。

本书可作为高职高专院校、成人高校、民办高校及本科院校举办的二级职业技术学院管理类专业的教学用书，并可作为社会从业人士的业务参考书及培训用书。

为方便教学，本书配备了电子课件、习题答案、视频资源等教学资源。凡选用本书作为教材的教师均可登录机械工业出版社教育服务网 www.cmpedu.com 免费下载。咨询电话：010-88379375；服务 QQ：945379158。

图书在版编目（CIP）数据

库存管理/黄君麟，熊正平，马艳秋主编．—2 版．—北京：机械工业出版社，2019.6（2025.1 重印）

高职高专物流类专业系列教材

ISBN 978-7-111-62482-0

Ⅰ．①库… Ⅱ．①黄… ②熊… ③马… Ⅲ．①库存—仓库管理—物资管理—高等职业教育—教材 Ⅳ．①F253.4

中国版本图书馆 CIP 数据核字（2019）第 068071 号

机械工业出版社（北京市百万庄大街 22 号 邮政编码 100037）

策划编辑：孔文梅　　责任编辑：孔文梅　乔　晨
责任校对：张　薇　　封面设计：鞠　杨
责任印制：单爱军

北京虎彩文化传播有限公司印刷

2025 年 1 月第 2 版第 9 次印刷
184mm×260mm・13.5 印张・331 千字
标准书号：ISBN 978-7-111-62482-0
定价：39.80 元

电话服务　　　　　　　　　　网络服务
客服电话：010-88361066　　　机 工 官 网：www.cmpbook.com
　　　　　010-88379833　　　机 工 官 博：weibo.com/cmp1952
　　　　　010-68326294　　　金 书 网：www.golden-book.com
封底无防伪标均为盗版　　　　机工教育服务网：www.cmpedu.com

前言
Preface

随着我国物流业的快速发展，库存管理作为物流管理的一个重要组成部分也得到了迅速的发展。由于新的理论和新的方法在库存实践中得到了广泛的应用，淘汰了一些老旧的理论和方法；同时，结合读者的反馈意见，编者对《库存管理》进行了修订。

《库存管理》（第2版）立足于高职高专管理类专业的培养目标，结合库存管理的最新发展和市场对高职高专学生人才的需求特点，保留了第1版中实用性较强的库存管理理论和方法；删除了一些晦涩难懂、实用性不强的库存管理理论和方法；同时，更正了第1版中的一些过时观念，并结合教学需要，补充了相关的视频、知识拓展、案例分析、同步思考等，使得本书更加贴近教学实际，既方便老师教学，也方便学生自学。

本书从库存管理基础入手，综合研究了企业库存管理的全部内容，系统阐述了库存管理的基本理论和方法，对库存需求分析和预测、库存订货量的确定、库存计价与记录、库存管理方法、MRP与库存管理、JIT与库存管理、ERP与库存管理、库存管理实践以及库存管理绩效评价等方面进行了专门的论述。

本书由黄君麟、熊正平、马艳秋主编。其中第一章由张丽辉编写，第二、三章由熊正平编写，第四章由马艳秋编写，第五章由许文韬编写，第六、七章由张海平编写，第八、九章由黄君麟编写，第十章由陈怡丹编写。

本书在编写过程中，得到了从事实际工作的库存管理专家的大力支持，在此谨向他们表示衷心的感谢。

由于时间仓促，编者水平有限，书中难免有疏漏及不妥之处，恳请读者批评指正。

为方便教学，本书配备了电子课件、习题答案、视频资源等教学资源。凡选用本书作为教材的教师均可登录机械工业出版社教育服务网 www.cmpedu.com 免费下载。咨询电话：010-88379375；服务QQ：945379158。

编　者

目录 Contents

前言

第一章 库存与库存管理 /1
第一节 库存 /1
第二节 库存管理 /6
复习思考题 /16

第二章 库存需求分析和预测 /18
第一节 库存需求分析 /18
第二节 库存需求预测 /23
复习思考题 /41

第三章 库存订货量的确定 /44
第一节 经济订货批量的确定 /44
第二节 经济生产批量的确定 /55
第三节 一次性订货量的确定 /59
第四节 安全库存量的确定 /62
复习思考题 /72

第四章 库存计价与记录 /75
第一节 库存计价的基本方法 /75
第二节 库存记录 /84
复习思考题 /88

第五章 库存管理方法 /91
第一节 ABC 分类法 /91
第二节 定量订货管理法 /96
第三节 定期订货管理法 /99
第四节 其他库存管理法 /101
第五节 库存管理方法的选择 /104
复习思考题 /109

第六章 MRP 与库存管理 /111
第一节 MRP 的特点与关键概念 /111
第二节 MRP 的输入与输出 /116
复习思考题 /122

第七章 JIT 与库存管理 /125
第一节 JIT 生产系统的构成 /126
第二节 JIT 生产系统的主要方法 /136
第三节 JIT 生产系统的转换 /142
复习思考题 /144

第八章 ERP 与库存管理 /146
第一节 ERP 的理念与特点 /146
第二节 实施 ERP 的要点 /151
复习思考题 /154

第九章 库存管理实践 /155
第一节 物流与库存管理 /155
第二节 厂商与库存管理 /161
第三节 批发商与库存管理 /173
第四节 零售商与库存管理 /179
复习思考题 /184

第十章 库存管理绩效评价 /186
第一节 库存管理的绩效指标 /186
第二节 绩效指标分析评估与标杆超越 /196
复习思考题 /207

附录 正态分布表 /209

参考文献 /210

第一章　库存与库存管理

▶▶ 本章目标 ◀◀

本章，我们将要介绍一些库存与库存管理相关的理念。我们将对库存管理的一些关键术语进行定义，介绍有关库存与库存管理的含义、分类、利弊以及成本等。我们这样做的目的，是使读者在一开始就对库存与库存管理有一个总体的概念，从而为后面章节的学习奠定基础。库存有利也有弊，确定合理的库存水平不但要考虑各成本之间的平衡，还要考虑服务水平。库存管理的终极目标就是要使库存的收益最大化，不利因素最小化。

通过本章学习，相信读者将会具备以下能力：
1. 能够理解有关库存、库存管理以及库存管理系统的基础知识。
2. 能够掌握库存、库存管理的定义、分类、作用、目标。
3. 能够熟悉库存管理指标体系。

库存是一把双刃剑，生产与商业活动都缺不了它。可是一旦管理不当，它也会让你吃不了兜着走。任何企业都在不同程度上持有一定量的库存。

第一节　库　　存

一、库存的含义

库存对每个企业来说都是客观存在的。一般情况下，企业设置库存的目的是防止短缺，就像水库里储存的水一样。另外，它还具有保持生产过程的连续性、分摊订货费用、快速满足用户订货需求的作用。在企业生产中，尽管库存是出于种种经济考虑而存在的，但是库存也是一种无奈的结果。它是由于人们无法预测未来的需求变化，才不得已采用的应付外界变化的手段，也是因为人们无法使所有的工作都做得尽善尽美，才产生一些人们并不想要的冗余与囤积——不和谐的工作沉淀。

1. 库存的定义

库存是指处于储存状态的物资或商品。库存与保管的差别在于前者是从物流管理的角度出发强调合理性和经济性，后者是从物流作业的角度出发强调效率性。库存具有整合需求和供给、维持各项活动顺畅进行的功能。

2. 对库存的不同理解

库存是为了满足未来需要而暂时闲置的资源，所以闲置的资源就是库存，与这种资源是否存放在仓库中没有关系，与资源是否处于运动状态也没有关系。

从物流系统观点看，狭义上讲，流速为零的物料就是库存，广义的库存还包括处于制造加工状态和运输状态的物资。

从财务角度看，存货资产就是库存，主要包括商品、产品、半成品、原材料、在产品、储备品。

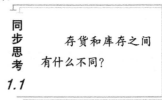

存货和库存之间有什么不同？

同步思考 1.1

二、库存的分类

库存可以从库存物资的用途、存放地点、来源、所处状态，或从生产角度和经营角度等几个方面来分类。这样做，可能有些库存类型会有重叠，但这样分类有利于我们更好地理解库存的不同内涵。

1. 按经济用途分类

（1）**商品库存**　商品库存是指企业购进后供转售的货物，其特点是在转售之前，保持其原有实物形态。

（2）**制造业库存**　制造业库存是指购进后直接用于生产制造的货物，其特点是在出售前需要经过生产加工，改变其原有的实物形态或使用功能。具体分类如下：

1）材料，指企业通过采购或其他方式取得的用于制造并构成产品实体的物资，以及取得的供生产耗用但不构成产品实体的辅助性材料等。外购半成品一般也归入此类。企业也可按照其用途再细分为原材料、辅助材料、燃料和外购半成品等若干小类。

2）在产品，指企业正处于加工过程中的、有待进一步加工制造的物资。

3）半成品，指企业部分完成的产品，它在销售以前还需要进一步加工，但也可作为商品对外销售。

4）产成品，指企业已经全部完工，可供销售的产品。

（3）**其他库存**　其他库存是指除了以上库存外，供企业一般耗用的物资和为生产经营服务的辅助性物资。其主要特点是满足企业的各种消耗性需要，而不是为了将其直接转售或加工制成产品后再出售。为生产经营服务的辅助性物资是指企业进行生产经营必不可少的、服务于企业生产经营的物资，如包装物和低值易耗品等。

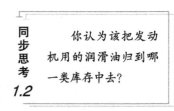

你认为该把发动机用的润滑油归到哪一类库存中去？

同步思考 1.2

2. 按存放地点分类

（1）**库存存货**　库存存货是指已经运到企业，并已验收入库的各种材料和商品，以及已验收入库的半成品和产成品。

（2）**在途库存**　在途库存包括运入在途物资和运出在途物资。运入在途物资是货款已经支付或虽未付货款但已取得所有权、正在运输途中的各种外购物资。运出在途物资是指按照合同规定已经发出或送出，但尚未转移所有权，也未确认销售收入的物资。

（3）**委托加工库存**　委托加工库存是指企业已经委托外单位加工，但尚未加工完成的各种物资、材料、在产品和半成品等。

（4）**委托代销库存**　委托代销库存是指企业已经委托外单位代销，但按合同规定尚未办理代销货款结算的物资，包括材料和产成品等。

3. 按库存来源分类

（1）**外购库存**　外购库存是企业从外部购入的库存，如外购材料等。

（2）**自制库存**　自制库存是由企业内部制造的库存，如自制材料、在产品和产成品等。

4. 按经营过程分类

（1）**经常库存**　经常库存是指企业在正常的经营环境下为满足日常需要而建立的库存。这种库存随着每日的需要不断减少，当库存降低到某一水平时（如订货点），就要及时订货来补充库存。这种库存补充是按一定的规则反复进行的。

（2）**安全库存**　安全库存是指为了防止不确定因素（如大量突发性订货、交货期突然延期等）影响而准备的缓冲库存。

（3）**生产加工和运输过程中的库存**　生产加工过程中的库存是指处于加工状态的物资，以及为了生产的需要暂时处于储存状态的零部件、半成品或产成品。运输过程中的库存是指处于运输状态的物资。

（4）**季节性库存**　季节性库存是指为了满足特定季节中出现的特定需要（如夏天对空调机的需要）而建立的库存，或是指对季节性出产的原材料（如大米、棉花、水果等农产品）在出产季节因大量收购所建立的库存。

（5）**促销库存**　促销库存是指为了应对企业的促销活动产生的预期销售量增加而建立的库存。

（6）**投机库存**　投机库存是指某种商品的买方为了避免因该商品价格上涨造成损失或该商品的卖方为了从商品价格上涨中获利而建立的库存。

（7）**沉淀库存**（积压库存）　沉淀库存是指因物资品质变坏而不再有效用的库存，或因没有市场销路而卖不出去的商品库存。

三、库存的利弊

库存既然是闲置的资源，就一定会造成浪费，增加企业的开支。那么，为什么还要维持一定量的库存呢？这是因为库存有其特定的对供给与需求之间的平衡关系进行缓冲的作用，可以解决供给的最佳批量和需求的实际批量之间存在差异的矛盾。

1. 库存的作用

（1）**缩短订货前置时间**　当制造厂维持一定量的成品库存时，客户就可以很快采购到所需的物资，这样就缩短了客户的订货前置时间，加快了社会生产的速度，也使供应厂商争取到了客户。

> **同步思考 1.3**　"如果供应商是相当可靠的，商业组织就不再需要库存了。"你认为这句话正确吗？

（2）**稳定生产和需求**　在竞争激烈的社会环境中，外部需求的不稳定性是经常现象，而生产的均衡性又是企业内部组织生产的客观要求，外部需求的不稳定性与内部生产的均衡性是矛盾的。要保证满足需求方的要求，又使供给方的生产均衡，就需要维持一定量的成品库存。成品库存将外部需求和内部生产分隔开，就像水库一样起着稳定的作用。

（3）**分摊订货费用**　企业的生产如果需要一件采购一件，就可以不需要库存，但这样不一定经济。订货需要一笔费用，这笔费用若摊在一件物资上，成本将是很高的。如果一次采购一批，分摊在每件物资上的订货费就少了，但这样会有一些物资一时用不上，造成库存。对生产过程来说，采取批量加工，可以分摊调整准备费用，但批量生产不可避免地会造成库存。

（4）**防止物资短缺**　维持一定量的库存可以防止物资短缺。为了应付各种突发事件，一个企业必须要有一定的库存物资。

（5）**防止生产中断**　在生产过程中维持一定量的在产品库存，可以防止生产中断。显然，当某道工序的加工设备发生故障时，如果工序间有在产品库存，其后续工序就不会中断。同样，有一定量的在途原材料等生产必需的物资，就可以保证供应，使生产正常进行。

（6）**降低运输成本**　实施整车运输，降低运输成本。

总的来说，库存有利于平衡供给和需求之间的变化和不可知性所带来的矛盾，还可以在操作中出现问题的情况下，保证运作的顺利进行。尽管库存有如此重要的作用，但生产管理的努力方向不是增加库存，而是不断减少库存。我们研究库存的目的，是要在尽可能低的库存水平下满足需求。

2. **库存的弊端**

有人说库存是企业的"坟墓"。库存的存在，使资源闲置，造成浪费，并增加了企业的开支，给企业带来了较大的经济负担。库存带来的弊端表现为：

1）库存使资金积压，引起资金周转困难。
2）库存使预期投资利润受到损失。
3）由于有的物资会过时、陈腐，使库存积压品的损失风险增大。
4）由于库存产品有时减价出售，使利润降低。
5）库存占用了建筑物的使用空间。
6）由于工厂的在产品库存过多，使生产效率降低。
7）库存使费用增加。

3. **库存的目标**

成熟市场中的许多企业都信奉准时生产（JIT）库存理念。从纯理论的角度讲，这意味着完全没有库存，更确切地说，货物必须在客户需要时准时到达货架。但是，我们需要认识到非常重要的一点是，通过持有库存，企业可以实现许多有意义的目标。

（1）**获取规模经济效益**　为了获得订货折扣或降低运输成本，企业可能会一次性大批量购买某种商品。同样，持续生产也可以明显削减制造成本。在上述情况下，库存作为一种节省物流系统其他部分成本的方法而被广泛使用。

（2）**提供平衡供给和需求的途径**　一些厂商也许只在一年的某个时期销售它们的产品。为了充分利用厂房、机器设备等固定资产，并确保拥有稳定的熟练劳动力，管理人员可能决定全年都进行生产，将待售的产成品储存到销售季节再进行销售。

（3）**为不确定需求提供保障**　即便管理人员尽最大的努力预测市场，他们也永远无法完全预知需求的变动。另外，为应付突发性事件而持有一定量的库存，可以保证即使生产出现了中断，客户的需求也能够得到满足。

> **同步思考 1.4**　在生产运作中，库存是如何起缓冲作用的？

综上所述，经理们应当权衡库存的收益和成本，弄清大批量购买所获得的折扣是否大于持有额外库存的成本；在销售季节前半年内生产所需的季节性产品是否比在这一时期积压库存更便宜；新的预测软件和更负责的货运企业是否可以降低需求的不确定性；与使用库存手段相比，企业生产过程中的某些问题是否可以通过其他方法得到更好的解决。这些问题管理人员都必须做出选择。

四、库存的成本

企业在决定持有多大库存时必须确定每一项具体决定对库存成本的影响。在库存决策中涉及的成本主要有以下几类：

1. 采购成本

采购成本有两种含义：当物资从外部购买时，采购成本是指单位采购价格与采购数量的乘积，以及所采购物资的运杂费；当物资由企业内部制造时，购入成本是指单位生产成本与生产数量的乘积。

2. 订货成本

订货成本是指企业向供应商发出采购订单的费用及订单处理过程中发生的相关费用，具体包括：

（1）**订货手续成本** 主要指订货所花的人工费用、相关办公用品费用、主管及有关部门的审查费用。

（2）**进货验收成本** 主要指检验人员办理验收手续所花费的人工费用、交通费用、检验仪器仪表费用等。

（3）**其他成本** 主要指会计入账支付款项等所花费的成本。

3. 储存成本

（1）**资金成本** 维持存货需要资金的投入，投入了资金就使其他需要使用资金的地方丧失了使用这笔资金的机会，如果每年在其他地方使用这笔资金的投资报酬率为20%，则每年存货资金成本为这笔资金的20%。同时，由于存货占用资金而产生的利息，也包括在资金成本中。

（2）**搬运成本** 存货数量增加，则搬运和装卸的机会也会增加，搬运工人与搬运设备同样也会增加，这就造成搬运成本相应增加。

（3）**仓储成本** 指仓库的租金及仓库管理、盘点、维护设施（如保安、消防等）的费用。

（4）**折旧及陈腐成本** 存货容易发生品质变异、破损、报废、价值下跌、呆滞料的出现等，因而所丧失的价值就会加大，导致折旧及陈腐成本增加。

> 同步思考 1.5
> 按照你家的生活习惯，将冰箱装满食物大概要花多少钱？

（5）**其他成本** 主要指存货的保险费用、其他管理费用等。

4. 缺货成本

当某一生产所需物资的储备耗尽时，对该物资的需求或者被取消，或者必须等到再次补充库存后才能继续生产。这就涉及权衡补充库存满足需求的成本与储存成本之间的大小。这种平衡经常是难以得到的，因为难以估计损失的利润、失去客户的影响以及延误供货造成的损失。虽然通常可以为缺货成本定义一个范围，但这种假设的缺货成本往往还只限于预测的程度。缺货成本包括停工待料以及有了物料后的加班、计划的变动、信誉的损失、延迟订货及销售损失等。

确定向供应商订货的数量或者要求生产部门的生产批量时,应该尽量使由上述四种单项成本引起的总成本达到最小。当然,订购时机也是影响库存成本的关键因素。

第二节　库　存　管　理

库存管理是物流管理的核心。

一、库存管理的含义

库存管理之所以重要,首先在于库存领域存在着降低成本的广阔空间,尤其是对于中国的大多数企业来说更是如此。有关研究资料显示,近年来中国国有工业企业流动资本总量和增长幅度在上升,而资本周转速度却在下降。对于我国的企业来说,物流管理的首要任务是通过物流活动的合理化降低物流成本,如通过改善物资采购方式和库存控制方法,降低采购费用和保管费用;通过合理组织库内作业活动提高搬运装卸效率,减少保管装卸费用支出等。因此,采用科学的方法管理和控制库存是企业降低物流成本的需要。

库存管理是提高客户服务水平的需要。在激烈的市场竞争中,企业不仅要有提供优质产品的能力,而且要有提供优质物流服务的能力。再好的产品如果不能及时供应到客户手中,同样会降低产品的竞争能力。例如,生产销售同样质量的汽车配件,或者经销同一品牌的配件,如果甲店能够保证随时提供各种规格型号的配件,并且24小时内送达客户手中,而乙店却时常出现缺货、送货速度缓慢的情况,则甲店的竞争能力就会明显高于乙店。但是,要保证用户订货时不发生缺货,并不是一件容易的事情。虽然加大库存可以提高服务的水平,但是加大库存要占用大量资金,而且要占用较大的储存空间,这会带来成本的上升。如果企业的行为不考虑成本,则是毫无意义的,对经营本身并不会起到支持作用,在过高成本下维持的高水平服务也不会长久。因此,必须通过有效的库存控制,在满足客户需求的情况下,保持适当的库存量。

库存管理是规避风险的需要。随着科学技术的发展,新产品不断出现,产品的更新换代速度加快,如在电子产品领域,平均每三个月更新换代一次。如果库存过多,就会因新产品的出现使其价值缩水,严重的可能会一钱不值。从另一个角度看,消费者的需求在朝着个性化、多样化方向发展,对商品的挑剔程度在增大,从而导致商品的花色品种越来越多,这会给库存管理带来一定难度,也使库存的风险加大。一旦消费者的需求发生变化,过多的库存就会成为企业陷入经营困境的直接原因。因此,在多品种小批量的商品流通时代,更需要运用现代库存管理技术科学地管理库存。

1. *库存管理的定义*

库存管理又称存货管理或在库管理,是在库存理论的指导下,在经济、合理或某些特定的前提下(如不允许缺货和降低服务水平等),建立库存数量的界限,即库存量(需求量)、库存水平、订货量等数据界限。简单地说,库存管理主要是企业经营者解决何时补充订货,补充多少,以及库存系统的安全库存量、平均库存量、周转率、缺货次数各是多少等问题所采取的方法。

库存管理是对在库物资种类及其存量的管理与控制,它只考虑其合理性、经济性与最优性,而不是从技术上去考虑存货的保管与储藏以及如何运输。

2. 库存管理的目标

库存管理基于两点考虑:一个是客户服务水平,即在正确的地点、正确的时间,有足够数量的合适商品;另一个是订货成本与库存持有成本。

库存管理的总目标是在库存成本的合理范围内达到满意的客户服务水平。为达到该目标,应尽量使库存保持平衡。为此库存管理人员须做出两项基本决策,即订货时机与订货批量(何时订货与订多少货)。

库存管理的目的是在满足客户服务要求的前提下,通过对企业的库存水平进行控制,尽可能地降低库存水平,提高物流系统的效率,以强化企业的竞争力。库存管理人员应对不同的环境做出快速反应,采取灵活的方法密切关注客户的需求。当然,客户服务会涉及许多问题,在以客户满意为目标时必须认识到,达到客户满意至关重要,即使有时候不得不付出高额的成本,也在所不惜。

> **同步思考 1.6**
> 一家公司如果想要提高利润率,要么向供应商压低价格,要么向客户提高价格,此外别无他法。你认为这句话正确吗?

库存管理不善会导致库存不足或过剩。库存不足将错过销售机会,失去销售额,使客户不满,产生生产瓶颈;而库存过剩则不必要地占用了如果用在别处会更有效益的资金。尽管库存过剩看起来危害较小,但附着在太多库存过剩上的价值令人吃惊,当库存持有成本较高时,局面容易失控。

3. 库存管理的作用

(1) **库存管理在企业经营中的作用** 在企业经营过程的各个环节间存在库存。也就是说,在采购、生产、销售不断循环的过程中,库存使各个环节上的经济活动相对独立成为可能。同时,库存可以调节各个环节之间由于供求品种及数量的不尽一致而发生的变化,把采购、生产和销售等企业经营的各个环节连接起来并起到润滑剂的作用。对于库存在企业中的角色,不同的部门存在不同的看法。库存管理部门和其他部门的目标往往存在冲突,为了实现最佳库存管理,需要协调各个部门的活动,使每个部门不仅是以有效实现本部门的功能为目标,更要以实现企业的整体效益为目标。

高水平的客户满意度和低水平的库存投资似乎是一对相互冲突的目标,过去曾认为这对目标不可能同时实现。但是,现在通过应用创新的物流管理技术,同时伴随改进企业内部管理和强化部门协调,企业可同时实现这一对目标。总之,库存管理在企业经营中的作用可概括为以下几点:

1) 满足预期客户需求。客户可能是从街上走进来买一套立体音响设备的人,也可能是一名机械工人,他的工具箱或生产制造过程需要工具。这些客户需求就涉及预期库存,因为它们被持有是为了满足预期客户的平均需求。

2) 平衡生产和需求。经历季节性需求模式的企业总是在淡季积累库存,满足特定季节的过高需求,这种库存被命名为季节性库存。例如,加工新鲜水果蔬菜的企业,出售贺卡、滑雪板、雪上汽车或圣诞树的商店都会涉及季节性库存。

3）分离运作过程。过去的制造企业用库存作缓冲，以保证生产的连续性，否则就会由于设备故障而陷于混乱，并导致部分业务临时中止。用库存作缓冲使得在解决问题时，其他业务不必临时中断。同样地，利用原材料库存使生产过程和来自供应商的运送中断问题隔离开来，产成品库存使销售过程和制造过程割裂开来。有些企业对库存缓冲进行了进一步的研究，发现它们占用成本和空间。此外，它们还认识到通过外加工和消除故障源会大大减少生产和销售运作过程对库存的需要。

4）防止脱销、延迟送货和意料之外的需求增长所增加的缺货风险。延迟送货的发生可能是由于气候条件、供应商缺货、运错货物、质量问题等原因。通过持有安全库存能够降低缺货风险。安全库存是指为应付需求和交付时间的多变性而持有的超过平均需求的库存。

5）利用订货周期，平衡采购和库存成本。企业往往一次性地购买超过现有需求数量的物资，并把其中一些或全部储备起来用于后期使用，这种方式十分必要。同时，大量生产往往也比少量生产经济，而且此时产成品必须进入库存以后再用。因此，保存库存能够使企业以经济批量采购和生产，无须为短期需求在购买与生产的平衡上消耗过多精力，这就导致了定期订单或订货周期。订货周期并不总是取决于经济订货批量。在有些情况下，集中订货和固定时间订货会更现实或更经济。

6）应对价格上涨。有时企业会判断实际物价要上涨，为了避免增加成本，它们就会以超过平时正常水平的数量进行采购。这种储存多余商品的能力可以使企业利用更大订单获取价格折扣。

7）准许业务运营。生产运作过程需要花费一定量的时间（即生产的非即时性）意味着通常都会有一些在产品库存。另外，商品的中间库存（包括生产现场的原材料、半成品和产成品以及存在仓库里的商品）会产生经由生产—销售系统的流水线库存。

（2）**库存管理在供应链中的作用**　如果把经营实体扩大到由供应商、制造商、批发商和零售商组成的供应链范围来考虑库存问题的话，就会发现有问题的库存数量将会大大增加。

每一个产品都有其特有的供应链。在各自的供应链中，所购物资一般都要经历原材料供应商、生产商、制造环节、物流中心、仓库、第三方运营商、运输企业、批发商、零售商等一系列的环节。简言之，一种产品的供应链包括从原材料出处算起的多级供应商和到达最终客户为止的多级客户，如图1-1所示。

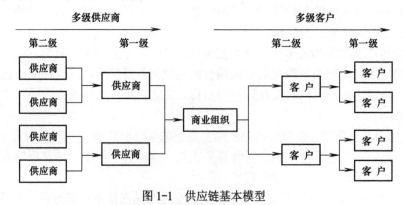

图1-1　供应链基本模型

在过去，组成供应链的各经营者之间的关系是买卖关系，因而经营者并不习惯在他们之间交换信息，也不习惯相互协调地进行库存管理，更不用说在整个供应链上共享信息和共同协调了。这种结果肯定会形成不必要的大量库存，同时也可能降低客户的满意度。比如，过去组成供应链的各个经营者对各自供应商及时、准确交货的承诺并不能全信，因而，它们的库存往往超过实际需要库存量，以防万一出现供应商延期交货或不能交货的情况。这种超过实际需要量的库存常常被称为"缓冲库存"。

同样地，在过去，由于组成供应链的各个经营者与各自的客户（需求方）之间缺乏必要的信息交换，从而对客户的需求，特别是最终消费者的实时需求难以把握，只能是依靠预测来安排生产。由于预测与实际存在差距，所以容易产生库存不足或过剩的现象。

另外，为了满足客户的大量突发性订货通常要准备"缓冲库存"。据有关资料统计，这种"缓冲库存"差不多占整个零售业库存的1/3。

因此，从供应链整体来看，过去这种传统交易习惯导致的不必要库存给企业增加了成本，而这些成本最终将会反映在销售给客户的产品价格上，从而降低了客户的满意度。所以，在供应链范围内进行库存管理不仅可以降低库存水平，从而减少资金积压和库存维持成本，而且可以提高客户的满意度。

当然，实现真正意义上的零库存，在现实中是不可能的，这只是经营策略及时跟进方式下的努力目标。目前，已经出现了许多在维持或改进客户服务水平的基础上优化企业内部和整个供应链库存的方法和灵活运用的技巧。

随着供应链的形成，企业间的关系从过去建立在客户交易基础上的关系向基于共同利益的协作伙伴型关系转变，供应链上各个经营者之间交换信息，使协调进行库存管理出现可能，而先进的库存管理方法和技术的出现使这种可能变为现实。

> 同步思考 1.7　为什么供应链中的各个企业需要相互合作？

二、库存的分类

1. 按库存决策的重复性分类

库存决策的重复性是针对订货的频率而言的。一次性订货（又称单周期订货）是指货物一次订齐，在通常情况下不再重订。作为一次性订货的例子有营造房屋用的建筑材料和某些农产品的季节性订货。重复性订货（又称周期订货）是指一次又一次地重复订购同一货物，消耗掉的存货或零件均要不断补充和重新订购。超级市场和百货公司的货物多半属于这种类型（不过百货公司中的高档商品常常属于一次性订货的物资）。

2. 按供应来源分类

库存按供应来源可分为内部供应库存和外部供应库存两类。内部供应库存是指企业本身生产这种物资，这实质上是企业内部一个部门向另外一个生产该物资的部门订货。这类由企业内部提供的库存要注意和生产进程计划相协调。外部供应库存是指向另外一家企业订货。订购由外部供应的物资时，要将购货订单送给供应商，由其按质、按量、按时供货。

3. 按对未来需求量的知晓度分类

库存还可以根据对未来需求量的知晓度来划分。我们通常假定需求量分布的特点是在整个需求期间内不变。但在整个期间内需求量也可能遵循非标准型的经验分布，或者它可能遵循诸如正态、泊松或β等某种特别的分布。按对未来需求量的知晓度划分，库存可分为确定型、风险型和不确定型。

确切知道未来的需求量时，库存属于确定型。当生产线存在这种条件时，所需物资的确切数量就可根据固定的生产率来确定。又如在建筑施工中，设计图就明确注明了所需的钢梁数。但即使在确定型的情况下，由于考虑到浪费、损坏、报废甚至被窃等损耗，库存也常常需要留有余量。

假如知道未来需求量的概率分布，这时库存则属于风险型，可以从需求量的历史资料中得到有关信息。许多产品在零售网点的需求量就属于风险型。

还有一种不确定型库存，也就是说对未来的需求量没有一个确定的概念。投入初期的新产品就可以认为属于不确定型库存。

4. 按库存系统的类型分类

有许多不同的库存系统，其中最常见的有连续性库存系统、周期性库存系统、物料需求计划库存系统和准时生产库存系统。连续性库存系统是指每当库存余额降至订货点时就进行订货，全部库存业务都要有记录。这种库存系统之所以称为"连续性库存系统"的原因，就是它通过不断更新库存记录，来揭示库存现状和历史实际。周期性库存系统是指按一定的时间周期进行订货，这种库存系统的状况通常仅在相等间段（定期）的时点内进行测定，补充库存的决策只能在检查库存状况时做出，通常决策者在检查期以外的其他时间并不了解系统的状况。物料需求计划（MRP）库存系统设计的库存仅满足已预先计划的生产需求。准时生产（JIT）库存系统只是在需要时才订货及运送。

三、库存管理的指标体系

1. 库存管理名词

库存管理有一些名词以及与之相对应的符号，现归纳如下。

（1）**需求量 D** 需求量是指用户到仓库提货的数量，有时也称作需求率，即单位时间的需求量。对于制造厂商来说，有时亦称消耗量或消耗率。

（2）**订货量 Q** 订货量是指企业根据需求，为补充某种物资的库存量而向供货厂商一次订货或采购的数量。

（3）**订货间隔期 T** 订货间隔期是指两次订货的时间间隔或订货合同中规定的两次进货之间的时间。

（4）**备运期 L_2** 备运期是指从发现库存量已经降到规定水平或以下，开始进行补充订货或采购之时算起，经过办理订货采购手续，供应商备料发运，直到物资进库验收为止的一段时间。

（5）**到货延迟期 L_1** 到货延迟期是指物资实际到货时间比合同规定到货时间延迟的时间。备运期只能是正值，但到货延迟期可正可负，即迟到或早到。

（6）**备运期间需求量 D_{L_2}** 备运期间需求量是一个联合变量，即 $D \times L_2$。

（7）**两次到货期间需求量 $D_{(T+L_1)}$** 两次到货期间需求量中两次到货之间的时间应为合同规定的间隔期加上实际到货延迟期。$D_{(T+L_1)}$ 为联合变量，即 $D \times (T+L_1)$。

（8）**在库库存量** 在库库存量是指已验收入库、库内现有的库存量。

（9）**在途库存量** 在途库存量是指已订货，但尚未到达与验收入库的一种虚拟库存量。

（10）**名义库存量** 名义库存量是指在库库存量与在途库存量之和。

（11）**库存占用金额** 库存占用金额是指在库库存量所占用的流动资金金额。

（12）**库存消耗金额** 库存消耗金额是指在一段时间内由仓库发出的物资所值的金额。该段时间如为年，则为年消耗金额。

（13）**周转率** 周转率是指库存年消耗金额与年平均库存占用金额的比值，即年周转率，或年周转次数。

（14）**安全库存量 S_S** 安全库存量是指由于需求量、备运期或订货间隔期都是随机变量，因此，某一备运期间需求量或某两次到货期间需求量也是随机变量，它们可能超过平均值相当数量。为了预防和减少这部分不可预知的、可能突然发生的增量所造成的缺货机会，就必须有一部分储备，这部分储备称为安全库存量，也称为保险库存量或者保险储备量。

（15）**服务水平** 仓库绝对不缺货从理论上讲是不可能的，在实际上也是不经济的，因为这样要保持过大的安全库存量。问题在于如何才能恰当地规定缺货的程度。因此，要根据具体情况，恰当地确定安全库存量，使用户的需求满足到一定程度。这种满足需求的程度，称为服务水平，或可称为服务质量指标。

（16）**安全系数** 安全系数是用来计算安全库存量的系数。其值可以从服务水平指标推算得到，服务水平越高，其值越大。

（17）**报警点 R** 报警点亦称订货点，是指当库存量下降到某一点时，必须立即订货或采购。在这批货物尚未验收入库之前，剩余库存量应能按既定服务水平满足备运期间的需求。换而言之，如果库存量低于报警点才订货或采购，就会满足不了既定的服务水平，发生过多的缺货情况。

（18）**订货后库存量** 当库存量下降到报警点而发出订货要求后，会使名义库存量上升到某一规定数额，该名义库存量即为订货后库存量。

（19）**记账间隔期** 有两种库存记账制度：一种为连续记账制，即每天都记账，并结清库存量；另一种为间断记账制，即每隔一段时间，整理平时积欠下来的发料单据，进行记账，同时检查库存量。

（20）**库存管理参数** 库存管理参数是指为合理地控制库存，必须确定的若干参数，如订货量、订货间隔、安全库存量、报警点、订货后库存量等。

（21）**库存管理水平** 库存管理水平是指经合理地管理库存后所能达到的水平。

2. **库存管理指标体系**

库存管理的目的就是要确定一个资金占用少，费用省，既是足够又是最低限度的物资最优储备量，使库存系统能有效地保证生产消费的需要并获得最好的经济效益。库存管理的指标应该反映这一基本要求。为此，应确定以下四个主要指标来衡量库存管理的水平。

（1）**库存资金周转率** 库存资金周转率即衡量单位库存资金用于供应的效率。

$$库存资金周转率 = \frac{全部供应金额}{平均库存金额}（次）$$

为了提高库存资金周转率，要正确地掌握供求规律，确定合理的储备金额，以及时处理积压和提高服务水平。

（2）**服务水平** 服务水平一般用供应量占需求量的百分比大小来衡量，即

$$服务水平 = \frac{供应量}{需求量} \times 100\%$$

$$需求量 = 供应量 + 缺货量$$

对于一个库存系统来说，为了保证供应，提高服务水平，必须设置一定的安全库存量（保险储备），以防止由于某些突发性事故造成生产和供应系统的中断，防止因缺货造成的损失。对于某些受季节性波动影响的生产和供应，则更应该确定合理的库存量，从而保证生产和供应的均衡性和连续性。因此，提高服务水平是库存系统追求的又一个重要指标。

> 同步思考 1.8
> 只有当存货被存储在距离最终客户最近的地点，才能实现良好的客户服务。你认为这句话正确吗？

（3）**缺货率** 缺货率是从另一个不同的角度来衡量服务水平高低的一个指标，分别以对所供应的客户数、物资数的缺货程度来反映这个指标。因此缺货率 β 有以下三种表达方式：

$$\beta_1 = \frac{缺货客户数}{供货客户总数} \times 100\%$$

$$\beta_2 = \frac{缺货量}{需求量} \times 100\%$$

$$\beta_3 = \sum_{i=1}^{n} \frac{缺货量 \times 缺货持续时间}{供货批量 \times 供货周期} \times 100\%$$

式中　　n——计划期内供货周期数。

（4）**平均供应费用** 平均供应费用反映了为供应每单位库存物资所消耗的活劳动和物化劳动的水平。

$$平均供应费用 = \frac{库存系统年总费用}{年全部供应额}$$

以上四个主要指标是相互联系而又相互制约的。库存管理的任务就在于测情度势，权衡轻重，分清主次，全面考虑，做出最佳的决策。

四、库存管理决策

不难理解，库存管理者希望在需要的时候取得物料，希望能够对成本进行控制。所以，企业经营可以建立三种库存管理目标：第一种目标是建立在比较高的层次上，以库存管理致力于整个供应链中物料的有效流动；第二种目标是站在一个企业的立场上，以库存管理支持物流运作，从而促进该企业整体目标的实现；第三种目标是站在库存管理职能的立场上，当生产过程对物料产生需求的时候，确保物料顺利到位。

一个企业的经营战略决定了库存管理决策的基调。可以说，企业经营战略首先是赢得客户的满意，因为没有客户的满意，该企业的生存就会出现问题，其后才是如何获取利润、提高股东收益以及取得其他方面的成功。作为企业经营的基本战略，一是控制和降低成本，使

同样的或者可比较的产品成本更低廉；二是要使自己的产品与其他产品有差异，即生产该种产品的企业仅此一家，客户也只认这一家；三是使自己成为少数供应商之一，要在市场中找到一个特殊的、供应商不多的环境。企业应该用最少的资源进行经营运作，力求减少浪费，通过对企业当前的运作状况进行详细的分析，根据分析结果，去掉那些没有增值效益的环节，消除经营过程中各个环节上的延误，才能取得更好的效益。丰田汽车公司发现，企业经营中通常会在六个领域出现浪费：

1）质量。质量问题会直接影响客户的满意度。
2）不适应的生产水平或生产能力。生产能力不足或者生产能力过剩。
3）低水平作业。存在不必要的、过于复杂的或者消耗时间过多的经营环节。
4）等候。等候经营开始或者结束，如等候物资的送达、等候设备的修复。
5）移动。在经营中产品出现不必要的、距离过长的或者不方便的移动。
6）存货。持有过多的存货，增加了库存管理的复杂性，提高了成本。

因此，当企业进行战略决策的时候，首先要准确地找到其自身的优势和外部环境限制之间的平衡点，使企业的能力和客户的需求有机地融合到一起。库存管理决策的框架如图1-2所示。

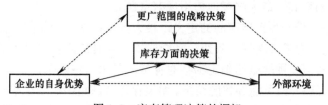

图1-2 库存管理决策的框架

库存管理决策的框架表示，每一项决策都要考虑该组织的物流战略（由更高层的战略所决定）、其自身优势（由企业的运作、资源以及竞争能力等条件所决定）以及外部环境（由客户需求、商业环境所决定）等因素。

库存管理决策的框架适用于各个层次。存货方面的战略性决策需要考虑自身优势和外部环境因素的特点，因而会对经营战略和物流战略形成支持；存货方面的战术性决策则要考虑中期建设内外部的因素，因而会对库存管理的战略性决策形成支持；而存货方面的操作性决策则是考虑短期的内外部因素的特点，从而对库存管理的战术性决策形成支持。

如果我们发现企业的物流战略是致力于低成本，那么我们就应努力提高存货持有工作的效率，力求降低持有成本。我们可以通过提高产品的流转速度、减少存货数量，降低存货持有成本、降低出现缺货的次数等来实现低成本的目标。与此同时，我们还必须保证客户的满意度和产品服务的竞争能力，因此，我们不能把目光只局限在提高运作效率上。这样，我们就可设定近期目标为：在成本最小化的基础上，实现某种水平的客户服务。同时考虑内外部因素的客户服务才是一个积极的决策。

较高的存货水平常常会被视为一种浪费，同时也是企业内部出现浪费的根源。很显然，生产能力过剩、作业周期过长会造成产成品存货的水平过高。同时，采购工作计划不周、控制不力会造成原材料存货过多，发货计划不周密，物流各个环节运行不畅往往也会引发存货水平过高。经验证明，降低存货水平可以直接降低成本，并且可以发现企业当前经营中存在的问题。通过发现问题，解决问题，最终提高企业整体经营绩效。

库存管理的重点应该是关注产品经营和经营的具体环节，特别是要提高向客户快速送货的能力上，具体有以下几点：

（1）**对时间的把握**　快速的送货服务有助于客户服务水平的提高。同时，由于在供应链中不再需要大量存货，有助于成本的降低；快速送货还有助于提高现金流转的速度，缩短回款周期；快速送货使得订单的变化更少，陈旧过时的存货得以减少，从而使企业所承担的风险更小；快速送货有助于企业消除延误和不必要的储存环节，实施简便的经营。

（2）**质量**　保证提供高质量的产品和服务。

（3）**产品的灵活性**　根据具体的订单要求，进行面向客户的作业。

（4）**产量的灵活性**　产量的灵活性有助于企业快速地应对订单的变化。

（5）**技术**　发展和采用最先进的技术。

（6）**地理位置**　利用交通便利并且经济比较划算的场所。

（7）**压缩时间**　致力于消除浪费的时间。

（8）**环境保护**　目前，有越来越多的企业开始致力于建设可持续发展的经营模式，加强环境保护工作。

（9）**生产效率的提高**　最大限度地使用现有资源。

（10）**增值运作**　进一步扩展产品的定义，最大限度地增加产品附加值。

（11）**规模增长**　力求实现规模效益，降低成本，同时提高客户服务水平。

实际上，企业任何一种战略的制定都会对存货的需求产生影响，企业高层管理者必须认识到所选择的库存管理方式可能导致的结果。如果存货全部集中在一个单一的大型物流中心，那么就很有可能不便于向客户提供灵活的个性化服务。即使可以通过库存管理的流程再造，但这种影响依然存在。同样，如果将存货分散在多个地点，虽然便于向客户提供服务，但是也会由于存放点的增加而相应地增加存货成本。因此，库存管理在一个企业的经营中至关重要，库存管理的结果会直接影响企业经营战略的实施。

五、库存管理的发展趋势

库存管理是每一个组织面临的共同问题，它不仅存在于生产厂商、批发商、零售商以及物流企业，还存在于社会团体和非营利单位。随着科学技术的发展，全球经济一体化不断推进，库存管理正向计算机化、网络化、整合化及零库存方面发展。

1. 计算机化与网络化管理

互联网技术的高速发展使得计算机在库存管理中得到了广泛应用，它不仅能把复杂的数据简单化，还有许多成熟的库存管理软件供客户选择使用。可以说，库存管理计算机化、网络化正成为一种趋势。

由于计算机具有记忆功能，因而能把复杂的库存管理工作推向更高阶段；又由于运算准确，人们增强了对它的信赖；计算机还能应付临时变动，对临时需要做实时处理。所以，计算机已成为库存控制信息系统的核心，成为对各种管理业务发出作业指令的指挥中心。

随着信息技术的迅猛发展，当今世界进入网络社会的前沿，集电话、电视、计算机、传真为一体的网络通信方式已成为社会时尚，网络几乎延伸到世界的每一个角落。充分利用畅通的网络渠道，可以节省通信和管理费用，可以及时查看公司在各地的库存最新资料。网络把总公司、分公司、营业所、销售点以及各地区内的制造商、供货方、营业仓库、流通中心、运输中心等连成一体，组成一个贯穿全国甚至世界的库存控制系统。只要把库存控制涉及的地方均接入网络，便可形成一个库存控制整体，就能充分发挥出整体和统筹的优势，极大地降低成本。

网络化的库存管理还可以做到实时处理，直接得到处理结果和反馈信息，并能以日报表、月报表等形式呈现出来。

2. 整合化管理

库存费用是企业管理的主要费用之一。因此，库存管理必须实现整合化，即把社会的库存设施，各种相关供应商、零售商、批发商、厂商，甚至客户的库存管理设施整合起来，实行企业库存管理的优化，也就是说在供应链管理的体制下实行库存管理，把与库存管理有关的设施或作业进行重建。

供应链管理下的库存控制，是在动态中达到最优化的目标，在满足客户服务要求的前提下，力求尽可能地降低库存，提高供应链的整体效益。具体而言，库存控制目标包括：

（1）**库存成本最低**　这是企业需要通过降低库存成本以降低总成本、增加赢利和增加竞争能力所选择的目标。

（2）**库存保证程度最高**　企业有很多销售机会时，压低库存并不是最优选择，因为此时的库存管理应该是强调库存对其他经营、生产活动的保证，而不是强调库存本身的经济效益。企业通过增加生产以扩大经营时，往往选择库存保证程度最高的目标。

（3）**不允许缺货**　企业由于技术、工艺条件决定不允许停产时就必须以不缺货为控制目标，才能起到不停产的保证作用。企业某些重大合同必须保证供货，否则会受到严厉的惩罚时，可制定不允许缺货的控制目标。

（4）**限定资金**　企业必须在限定资金的前提下实现供应，就需制定以限定资金为前提的一系列库存控制目标。

（5）**快捷**　库存控制不依本身经济性来确定目标，而依大的竞争环境要求确定目标时，就会出现以最快速度实现进出为目标来控制库存。

实现最佳库存控制目标，需要协调和整合各个部门的活动，使每一个部门不是以有效实现本部门功能为目标，更要以实现企业的整体效益为目标。

3. 零库存管理

库存管理的最终目标是要实现零库存。只是要注意，这种零库存只是某个组织的零库存，是组织把自己的库存转移给其他上游的供应商或下游的零售商，从而实现自己的零库存。在科技发展的今天，零库存是可以完全实现的。

"零库存"包括两层含义：①库存对象物的数量趋于零或等于零（即接近于零库存物资）；②库存设施、设备的数量及库存劳动耗费同时趋于零或等于零（即不存在库存活动）。显然，后一种意义上的零库存，实际上是社会库存结构的合理调整和库存集中化的表现。就其经济意义而言，它并不来自通常意义上的仓库物资数量的合理减少。实现零库存的库存管理有以下途径：

（1）**委托营业仓库存储和保管货物**　有些仓库虽然隶属于某个集团或集团公司，但其服务对象不仅限于内部的成员企业，而是面向社会开展经营活动，这种仓库有人把它称为"营业仓库"。营业仓库是一种专业化、社会化程度比较高的仓库。委托这样的仓库储存货物，从表面上看，就是把所有权属于客户的货物存放在专业化的仓库中，由后者代替客户保管和发送货物，客户则按一定的标准向仓库（受托方）支付服务费用。可以确定，用这种方式存放和储备货物，在一般情况下，客户（委托方）自己不必再过多地储备物资，甚至不必再单独设立仓库从事货物的维护、保管等活动。这样，在一定范围内便可实现零库存和进行无库存式生产。

采用这种方式实现零库存的优点：营业仓库（受托方）可以充分发挥其专业化水平高的优势开展规模经营活动，并能够以较低费用的库存管理提供较高的后勤服务；客户（委托方）由于减少了大量的后勤工作，可以集中精力从事生产经营活动。

但要注意的是：以委托营业仓库存储和保管货物的方式实现零库存，实质上是库存物资位置的移动，它并没有减少社会总库存和降低库存物资总量。

（2）**推行配套生产和分包销售的经营制度**　配套生产和分包销售多见于制造业。用这种方式从事生产经营活动可以在一定时间内实现零库存。其原因：①协作、配套的生产方式下，企业与企业之间的经济关系更加密切，从而在一些企业之间（如生产零配件的企业和组装产品的主导企业之间）能够自然地构筑起稳定的供货或购货渠道；供货渠道稳定则意味着可以免除生产企业后勤保障工作上存在的后顾之忧，进而可促进其减少库存总量，甚至取消库存，实现零库存。②在分包销售体制下，由于实现"统一组织产品销售、集中设库储存产品"的制度，并且通过配额供货的形式将产品分包给经销商，因此，在各个分包销售点上是没有库存的，也就是说，在分包销售制度下，分包者的"销售库存"等于零。

（3）**实行看板供货制度**　看板供货就是即时供货。这种供货制度是在企业内部各工序上，或者在建立供求关系的企业之间，采用固定格式的卡片由下一个环节根据自己的生产节奏向上一个环节提出供货要求，上一个环节根据卡片指定的供应数量、品种等即时组织送货。显然，实行这种供货办法可以做到准时、同步向需求者供应物资。此时，后者自然不会另设库存。

（4）**依靠专业流通企业准时而均衡地供货**　这里所说的专业流通企业是指专门从事商品购销活动的流通企业。通常，这类企业都拥有配套的物流设施和先进的物流设备，也拥有大量的资金和物流资源。在流通实践中，依靠这样的企业准时而均衡地向需求者供货，实际上就是利用专业流通企业的物力（库存物资）、财力去支撑社会上的生产活动和经营活动。从某种意义上说是以集中库存的形式来保障生产经营活动的正常运转，从需求者的角度来看，依靠专业流通企业准时而均衡地供货，等于是把某些后勤服务工作交给了专业流通企业。自然，作为需求者的生产企业和商业企业，不可能、也没有必要保留过多的库存，甚至会自动缩减或取消自己的库存，从而实现零库存。

复习思考题

一、判断题

1. 广义的库存不包括处于制造加工状态和运输状态的物资。　　　　　　　（　　）
2. 生产企业中成品仓库的库存属于生产库存。　　　　　　　　　　　　　（　　）
3. 库存管理主要包括库存成本管理和库存控制管理。　　　　　　　　　　（　　）

4. 如果降低库存水平引起的延期交货成本高于节约的库存成本，那么这种方案是可取的，它可以实现企业总成本最低的目标。（   ）
5. 库存管理除考虑其合理性、经济性与最优性外，还要从技术上去考虑存货的保管与储藏。（   ）
6. 安全库存是为了防止由于不确定因素造成的供应中断而准备的缓冲库存。（   ）
7. 在途库存包括运入在途物资和运出在途物资。（   ）

二、简答题

1. 库存可以从哪几个方面来分类？
2. 库存有什么作用？要达到什么目标？
3. 库存管理的目的是什么？如何确定合理的库存结构？
4. 库存管理在企业经营中的作用是什么？
5. 库存管理要达到什么目标？
6. 库存管理如何进行分类？
7. 衡量库存管理水平的主要指标有哪些？

三、多选题

1. 从生产过程的角度来看，库存分为（   ）。
   A．材料　　　　　B．流通品　　　　C．产成品　　　　D．半成品
2. 库存成本包括（   ）。
   A．采购成本　　　B．订货成本　　　C．储存成本　　　D．短缺成本
3. 库存管理的作用包括（   ）等。
   A．满足预期客户需求　　　　　　　B．防止脱销
   C．防止生产中断　　　　　　　　　D．获取规模经济效益
4. 以下哪些不是物料需求计划的英文缩写（   ）。
   A．ERP　　　　　B．JIT　　　　　C．MRP　　　　　D．VIM

四、项目题

一个简单的供应链中有生产商、区域批发商、本地批发商、零售商和最终客户。这个供应链中的每一个企业自己都持有一周的存货以应对需求。换言之，就是每一个企业都从各自上游的供应商处订购了足够的物资，以确保在每周结束时的存货等于这一时间段的需求。在这个供应链中，对于产品的需求是稳定的，每周为10个产品单位。然而，在某一周中，来自最终客户的需求上升了20个产品单位。假设送货环节的速度足够快，请问：需求的变化对于这个供应链中的存货将会产生什么影响？

五、讨论题

1. 库存管理目标决策都应该由企业最高物流经理制定。你认为这种观点正确吗？
2. 通过持有存货来对各个运作环节进行缓冲。但是由于存货所产生的费用较高，因此，比较理想的办法是认真处理好所遇到的各种问题，消除缓冲的需要。请问，你认为这个建议合理吗？如果你认为合理，如何才能消除这种缓冲需要呢？
3. 为什么有些企业存货水平降低的速度比其他企业快？

第二章　库存需求分析和预测

▶▶▶ 本章目标 ◀◀◀

在第一章，我们就库存与库存管理的相关内容向读者进行了综合性的介绍。正确的库存需求预测可最大限度地在满足客户需求的前提下降低库存，从而降低库存成本。本章，我们将针对库存需求分析和预测进行详细的阐述。读者将了解到库存需求分析和预测的方法。需求分析和预测不是一件轻而易举的事，但却是一件非常重要的事。需求分析和预测的结论会影响企业的库存决策、库存计划、库存水平等，并使企业财务、营销等都随之进行调整。就短期而言，对各种资源的需求都要利用需求分析和预测模型来进行，以快速响应需求的变化；就长期来说，需求分析和预测是调整战略决策的基础。

通过本章学习，相信读者将会具备以下能力：
1. 能够知晓库存需求的基本概念、特点、内容和影响需求预测的因素。
2. 能够了解库存需求预测的概念、特点、意义。
3. 能够掌握库存需求预测的分类、分析方法。
4. 能够掌握各种库存需求分析方法的应用。

第一节　库存需求分析

一、库存需求分析的因素

库存需求分析是进行库存需求预测的前提条件，没有库存需求分析的数据资料，就不可能对库存需求进行正确的预测。在进行需求分析的过程中，许多环境因素影响着客户对企业产品和劳务的需求，如本行业概况和经济形势、竞争对手的行动和反应、国家的法令和法规、市场现状和发展趋势、技术创新和革新等。作为企业，永远不可能将所有这些因素完全弄清楚，也不可能完全分析出它们可能产生的所有效果。在分析时，只能识别其大致的、主要的影响因素，并力求判断出其影响的方向。需求分析的因素可以从五个方面进行大致考虑。

> **同步思考 2.1**　为什么说库存需求分析是库存预测的前提条件？

1. 需求数量分析

需求数量可以用精确的数字来表达（如多少单位），也可以表达为一个范围（如多少单位到多少单位）或一个概率（如某事件的发生率在多少单位到多少单位之间）。需求数量分析是库存需求预测的关键,没有需求数量分析,就不会有对未来事件各种预测数字的推算,也就不会找出未来事件发生的规律。

2. 需求时间分析

任何需求都是和时间相关联的,脱离时间来分析需求是毫无意义的。需求时间分析就是分析相关产品什么时候需要进行存储,什么时候需要出库,以及相关的数量是多少等。通过需求时间分析,企业可以科学合理地组织生产,安排和使用相关的设施和设备。同时,需求时间分析还决定了预测的时间跨度。

3. 需求频率分析

需求频率是指特定时间内满足需求的次数(一次或几次),如一年要送达货物几次或每个季节要送达几次。

4. 需求范围分析

需求范围是指特定需求数量的变化范围,如第一次是多少,而第二次又是多少。分析的范围可以很大(宏观分析),也可以很小(微观分析)。宏观分析是为全局发展规划提供库存管理决策和科学依据,是一种扩大了的分析,它主要是从比较广的角度去研究市场变化,分析需求;微观分析是为了有效地搞好库存管理,使企业兴旺发达,从企业的角度出发,去研究市场变化,是为客户提供服务的重要手段。微观分析是宏观分析的基础,而宏观分析是微观分析的前提和条件。

5. 可预测性分析

库存需求和库存消耗数据可能与历史数据相同,或与历史数据有联系,或与历史数据毫无关系。而考察历史消耗量与补充库存数据可以提示未来的形势及趋势。这些形势及趋势可能是可预测的、随机的、无序的、周期性的或非周期性的。

二、库存需求分类

1. 稳定性需求

稳定性需求是指在一定时间段内需求不间断地发生,其需求数量在其平均值的上下波动,且波动的范围不大(如一个家庭对于粮食的需求),如图2-1所示。

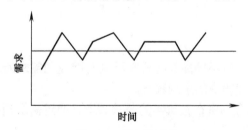

图2-1 稳定性需求

2. 趋势性需求

趋势性需求又称为线性需求,它反映了需求数据呈连续的上升或下降的关系(如对于住房和家用轿车的需求),如图2-2所示。

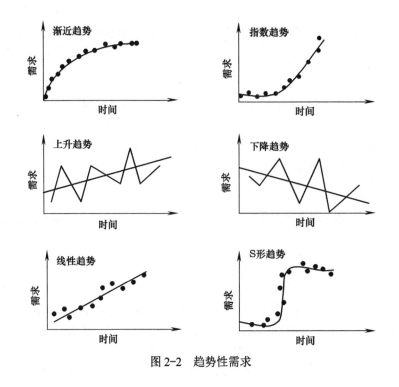

图 2-2　趋势性需求

3. 季节性需求

季节性需求是指需求在不同时间段呈间断式或跳跃式的变化，其需求的平均值随时间段的变化而不断变化。一般来说，它的需求变化与影响需求的市场因素有着密切的关系（如对于冰淇淋和电力的需求），如图 2-3 所示。

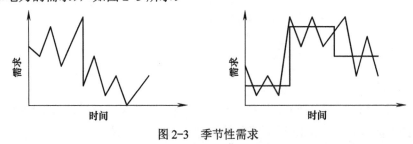

图 2-3　季节性需求

三、需求频率分析

需求频率分析是为了了解不同库存物资在不同时间段的需求所表现出来的特点。企业可通过需求频率分析掌握库存物资的采购数量。

表 2-1 完整记录了库存物资在某一年的需求频率，通过需求频率的分析，我们可以找出其库存物资的需求规律。

从表 2-1 可以发现，库存物资 A、B、C 的需求频率特征是基本相同的，就是在每个月都有一定的需求（无需求发生的时间段较少），需求可以说是基本连续发生的，这种在某一时间内需求连续的物资称为快速需求物资（也可称为连续性需求物资）；而库存物资 D、E、F 的需求频率特征是基本相同的，它们的需求是跳跃性的，也就是说并不是每个月都有需求发生，这种在某一时间内需求跳跃性的物资称为慢速需求物资（也可称为间断性需求物资）。

表 2-1　库存物资某一年的需求数量资料

物资	1月	2月	3月	4月	5月	6月	7月	8月	9月	10月	11月	12月
A	2	4	5	4	3	0	4	6	7	5	4	6
B	5	8	7	6	0	9	6	4	7	4	6	4
C	45	39	65	69	76	80	48	56	67	59	68	82
D	0	0	0	2	0	2	0	3	0	0	0	5
E	1	0	0	0	3	0	0	5	0	0	0	0
F	36	0	0	0	53	0	0	0	0	0	0	72

1．快速需求物资分布特点

对快速需求物资不同时间需求数据进行分析可以考虑以下几个步骤：

第一步：找出最近物资需求数据的最大值和最小值，并计算两者之间的差距，需求范围的计算方法为

$$需求范围=最大值-最小值$$

第二步：将需求数据的需求范围划分为多个需求子区间，计算每个需求子区间包含的需求单元。

第三步：进一步统计每个区间需求单元内发生的需求数据。

第四步：根据前三步的计算结果，做快速需求分布频率表，将所记录的需求数据以图表的形式加以直观表述。

表 2-2 给出了快速需求物资的需求分布情况，通过数据分析，我们可以得到需求的变化规律。

表 2-2　某物资最近四年的需求数据资料

期间	1月	2月	3月	4月	5月	6月	7月	8月	9月	10月	11月	12月
第一年	10	20	26	15	45	22	28	5	31	19	49	30
第二年	3	33	12	21	16	41	46	23	29	37	8	26
第三年	25	21	40	23	27	11	17	43	4	24	31	36
第四年	34	35	17	38	7	22	36	32	18	27	13	44

根据资料计算如下：

需求范围=49-3=46。

需求区间：10 个需求子区间，每个需求子区间包含 5 个需求单元，见表 2-3。

表 2-3　快速需求物资分布频率

需求区间	区间中点	每个区间需求分布频率
0~4	2	2
5~9	7	3
10~14	12	4
15~19	17	6
20~24	22	8
25~29	27	7
30~34	32	6
35~39	37	5
40~44	42	4
45~49	47	3

根据计算资料做快速需求物资需求分布图，如图2-4所示。

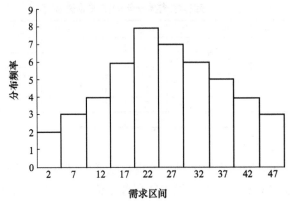

图2-4　快速需求物资需求分布图

从图2-4中可以看出，快速需求物资需求分布图为一个柱形图，每一个时间段都有需求分布，需求是不间断的、连续性的。

2. 慢速需求物资分布特点

慢速需求物资的需求分布在时间段上是非连续式的，呈间断式的变化，它不是每个时间段上都有需求发生。所以，它的需求特点与快速需求物资有着很大的区别。

根据快速需求物资的分析步骤，表2-4给出了慢速需求物资的分布频率，并根据慢速需求物资的分布频率资料做图2-5。图2-5反映了慢速需求物资的需求分布状态。

表2-4　慢速需求物资分布频率

需求区间	每个区间需求分布频率
0	10
1	6
2	4
3	0
4	1

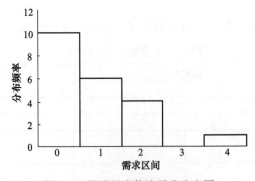

图2-5　慢速需求物资需求分布图

慢速需求物资需求分布图为一个不规范的图形，物资需求是跳跃性的，不是每一个时间段都有需求分布。

第二节　库存需求预测

预测，是对超出企业控制范围的未来事件的状态进行预计、推算或估计。从本质上看，预测是以其变化的状态为基本前提的，如果未来事件是没有变化或者变化不大的，那么预测也就不会有其生存的空间和存在的理由。可以这样来表述，预测就是对未来不确定事件的发生数量、时间、状态、范围的掌控，并从量的变化中找出事件的因果关系，从变化的事件中找出规律性的东西，并依据规律性的变化对事件进行判断。

成功的企业不会无所事事地等着订单才确定需求，也很少有客户愿意为得到所需求的货物而等待很长时间。所以，成功的企业都会对未来的事件进行预测，通过预测计算出为满足客户预期的需求应该投入的生产要素。预测虽然不是计划，但却是制订计划必不可少的前提条件，预测可以进一步推动和完善物流信息系统的计划和协调物流信息系统各方面的关系，是管理计划的基础。企业对未来事件的预测做得越好，企业准备工作做得就越有成效，企业在各方面的竞争力就会越强。

一、库存需求预测概述

1. 库存需求预测的含义

库存需求预测其实就是对市场需求变化的预测，并以此预测数据为基础，通过定性经验分析和定量科学计算来确定企业库存需求量。企业在库存需求量的确定过程中，需求预测至关重要。需求预测做得越好，就越接近实际需求量，就可以在降低库存水平的基础上，降低库存持有成本，提高企业的经济效益；需求预测做得不好，与实际需求量的差别就越大，就会影响企业的经济效益和经营决策。如果是预测需求量远远大于实际需求量，就会造成企业库存积压，使库存持有成本增加。如果预测需求量小于实际需求量，就会发生无法满足客户需求的状况，会造成企业延期付货，情况严重时会造成客户流失，使企业丧失商机。企业只有在正确的需求预测基础上，才能有效地控制库存水平，从而在充分满足客户需求的基础上，使库存投资收益最大。可以说，库存需求预测是企业编制经营计划的依据，是企业加强经营管理、提高经济效益的保证。

2. 库存需求预测的过程和步骤

（1）**库存需求预测的过程**　库存需求预测的过程是一个系统工程，预测的技术和方法很多，各自的实施程序也不尽相同，但就一般情况而言，预测过程如下：

1）输入有关库存需求的数据资料。
2）通过各种预测技术方法的应用，处理各种需求数据资料。
3）根据预测结果，输出所需要预测的数据。

（2）**库存需求预测的步骤**　企业应该在充分了解预测总目标的基础上，将总目标进一步分解成若干个分目标，将分目标再分解为更加细小的目标，最后，将分解的各目标合成为一个总预测目标。

其一般预测步骤包括：

1）确定预测的目标。目标是进行预测所要达到的目的，没有目标也就没有前进的方向。需要说明的是，预测目标、预测期限以及预测数量单位必须用文字说明。

2）选择预测对象。要注意库存需求预测对象的选择，注意搜集数据资料，注意所搜集数据资料的可靠性，对已获得的数据资料加以归纳整理和综合分析，预测时要注意区别历史上发生的偶然事件，充分掌握市场状况、企业过去和现在的有关资料，决定预测的时间跨度。

3）建立预测模型。在分析、认可所取得的数据资料之后，注意寻找各种经济变量之间的数量关系，然后以此做出理论假设，建立相应的预测模型。经过参数估计和验证之后，如果认为理论假设是成立的，则该预测模型就可被采用。如果考虑采用定量预测方法，则要认真选择预测的数学模型。如果考虑采用定性分析方法，则要注意预测的逻辑思维模型。

4）进行分析评价。在将预测资料转化为数量概念时，要充分考虑影响预测数据的企业内部和外部因素，分析预测数与实际发生数可能产生的误差及误差的大小和原因。不论采用哪一种预测方法，总会存在预测误差，甚至是较大的误差。预测误差的大小除了可以按一定的数理统计方法进行误差大小的概率分析外，还可以利用已有数据进行内插或外推式的验算比较，从而得出误差的程度，并分析原因，采取相应的补救措施。

5）改进和修正数据。当预测误差超出允许范围时，就要跟踪追查原因。如果是模型误差就改进模型，如果是采用的预测方法不当，就应另选方法。在充分考虑各种因素及对预测数据反复修正之后，得出最佳的预测数据。

可以说，复杂的预测是一个由资料输入、处理、输出三部分组成的大系统。由于大系统比较复杂，需要进行分解预测，即把总预测看作是一个母系统，分解成若干个子系统（即单元）进行预测，子系统再细分成若干个小系统，如图 2-6 所示。

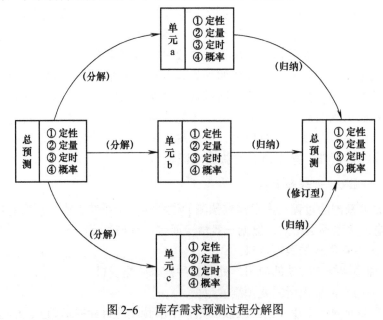

图 2-6　库存需求预测过程分解图

3. 库存需求预测的特性

预测工作通过广泛收集各种来源的信息，为库存管理工作提供了重要的信息。这些信息包括最优的预测模型、各项参数值、历史数据等。预测数据首先是一个通过计算产生的预测值，然后由管理者对预测结果进行研究，并且根据他们所掌握的经验、知识以及其他信息做出相应的调整，从而得出最终的结果。在实际工作中，即使是一个很小规模的企业存货也包含了数以千计的物资种类，要想把预测结果做得与实际需求完全一样几乎是不可能的。但是，通过预测程序的常规分析，一般能产生出管理者所需要的那种结果，即使这些结果在理论上不是最优的。所以，库存需求预测的特性主要表现在以下方面：

1）误差很小。不会让管理者总是过高或过低地估计需求数量。
2）能够对需求变化做出反应。
3）不受偶然的特殊值影响。
4）能够及时满足需求。
5）节约成本。
6）容易为人所理解。

库存需求预测需要注意三个问题：①预测的科学性。预测是在寻找和研究需求变化的现象及其演变逻辑关系的基础上，通过去伪存真、去粗取精，找出其中的规律性，揭示其发展趋势。②预测的近似性。预测值是一种估计或是一种统计平均的结果，未来的实际值和预测值之间一般来说总是有偏差的。③预测的局限性。任何预测都是有前提的，在一定条件下是正确的，当前提变化或条件变化时，原来的预测结果也随之变化。

二、库存预测方法

库存预测方法有很多，但归纳起来主要有两种：定性预测法和定量预测法。由于预测的目的、对象不同以及企业自身条件的不同，采用的预测方法也不一样。预测所利用的科学方法和手段，我们将它们统称为预测技术。

定性预测法，通常指那些经验判断性质的预测方法，一般是在没有或缺少进行定量分析所必需的资料，而且这些资料难于收集的情况下采用，它侧重研究与推断对象未来发展趋势和性质。所以，定性预测的质量主要取决于参与人员的专业知识和经验。

定量预测法，就是用已经掌握的历史资料作为基础，建立适当的数学模型，来对未来的事件做出测算的方法。其特点是有明显的数量概念，侧重于研究测算对象的发展程度（包括数量、时间、相关因素的比值、发展过程等）。

定性预测法和定量预测法不是对立的，在实际使用中，往往将上述两种方法结合起来使用，即定量预测在定性预测的基础上进行，而在定性预测的时候也采用定量预测法，这样预测可兼有两者的长处，并互相弥补它们之间的不足，以提高预测结果的准确性。没有一种预测方法能够保证得到十全十美的最佳方案，要选择一种符合具体需求的方法必须考虑所涉及的未来时间跨度、可获得的历史数据、历史数据与未来的关联、物资的种类、需求的变化幅度、预测结果所需的准确性及减小误差所产生的成本、预测结果所能够带来的预期收益、能够用于支持预测工作的资金和时间等问题。最复杂、最昂贵的预测方法不一定能产生最好的预测结果，有时，简单的预测方法也能产生非常好的预测效果。因此，应对所采用的预测方法进行仔细的选择，不要急于用最昂贵、最复杂的方法。

1. 定性预测法

定性预测法也叫经验预测法，它主要是根据已经掌握的资料、数据和情况，通过对熟悉情况的有关人员（如经理、销售员、客户等）做调查，靠个人的主观判断来预测。这种方法简便易行，适用于各种条件，其预测的可靠性方面不如定量预测，预测数据的准确与否主要取决于预测人员的业务水平、分析判断能力，以及对预测数据和情况的掌握与认识程度。它一般有以下几种：

> 同步思考 2.2：在什么情况下我们常常会用到定性预测法？它的主要缺陷是什么？

（1）**一般人员意见法**　一般人员意见法是假设处于最底层的人员与客户最接近，最了解客户的需求，他们做出的预测判断最为正确。这种预测方法不需要复杂的计算，预测速度比较快，也比较经济。这种方法具有一定的主观因素，容易受个人偏见的影响。由于每个基层人员所处环境的局限性，有的估计比较乐观，预测数据可能偏高，有的估计比较悲观，预测数据可能偏低。企业在征求各基层部门和人员的意见后，应结合各种人员的不同意见，采用推定平均值加以预测。其计算公式为

$$推定平均值=（最乐观估计值+4×最可能估计值+最悲观估计值）÷6$$

（2）**专家意见法**　专家意见法是假设专家的专业知识和实践经验最为丰富，他们做出的预测判断最为正确。在进行需求预测时，应结合企业过去和现在发生需求的数据进行综合分析，在征求专家意见的基础上，对企业未来需求状况做出正确的预测。

专家意见法的准确性受很多方面的影响，如被邀请专家的人员构成情况、专家人数、专家的理论水平和实际工作经验、专家看待事物的角度以及对事物的认可程度等。所以，在评定专家预测值时，要根据个人经验，对专家意见通过"主观概率"加以综合（各概率合计等于1）。这样，可以把单纯依靠一个人经验预测的合理因素集中为一个更合理的预测结论，以提高预测数据的可靠性。例如，企业请来五位专家对本地区的平板电脑需求量进行短期预测，五位专家的预测数据分别为 40 万台、35 万台、42 万台、45 万台、30 万台，一个最有经验并非常了解目前销售情况的人认为，各位专家的预测值均有一定的根据，并评定销售 40 万台发生概率为 40%，销售 35 万台发生概率为 20%，销售 42 万台发生概率为 20%，销售 45 万台发生概率为 10%，销售 30 万台发生概率为 10%，按这个发生概率计算本地区平板电脑需求量为

$$40×40\%+35×20\%+42×20\%+45×10\%+30×10\%=38.9（万台）$$

毫无疑问，在没有历史数据来为预测工作提供支持的情况下，预测的唯一选择就是根据有关人员的经验进行主观的判断。在进行预测时，如果已经有历史资料可供查阅，而且根据历史资料可预测判断未来事物发展变化的规律，此时，预测除了可选择定性预测法之外，还可选择定量预测法。

（3）**历史推论法**　绝大多数产品的寿命都是有限的，在此期间，对于产品的需求量遵循一个共同的模式，即客户对产品需求一般经过幼年期、成长期、成熟期、饱和期、衰退期和退出期。

1）幼年期。这是开发并推出新产品的时期。这时生产量少，价格也较高，是以高收入层及特殊客户层为销售对象，需求量较少，同业之间的竞争也很少，产品的未来仍是一个未知数。

2）成长期。这是销售量渐渐增长的时期。这时需求增加，价格慢慢下降，普通人都有出手购买的可能，同业之间的竞争性商品也逐渐增多，但是购买量仍然有限。这时应制定积极的销售政策去开拓新的市场需求。

3）成熟期。这是销售旺盛的时期。这时价格趋于下降，客户层也更加广泛，市场表现带有流行色彩，同业间竞争激烈，产生供给过剩的现象。这一时期可谓是最重要的巅峰阶段。

4）饱和期。这是销售量已经达到饱和的时期。这时价格竞争更加激烈，销售竞争白热化，需求量逐渐降低，此时应制定最积极的政策以促进销售。

5）衰退期。这是销售量显著减退的时期。至此，同业之间已不再竞争，进入了一种安定的状态，此时务必致力于新产品的开发，或采购销路较好的商品。

6）退出期。这是商品已全然失去了销售价值的时期。这时产品奄奄一息，即将寿终正寝。此时产品已成为过时商品，应该赶快处理掉，不再营销为好。

历史推论法使用以往推出过的类似产品的需求模式来对新产品的需求情况进行预测。

2. 定量预测法

定量预测法也称为分析统计法、统计预测法，它是根据较为完整的统计资料，运用一定数学方法进行科学的加工处理，对未来发展做出定量的测算。定量预测法都基于这样一个前提假设，即存在一种基本模型，这种基本模型以历史数据为依据，并能用数量来表示，且各种变量的历史数据存在着两种关系：一是随时间发生变化的一种或数种模式；二是两个或更多的变量之间的某种因果关系。这样两种关系反映在预测技术上，就是我们常用的时间序列分析法和线性回归分析法。

（1）**时间序列分析法** 时间序列是指在一个给定的时期内按照固定时间间隔把某种变量的数据依照时间先后顺序排列而成的序列。该分析方法是在假设未来预测数据依赖于过去的数据资料的前提条件下产生，即某种变量之间的发展变化是有规律的，根据现在的变量，可以测算出将来的变量，也就是说，未来预测数据是前面实际发生数据的延续。时间序列分析法用于长期预测的可信度较低，但是对于短期预测来说，是一种既经济又有效的预测方法；对于中期预测也有一定的参考价值。

1）简单平均法。假如想知道某种产品未来的需求量，一种最显而易见的方法就是找出这种产品过去的平均需求量。简单平均法就是利用一系列的库存数据进行预测。计算公式为

> 同步思考 2.3
> 为什么说使用简单平均法进行预测的作用是有限的？

$$F_t = \sum_{i=1}^{n} D_i / n$$

式中 F_t——预测值；

D_i——第 i 期的实际需求数据；

n——观测的期数。

例 2-1 某物资最近几个月的销售记录见表 2-5，请利用简单平均法预测第 7 个月的销售量。

表 2-5 物资销售记录资料

（单位：万件）

月份	1	2	3	4	5	6
实际销售量	84	96	108	116	119	120

利用简单平均法预测第 7 个月的销售量为

F_7 =（84+96+108+116+119+120）/6=107.17（万件）

简单平均法的优点是便于计算，容易理解，特别是在需求稳定的情况下预测很准确；它适用于需求长时间保持稳定的情况；缺点是没有赋予各期实际数据不同的权重，如果在时间序列中发生了非随机变动，特别是在序时项 n 取值较大时，简单平均法的敏感性反应就差，预测值的"滞后现象"会显著增加。虽然，减少简单平均法的序时项 n 可以提高近期数据的权重，但是，这种做法忽视了距离预测期相对远一点数据的潜在影响。

> **同步思考 2.4** 如何能够让简单移动平均法对需求的变化更加敏感？

2）简单移动平均法。简单移动平均法就是在简单平均模型里，用最新观测值代替最老的观测值，即根据过去几期的实际数据做出预测，进行移动处理。计算公式为

$$F_t = \frac{D_{t-1} + D_{t-2} + D_{t-3} + \cdots + D_i + \cdots + D_{t-n}}{n}$$

式中　F_t——预测值；

　　　D_i——第 i 期的实际需求数据，$i = t-1，t-2，\cdots，t-n$；

　　　n——移动平均采用的时期数（$n \leqslant t$）。

例 2-2　某物资各月销售记录见表 2-6。当 $n=3$ 和 $n=4$ 时，试用简单移动平均法进行下月销售量的预测。

表 2-6　简单移动平均法预测数据

（单位：万台）

月份	实际销售值	$n=3$ 预测值	$n=4$ 预测值
1	10		
2	15		
3	13		
4	11	12.67	
5	16	13.00	12.25
6	17	13.33	13.75
7	15	14.67	14.25
8	18	16.00	14.75
9	19	16.67	16.50
10	14	17.33	17.25
11	17	17.00	16.50
12	19	16.67	17.00

利用简单移动平均法，数据计算为

当 $n=3$ 时，$F_4 = \dfrac{D_{t-3} + D_{t-2} + D_{t-1}}{3} = \dfrac{10+15+13}{3} = 12.67$（万台）

当 $n=4$ 时，$F_5 = \dfrac{D_{t-4} + D_{t-3} + D_{t-2} + D_{t-1}}{4} = \dfrac{10+15+13+11}{4} = 12.25$（万台）

通过计算结果可以看出，预测数据同简单移动平均法所选的时间数 n 有关，n 越大（期数越长），对干扰的敏感性越低，预测的稳定性越好，响应性越慢；n 越小（期数越短），对干扰的敏感性越高，预测的稳定性越差，响应性越快。其结果如图 2-7 所示。

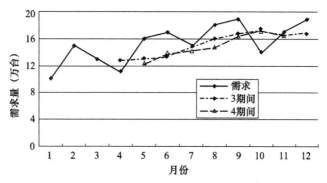

图 2-7 实际销售值与 3 期间和 4 期间的预测结果图

3）加权平均法。加权平均法与简单移动平均法比较相似。不同的是，在加权平均法中赋予时间序列中距离预测期较近数据以较大的权重。这种方法是假定距离预测期较近的数据与实际预测的可能值关系越密切，权重系数越大。计算公式为

$$F_t = w_1 \times D_1 + w_2 \times D_2 + w_3 \times D_3 + \cdots + w_i \times D_i + \cdots w_n \times D_n$$

式中　F_t——预测值；
　　　D_i——第 i 期的实际需求数据，$i=1, 2, 3, \cdots, n$；
　　　w_i——第 i 期的需求数据的权重，$i=1, 2, 3, \cdots, n$。

注意　各期权重之和为 1，记为 $\sum_{i=1}^{n} w_i = 1$。

例 2-3　利用表 2-7 所示数据，采用加权平均法预测第 4 个月的库存物资需求量。

表 2-7　企业实际需求量资料

（单位：万台）

月份	1	2	3
实际需求量	84	96	108
权重	20%	30%	50%

利用加权平均法计算公式得

$F_4=84\times20\%+96\times30\%+108\times50\%=99.6$（万台）

4）加权移动平均法。简单移动平均法对数据不分远近，同样对待。但在有些时候，最近的观测数据最能反映需求的趋势，此时，若对最近时期的实际观测数据赋予较大的权重，则预测数据与实际数据的误差较简单移动平均法的结果要小，所以采用加权移动平均法更合适。加权移动平均法弥补了简单移动平均法的不足。计算公式为

$$F_t = W_1 A_{t-1} + W_2 A_{t-2} + W_3 A_{t-3} + \cdots + W_n A_{t-n}$$

式中　F_t——预测值；
　　　W_n——各期权重；
　　　A_{t-n}——实际观测值。

一般来说,权重和间隔时段的取值不同,预测值的稳定性和响应性也就不一样。间隔期数越大,则预测值的稳定性就越好,响应性就越差;间隔期数越小,则预测值的稳定性就越差,响应性就越好。近期数据权重越大,则预测值的稳定性就越差,响应性就越好;近期数据的权重越小,则预测值的稳定性就越好,响应性就越差。

例 2-4 根据表 2-8 所给出数据,采用加权移动平均法预测各月数据。

表 2-8 各月实际销售量与预测值

(单位:万台)

月份	1	2	3	4	5	6	7	8	9	10	11	12
实际销售量	10	11	13	14	15	16	18	20	24	25	24	26
$n=3$ 的加权值				11.8	13.1	14.3	15.3	16.8	18.6	21.6	23.7	24.3

取 $W_1=50\%$,$W_2=30\%$,$W_3=20\%$,利用加权移动平均法计算公式得

$F_4=13\times50\%+11\times30\%+10\times20\%=11.80$(万台)

$F_5=14\times50\%+13\times30\%+11\times20\%=13.10$(万台)

5)指数平滑法。指数平滑法是一种更精确的加权平均法。具体方法是:下一期的预测值是上一期预测值加上时间序列上期实际值与预测值差额的一定百分数。计算公式为

$$F_t = F_{t-1} + \alpha(D_{t-1} - F_{t-1})$$

式中 F_t——预测值;
F_{t-1}——上一期的预测值;
D_{t-1}——上一期的实际需求量;
α——平滑常数($0 \leq \alpha \leq 1$)。
α 代表预测偏差的一个百分数。

> 同步思考 2.5
> 如何能够让指数平滑法对需求的变化更加敏感?

在应用指数平滑法进行预测时,需要确定一个初始预测值。一般来说,初始预测值距离预测期愈远,所给予的权数愈小,对预测值的影响愈小,当观察值较多时,可以用早一期(第一期)的观察值来代替。如数据较少,初始预测值影响较大,可选前三个观察值求平均数作为初始预测值。一般多用前种方法。

例 2-5 某企业库存物资需求数据见表 2-9,试用指数平滑法进行预测。

表 2-9 各月的实际需求量与预测值

月份	实际需求量	预测值($\alpha=0.5$)
1	8	
2	10	8.00
3	11	9.00
4	9	10.00
5	12	9.50
6	13	10.75
7	10	11.88
8	9	10.94
9	7	9.97
10	14	8.49
11	13	11.25
12	11	12.13

根据表 2-9 数据资料做实际需求值与预测值结果图，如图 2-8 所示。

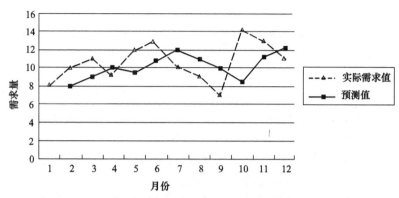

图 2-8 实际需求值与预测值结果图

α 取值大小对时间序列均匀程度影响很大，它可以按过去的预测数与实际数的比较而定。通过图表可以看出，指数平滑法预测值也有滞后于实际需求变化这一特点，预测值在实际需求上升与下降时都有滞后。显然，α 决定了对偏差调整的快慢。α 的值越接近 0，预测对偏差调整得越慢（即下期预测值偏向于本期预测值，预测值的变化较小，比较平滑）。相反，α 的值越趋于 1，预测对偏差的调整就越快，平滑效果就越差（即下期预测值偏向于本期实际值，预测值的变化较大）。

6）季节变动预测法。当某一物资需求呈现季节性波动时，就需要采用符合季节性变化的更精确的预测方法，来预测不同时段的季节性变化量。在季节性变动预测中，通常采用"乘法"季节变动预测模型（以下简称"乘法"模型）。在"乘法"模型中的季节性变动表现为平均（或趋势）值的百分数，而需求预测值则是用这一数量值去乘以时间序列值的百分数。两者表示为

"乘法"模型的季节需求=长期趋势×季节变动系数

例 2-6 某物资前 3 年的实际需求量见表 2-10。通过分析，企业认为该物资年需求呈季节性变动。假设，经过预测，该物资下一年度的需求量为 3 000 万台，试用"乘法"模型预测下一年度该物资各季度的需求量。

表 2-10 某物资 3 年实际需求的历史数据

（单位：万台）

季度	第 1 年	第 2 年	第 3 年	3 年合计
第 1 季度	400	450	600	1 450
第 2 季度	200	230	300	730
第 3 季度	300	400	500	1 200
第 4 季度	100	150	250	500
合　　计	1 000	1 230	1 650	3 880

利用"乘法"模型计算得

第 1 季度需求量=3 000×1 450/3 880=1 121（万台）

第 2 季度需求量=3 000×730/3 880=564（万台）

第 3 季度需求量=3 000×1 200/3 880=928（万台）

第 4 季度需求量=3 000×500/3 880=387（万台）

季节性变动是围绕趋势的周期波动进行的，此时可利用季节指数来测定波动。如报纸的销售以一周为周期，周末的销售量最高。在某一特定的区域内平均日销售量为 100 份，周六销售量上升到 200 份，周一和周二的销售量下降到 50 份，其他日子的销售量为 100 份，则周六的季节性指数为 200÷100=2.0，表明周六报纸销售量是平均日销售量的 2 倍；周一和周二的季节性指数为 50÷100=0.5，表明周一和周二报纸销售量是平均日销售量的 50%；其他日子的季节性指数为 100÷100=1.0，表明其他日子报纸销售量等于平均日销售量。

实际生产中，还要对特别畅销的商品、逐渐衰微的商品、容易受到市场变动影响的商品等，进行具体的分析，进而制订库存战略。采用这种方法时，应先制订一个大致的销售目标及计划，然后订立采购计划，备齐货品，研讨备货所需的时间，以便于做出库存调整。

（2）**线性回归分析法**　世界万物各种变量之间总是存在着有关系或无关系两种状态，有关系的事物，可以用事物之间的变量关系来表现，这种表现体现为变量之间的确定性关系或不确定性关系。变量之间的确定性关系可以用数学公式表现出来，如针对某种产品的需求可能取决于该种产品的价格，这样我们可以找出价格和需求之间的确定性关系，并且以此来预测在某种计划价格下可能产生的需求。而变量间的不确定性关系虽然不能用精确的函数关系式表示出来，但在统计学意义上，它们之间的关系可以通过统计的方法给出某种函数表达方程，这种处理变量关系的方法就是回归分析法。

线性回归分析法就是通过大量收集统计数据，在分析变量之间非确定性关系的基础上，找出变量之间的统计性规律，并用数学方法把变量间的统计规律较好地表现出来，以进行必要的预测。

1）简单线性回归分析法。简单线性回归分析法包括时间序列分析和因果分析。变量预测的时间序列分析，就是把时间序列中的变量按时间顺序排列，构成统一的数列，并根据其动向，建立适宜的数学模型。即将时间作为自变量，将与时间对应的产量或者销量等作为因变量，这种方法适合于做综合计划的长期预测，其预测数据正确的关键在于历史数据的选择与处理，对于历史资料不正常或不准确的数据不宜采用。此外，由于它是利用变量本身的历史发展规律进行外延分析，因此对未来预测期内经济发展可能发生的变化因素考虑不够。变量预测的因果分析，是根据事物之间的因果关系来预测事物的发展和变化，通过对需求预测目标有直接或间接影响因素的分析找出其变化的规律，并根据这种变化规律来确定预测值。例如，价格与销量就存在因果关系，可以把价格看成自变量，此时销量就是因变量。

变量之间最简单的关系，就是两组变量间的线性关系；线性回归模型的主要目标就是确定变量间的回归直线。回归的含义可理解为两个或两个以上相关变量之间的函数关系，它是根据一个已知变量去预测另一个未知变量。线性回归就是指变量呈严格直线关系的一种特殊回归形式。它可以表述为：已知数据点到该直线距离的平方和最小，即具有最小二乘解。简单线性回归方程式为

$$y = a + bx$$

式中　y——要求解的因变量；

　　　a——y 轴截距；

b——斜率；

x——自变量，在时间序列分析中，x 代表时间。

对于数学模型 $y=a+bx$，预测时首先要求得 a、b，然后代入时间序数进行预测，采用最小二乘法，即可得 a、b 的计算式为

$$a=\frac{\sum y-b\sum x}{n}$$

$$b=\frac{n(\sum xy)-(\sum x)(\sum y)}{n(\sum x^2)-(\sum x)^2}$$

式中 n——数据点个数。

例 2-7 某企业连续九年平板电脑出库量及相关数据计算见表 2-11。试根据资料，用简单线性回归法预测第十年和第十一年的出库量。

表 2-11 连续九年平板电脑出库量及相关数据计算表

（单位：万台）

年份	年序（x）	出库量（y）	xy	x^2	预测值
第一年	1	350	350	1	365
第二年	2	400	800	4	400
第三年	3	440	1 320	9	434
第四年	4	475	1 900	16	468
第五年	5	510	2 550	25	503
第六年	6	550	3 300	36	537
第七年	7	568	3 976	49	571
第八年	8	590	4 720	64	606
第九年	9	640	5 760	81	640
合计	45	4 523	24 676	285	4 524

根据 a、b 的计算公式得

$$b=\frac{n(\sum xy)-(\sum x)(\sum y)}{n(\sum x^2)-(\sum x)^2}$$

$$=\frac{9\times24\,676-45\times4\,523}{9\times285-45^2}=34.35$$

$$a=\frac{\sum y-b\sum x}{n}$$

$$=\frac{4\,523-34.35\times45}{9}=330.81$$

根据上式计算得预测模型为

$y=a+bx$

$=330.81+34.35x$

所以第十年（$x=10$）和第十一年（$x=11$）的平板电脑预计出库量为

$y_{10}=330.81+34.35\times10=674.31$（万台）

$y_{11}=330.81+34.35\times11=708.66$（万台）

2）线性回归和相关分析法。线性回归和相关分析法就是通过分析影响预测目标的各因素及其影响程度，找出它们之间的关系（正相关、负相关）与强度（强相关、弱相关）以预测未来的一种预测方法。当影响因素 x 与预测目标 y 之间为线性关系时，称为线性回归。我们仍以简单线性回归方程式为线性回归分析模型，计算公式为

$$y = a + bx$$

$$b = \frac{\sum xy - \bar{x} \sum y}{\sum x^2 - \bar{x} \sum x}$$

$$a = \bar{y} - b\bar{x}$$

式中　$\bar{x}$——x 的算术平均值，$\bar{x} = \frac{\sum x}{n}$；

$\bar{y}$——y 的算术平均值，$\bar{y} = \frac{\sum y}{n}$。

线性回归分析是通过假设一个因变量与一个自变量之间具有线性关系，然后通过数据找到最适合那条线的等式。x 为自变量之值，y 为因变量之值；a 为截距，与 y 轴的交点；b 为斜率。即使最理想的线也不能完全与数据相一致，而且在每一点上都存在误差。线性回归分析确定 a 和 b 的值使得整体误差达到最小。

根据历史资料在直角坐标系内描出若干散布点，在各点之间做出一条直线，使直线到各点的距离最短，而这条直线则被称为估计直线。如果某种产品的需求可能取决于该种产品所设定的价格，那么就可以找到价格和需求之间的因果关系，并且以此来预测在某种计划价格下可能产生的需求。

例 2-8　某地区人口发展状况与小家电销售情况见表 2-12，试用线性回归和相关分析法预测人口发展到 430 万人时，小家电的销售量为多少万台？

表 2-12　近十年人口发展与小家电销售情况统计表

年份	总人口 x（万人）	销售量 y（万台）	xy	x^2	y^2	预测值（万台）
第一年	200	70	14 000	40 000	4 900	69
第二年	215	74	15 910	46 225	5 476	74
第三年	235	80	18 800	55 225	6 400	79
第四年	250	84	21 000	62 500	7 056	84
第五年	275	88	24 200	75 625	7 744	91
第六年	285	92	26 220	81 225	8 464	94
第七年	300	100	30 000	90 000	10 000	98
第八年	330	110	36 300	108 900	12 100	107
第九年	350	112	39 200	122 500	12 544	113
第十年	360	116	41 760	129 600	13 456	116
合计	2 800	926	267 390	811 800	88 140	925

根据回归系数公式计算得

$$\bar{x} = \frac{\sum x}{n} = \frac{2\,800}{10} = 280, \quad \bar{y} = \frac{\sum y}{n} = \frac{926}{10} = 92.6$$

$$b = \frac{\sum xy - \bar{x}\sum y}{\sum x^2 - \bar{x}\sum x} = \frac{267\,390 - 280 \times 926}{811\,800 - 280 \times 2\,800} = 0.291\,7$$

$$a = \bar{y} - b\bar{x} = 92.6 - 0.291\,7 \times 280 = 10.92$$

根据表 2-12 所列数据及计算的回归系数做人口发展与小家电销售量的回归线图，如图 2-9 所示。

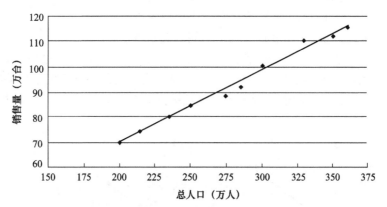

图 2-9　人口发展与小家电销售量的回归线图

本例的回归方程：$y = a + bx = 10.92 + 0.291\,7x$

当人口为 430 万人时，小家电的销售量预测为

$$y = a + bx = 10.92 + 0.291\,7x = 10.92 + 0.2917 \times 430 = 136.35（万台）$$

根据例 2-8 所计算数据做出人口发展与小家电实际销售量与预测销售量结果图如图 2-10 所示。

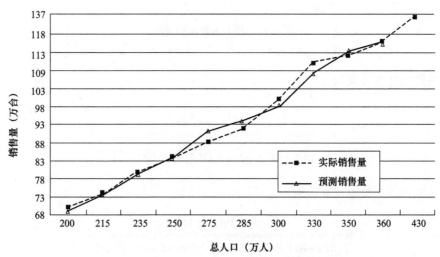

图 2-10　人口发展与小家电实际销售量与预测销售量结果图

从图 2-10 中可以看出，在应用线性回归分析时往往要利用一些指示变量。实际中存在一些不可控变量，它们比研究的变量提前变动或滞后变动。

在上面的案例中,我们找出了与数据最吻合的线。但是这条线与实际观测到的数据究竟有多接近呢?如果误差小,这条线就非常接近实际数据;如果误差大,那么最准确的线也不够理想。为了判断回归方程的可信程度,可以用相对误差进行检验,相对误差通过计算相关系数 r 的值来确定。图 2-11 显示了 r 的不同值。

相关系数是用来回答 x 与 y 是否线性相关的问题。相关系数 r 越接近 1,表明变量 x 与 y 之间的关系越紧密。当 $r=1$ 时表示两个变量之间具有完全的不含任何干扰的线性关系,当其中一个的值增加时另一个的值也相应增加。相关系数 r 越接近 0,表明变量 x 与 y 之间的关系越松散。当 $r=0$ 时表示两个变量之间没有任何线性关系。当 r 是较小的负数时表示两个变量之间有弱的线性关系。当 $r=-1$ 时表示两个变量之间具有完善的不含任何干扰的线性关系,当其中一个的值增加时另一个的值相应减少。当相关系数介于 0.7 与 –0.7 之间时,线性回归关系就变得不可靠了。

> **同步思考 2.6**
> 相关系数代表的是自变量的变化是否导致因变量的变化。你认为这种说法正确吗?

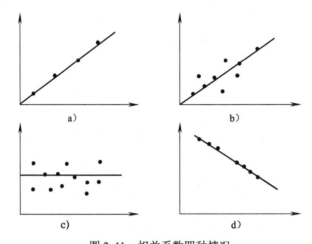

图 2-11 相关系数四种情况

a) 完全正相关 $r=1$ b) 正相关 $0<r<1$ c) 不相关 $r=0$ d) 完全负相关 $r=-1$

相关系数的计算公式为

$$r = \frac{n\sum xy - \sum x \sum y}{\sqrt{[n\sum x^2 - (\sum x)^2][n\sum y^2 - (\sum y)^2]}}$$

例 2-8 中相关系数的计算结果为

$$r = \frac{10 \times 267\,390 - 2\,800 \times 926}{\sqrt{[10 \times 811\,800 - (2\,800)^2][10 \times 88\,140 - (926)^2]}}$$

$$r = \frac{2\,673\,900 - 2\,592\,800}{\sqrt{[8\,118\,000 - 7\,840\,000][881\,400 - 857\,476]}}$$

$$r = \frac{81\,100}{81\,553} = 0.994\,4$$

由此可知，例2-8的 r 非常接近1，所以可以肯定，人口与小家电的销售量之间存在着完全的线性相关关系。

回归分析中另一个有用的系数就是与相关系数相关联的决定系数。

$$决定系数 = （相关系数）^2$$

通过决定系数，可以得知因变量与平均值之间有多大的差距。相关系数偏离平均值的部分波动可以被线性关系所解释，另一部分由于随机干扰造成的波动则无法解释。决定系数给出了全部误差当中能够被线性关系所解释的那一部分点的比例。它介于0~1之间。如果决定系数为1，那么绝大多数波动就能够通过回归分析得到解释，也就是干扰很少，这条直线与数据非常吻合。如果它接近于0，那么绝大多数的波动现象是无法解释的，因为随机干扰过多，所以这条直线与数据不吻合。

决定系数通常表示为相关系数的平方。例2-8中，相关系数是0.994 4，决定系数为0.989。这表明98.9%的因变量围绕平均值的波动都可以通过线性关系得到解释，只有1.1%的波动是由于干扰造成的，因此误差非常小。一般来说，决定系数大于或等于0.5就相当不错了，说明预测值所包含的误差较小，在合理的范围之内。

决定系数是相关系数的平方，其所回答的问题也非常接近。上面我们说，当相关系数介于0.7与-0.7之间时，线性回归关系就变得不可靠，此时，决定系数小于0.49，也就是说不超过一半的波动能够通过回归分析来解释。

三、库存预测方法的选择

库存预测方法很多，但是，没有哪一种方法能够适应所有的给定状况。当就给定的状况进行预测时，就需要进行预测方法的选择。

1. 选择库存预测方法要考虑的因素

（1）**预测成本** 在进行预测时，要考虑企业对预测所做的成本预算是多少，要比较预算成本支出与预算所可能产生的利润。一般来说，预测精度要求越高，预测的预算成本就越高。

> **同步思考 2.7** 在选择预测方法时，我们应当考虑哪些因素？

（2）**预测精度** 精度越高的预测，其预测发生的预算支出也就越高。企业应充分考虑预测成本与预测精度之间的关系，慎重地对预测成本与预测精度进行评价，通过比较两者的关系，从管理角度选择最优的预测方案。

（3）**历史数据** 预测中历史数据的选择非常重要，要排除那些因偶然因素所发生的数据，考虑数据的有用性。同时，要考虑预测数据的可获取性，从而充分收集和分析数据。

（4）**决策周期** 由于预测方法适应的预测周期不同，预测时要充分考虑预测的周期。选择适合长期决策的预测方法进行长期预测，选择适合中、短期决策的预测方法进行中、短期预测。

在库存管理系统中，可以根据需要使用不同的预测方法和技术。合适的预测方法和技术不仅可以处理历史数据，而且还可以解释物资的波动情况。

2. 预测误差

实际需求会受到很多因素的干扰，如客户需求的变化、工作时间、工作效率、天气、质控退货、季节、经济整体情况、可获得数据的误差、数据更新的延误、通信不畅等。由于这些因素的存在，造成了预测的困难。如果干扰相对来说不严重，实际需求就会接近预测需求；如果干扰非常严重，就会掩盖实际需求，使预测工作变得更加困难。也就是说，实际需求值与预测需求值之间永远存在误差。

在预测中，我们只能要求预测的结果尽量与实际发生的数据相符合，但是，在实际工作中，预测的数据与实际发生的数据之间肯定存在误差。所以，我们说，误差是预测值与实际结果的偏差，可以表示为

> 同步思考 2.8 为什么说预测结果往往是错误的？平均误差的用处是否有限？

$$e_i = D_i - F_i$$

式中　e_i——第 i 期的预测误差；
　　　D_i——第 i 期的实际值；
　　　F_i——第 i 期的预测值。

（1）**误差计算**　误差的计算方法比较多，常用的计算方法主要有以下几种：

1）平均误差。几个预测值的误差平均值称为平均误差，记为 MD。其计算公式为

$$\mathrm{MD} = \frac{1}{n}\sum_{i=1}^{n} e_i = \frac{1}{n}\sum_{i=1}^{n}(D_i - F_i)$$

公式中由于每个 e_i 值有正有负，求代数和有时会相互抵消，所以 MD 无法精确地显示误差。

2）平均绝对误差。几个预测值的误差绝对值的平均值称为平均绝对误差，记为 MAD。其计算公式为

$$\mathrm{MAD} = \frac{1}{n}\sum_{i=1}^{n} |e_i| = \frac{1}{n}\sum_{i=1}^{n}|D_i - F_i|$$

公式中由于每个 e_i 均为正值，因而弥补了平均误差的缺点。

3）相对误差平均值。几个预测值相对误差的平均值称为相对误差平均值。其计算公式为

$$\frac{1}{n}\sum_{i=1}^{n} e_i' = \frac{1}{n}\sum_{i=1}^{n}\frac{D_i - F_i}{D_i}$$

式中　e_i'——预测值的相对误差。

相对误差平均值的缺点与平均误差相同。

4）相对误差绝对平均值。几个预测值相对误差绝对值的平均值称为相对误差绝对平均值。其计算公式为

$$\frac{1}{n}\sum_{i=1}^{n} |e_i'| = \frac{1}{n}\sum_{i=1}^{n}\left|\frac{D_i - F_i}{D_i}\right|$$

5）均方差。几个预测值误差平方和的平均值称为均方差，记为 S^2。其计算公式为

$$S^2 = \frac{1}{n}\sum e_i^2 = \frac{1}{n}\sum (D_i - F_i)^2$$

6）标准差。几个预测值均方差的平均值称为标准差，记为 S。其计算公式为

$$S=\sqrt{\frac{1}{n}\sum e_i^2}=\sqrt{\frac{1}{n}\sum(D_i-F_i)^2}$$

假如预测值呈正态分布,则平均绝对误差与标准差的关系为

$$标准差=\sqrt{\frac{\pi}{2}}\times MAD$$

$$=MAD\times 1.25$$

反之有

$$MAD=0.8\times 标准差$$

在预测误差的判断中,应用最多、最简单的就是平均绝对误差。在通常的统计中,假如控制界限设为±3个标准差,则99.7%的点将落在控制界限之内。

例 2-9 表 2-13 是在某时间段内,实际需求与预测需求的变化情况。

表 2-13　实际需求与预测需求的变化统计

时 间 段	1	2	3	4	合计	平均值
实际需求	200	500	500	800	2 000	500
预测需求	0	0	900	1 100	2 000	500
误　　差	200	500	−400	−300	0	0

如果预测准确,误差就会相对减少。如果连续每隔一段时间进行一次预测,就能够随着时间推移看出它的效果。我们能够找出每个时间段的误差,并且根据它来推算出长期的平均误差。从表 2-13 中我们可以看出,平均误差可以由正数和负数的误差互相抵消,因此,一个很不正确的预测其平均误差可能为零。虽然平均误差不能够真实地反映预测的准确性,但是它能够衡量偏差。如果平均误差为正数,就表明预测结果持续偏低;如果平均误差为负数,就表明预测结果持续偏高。

显然,需要通过另外一些方法来对误差加以衡量,最简单的办法就是误差取绝对值,然后计算出平均绝对误差。通过这种方法,可以得到预测结果与实际值之间的平均差值。如给每次预测的误差开平方,可以计算出平均方差。无论使用哪一种方法,数值越小表明预测结果越准确。

(2) **误差监控**　误差监控主要是指利用跟踪信号进行预测结果的准确性分析。在进行短期预测(每周、每月、每季度)时,需要将最新的实际需求量数据与相应的预测值进行比较。

> 同步思考
> 如何比较不同的预测方法?
> 2.9

跟踪信号是表示预测均值与实际需求的变化方向是否一致的一种测量手段,跟踪信号(TS)可用预测误差的算术平均值之和除以其平均绝对误差计算得出。当预测误差很小时,跟踪信号的值就接近零。但是当误差变大时,跟踪信号的值就会增加。当达到事先设定的一个范围时,就需要采取补救措施。跟踪信号计算公式为

$$跟踪信号=\frac{平均误差之和}{平均绝对误差}$$

跟踪信号在平均绝对误差的上控线之上,说明实际需求大于预测值,反之,则说明实际

需求小于预测值。在实际应用中，它等于预测值超出或低于实际平均值的平均绝对误差的数量。总之，跟踪信号超过上下控制线，说明预测方法存在问题，需要重新考虑所选的预测方法。图2-12显示了跟踪信号超出可接受波动范围的情况。

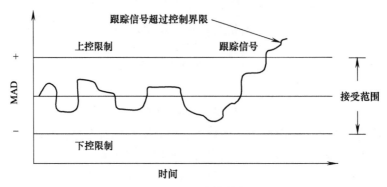

图2-12 跟踪信号图

跟踪信号的允许限度不仅取决于预测需求量的规模，也取决于现有数据资料收集情况。因为，允许上下限波动的控制限度过窄会导致更多的预测值超出控制界限，需要重新选择预测方法，需要更多的精力和时间。

> 同步思考 2.10
> 要进行正确的预测，最重要就是选择正确的预测方法，你认为正确吗？

表2-14意味着若一个预测值在控制界限中，89%的误差会落在±2MAD内，98%的误差会落在±3MAD内，99.9%的误差会落在±4MAD内。

表2-14 范围从0至4倍的控制界限

MAD	±1	±2	±3	±4
相应的标准误差量度	0.798	1.596	2.394	3.192
落在控制限内的点的百分数	57.048	88.946	98.334	99.856

例2-10 企业根据市场调查状况预测近6个月库存小家电的出库量为每月2 000台，但实际需求值分别为1 980台、2 040台、2 100台、1 920台、2 010台、2 090台。根据资料分析预测值与实际需求值的误差状况，结果见表2-15。

表2-15 平均绝对误差（MAD）、累计预测误差（RSFE）及跟踪信号（TS）

（单位：台）

月份	需求预测值	需求实际值	实际误差	RSFE	绝对误差	累计绝对误差	MAD	TS
1	2 000	1 980	−20	−20	20	20	20	−1.00
2	2 000	2 040	+40	+20	40	60	30	0.67
3	2 000	2 100	+100	+120	100	160	53.33	2.25
4	2 000	1 920	−80	+40	80	240	60	0.67
5	2 000	2 010	+10	+50	10	250	50	1.00
6	2 000	2 090	+90	+140	90	340	56.67	2.47

表2-15中第6个月数据计算方法如下：
实际误差=需求实际值−需求预测值

=2 090–2 000=90

累计预测误差=上一期累计预测误差+本期实际误差

=50+90=+140

绝对误差=各期实际误差的绝对值

=|90|=90

累计绝对误差=上一期绝对误差+本期绝对误差

=250+90=340

平均误差（MAD）=本期累计绝对误差÷本期期数

=340÷6=56.67

跟踪信号（TS）=本期累计预测误差（RSFE）÷本期平均误差（MAD）

=140÷56.67=2.47

对于表 2-15 所示的数据，可通过作跟踪信号散点图（图 2-13）来理解平均绝对误差和跟踪信号的移动情况。

图 2-13 表示，跟踪信号在–1 倍的平均绝对误差到+2.47 倍的平均绝对误差之间取值。例 2-10 中，实际需求大于其中 4 个月的预测值。如果实际需求没有降低到低于预测水平之下以抵消连续出现的累计预测误差，跟踪信号将会继续上升。由此可知，预测需求 2 000 为一个不良预测值，需要重新考虑预测方法。

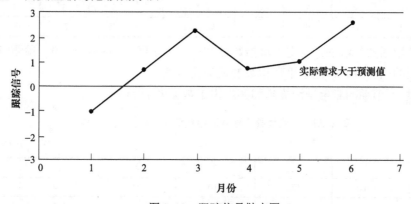

图 2-13 跟踪信号散点图

理想的预测误差模型应该是累计误差为零，即高估的误差由低估的误差全部抵消。此时，跟踪信号也为零，说明这是一个无误差模型，需求预测值不超前也不滞后于实际需求值。

复习思考题

一、简答题

1．简述库存需求预测的步骤。

2．什么是时间序列预测法？

3．什么是定量预测法和定性预测法？它们在什么情况下适用？

4．移动平均法有哪些利弊？

5．跟踪信号有何用途？

6．什么是MAD？为什么它在选择及使用某种预测方法中至关重要？

二、计算题

1．某汽车销售公司最近几年汽车销售量见表2-16。

表2-16　某汽车公司最近几年汽车销售量

（单位：辆）

年　份	第一年	第二年	第三年	第四年	第五年
销售量	501	525	589	602	668
预测量					

要求：用简单平均法、移动平均法（分别按三期、四期移动）以及指数平滑法（平滑指数分别为0.2和0.3）预测第六年销售量，并做散点分析结果图。

2．某公司最近几月销售额见表2-17。

表2-17　某公司最近几月销售额

（单位：万元）

周期	1	2	3	4	5	6	7	8	9	10
需求	71	78	101	122	96	88	78	72	69	70

要求：使用指数平滑法，设定平滑指数在0.1～0.4之间，初始值为50，预测时间序列当中下一个周期的需求量。请测定平滑指数的最佳设定值。

3．某商场春节期间彩电预测需求和实际需求数见表2-18。

表2-18　某商场春节期间彩电预测需求和实际需求数

（单位：台）

周	1	2	3	4	5	6
需求预测值	101	121	110	98	114	126
需求实际值	107	117	112	104	112	120

要求：根据资料分析预测值与实际需求值的误差状况。

4．某商场对于某种商品在过去两年的销售记录见表2-19。

表2-19　某商场对于某种商品在过去两年的销售记录

（单位：件）

月　份	1	2	3	4	5	6	7	8	9	10	11	12
第一年	200	186	178	174	488	206	245	233	220	218	220	268
第二年	227	203	211	190	222	236	230	262	258	239	248	288

假设，经过预测，该商品第三年的销售量为3 000件；第四年的销售量为3 300件。

请问：商场应该如何预测今后两年中各个季度的销售数量，其销售量会如何变化？

5．公司两位销售经理分别对他们经营的主要商品今后一年的销售量进行了预测。到了年底,他们检验自己的预测结果,见表2-20。

表 2-20 预测结果

(单位:件)

月 份	1	2	3	4	5	6	7	8	9	10	11	12
实际需求	40	44	52	38	28	30	27	38	54	45	51	56
A 经理	34	46	48	44	34	32	30	32	36	38	41	43
B 经理	30	40	44	48	38	36	42	40	42	44	44	44

请问:你认为谁的预测更准确?

三、项目题

1．请从证券交易所找到某一公司时间跨度很大的股票价格数据,从分析该公司股票价格入手,看看这只股票的价格在过去几年内的走势。你认为你对该公司股票价格的预测有多准确?

2．尝试对政府公布的失业率、国内生产总值、旅游、商品销售或其他一些类似的时间序列数据进行预测,然后对预测结果进行比较,从中发现用于预测未来的模式。

四、讨论题

1．很多预测方法以及相关的分析都是建立在统计学知识基础上的。企业管理者也许并不掌握这方面的知识,在这种情况下,他们应当以何种方式参与预测工作?如何让他们理解预测结果?

2．线性回归分析的假设条件是什么?这些条件能够实现吗?要在更复杂的条件下使用该方法,应当如何对其进行调整?

第三章 库存订货量的确定

▶▶▶ **本章目标** ◀◀◀

如果你已经掌握了库存需求分析和预测的方法,接下来就必须掌握库存订货量的确定方式,以减少由于高库存所带来的不必要成本。本章介绍了库存管理方面的一些量化模型。经济订货批量模型是建立在理想化库存体系的基础上,在成本最小的前提下寻求固定的订货量——经济订货批量,它是大多数订货量确定的基础。本章,我们还将介绍经济生产批量的确定方法、一次性订货量及安全库存量的确定方法。大多数企业在库存方面都进行了大量的投资,并且存储成本均占库存价值的三分之一,因此,企业的一个重要目标就是通过订货量的确定来减少库存,实现最大化的利润。通常来说,减少库存能够降低成本、改进质量、提高绩效并增加利润。

通过本章学习,相信读者将会具备以下能力:

1. 能够掌握经济订货批量的定义、使用范围、条件及确定方法。
2. 能够掌握经济生产批量的定义、使用范围、条件及确定方法。
3. 能够掌握一次订货量的定义及其确定方法。

尽管企业持有库存具有一定的必要性,但不可片面地强调其功能而无节制地储备库存。因为增加库存会占用资金,从而使企业失去在其他方面利用这些资金获取收益的机会,即库存的机会成本上升;另外,增加库存会使得仓储费用、不合理损耗、保险费用等增加。因此,库存管理的目标就是要在充分发挥库存功能、库存效益和增加库存成本之间做出权衡,使两者之间达到最佳结合,既保证生产经营的连续性,又尽可能地减少资金占用。

第一节 经济订货批量的确定

经济订货批量(EOQ)是通过平衡订货成本和保管仓储成本,确定一个最佳的订货批量来实现最低总库存成本的方法。此时控制的储存总费用只包括订购费用和保管费用两项,这两项费用与物资的订购次数和订购数量有着密切的关系。在物资总需求量一定的条件下,订购次数越多,每次订购数量就越小,订购费用就越大,而保管费用则越小;反之,订购次数越少,每次订购数量越大,订购费用就越小,而保管费用则越大。因此,订购费用和保管费用两者是相互矛盾的。确定简单条件下的经济订货批量,就是要选择一个最适当的订货批量,使有关的订购费用和保管费用两者的总和最低。

一、库存的相关成本

1. 采购成本

采购成本是由买价、运杂费等构成。在一定时期进货总量既定、物价不变且无采购数量折扣的条件下，采购成本与采购数量成正比例关系。因为单位采购成本不受采购数量的影响，所以在确定采购批量时，可以不考虑采购成本。降低采购成本的主要措施是选择物美价廉的材料和就近采购、节约运杂费等。

$$采购成本 = 年库存需求量 \times 库存单价$$
$$= DU$$

在自行生产新产品时，需要确定一个合理的生产成本，或者计算出调拨价。

2. 订货成本

订货成本是指企业为组织进货而发生的费用，如办公费、差旅费、检验费等。订货成本中有一部分与订货次数无关，如常设采购机构的管理费用、采购人员的工资等，这些称为固定订货成本。而另一部分与订货次数有关，如差旅费、检验费等，这些称为变动订货成本。可见，要降低订货成本，就得尽量减少采购次数。

$$订货成本 = 变动订货成本 + 固定订货成本$$
$$= K \times \frac{D}{Q} + F_1$$

式中 K——每次订货成本；

D——年库存需求量；

Q——每次进货量；

F_1——固定订货成本。

当企业自行生产某种产品的时候，如何确定订货成本是一个特殊的问题。此时，订货成本通常是指批量生产的成本，它包括与生产相关的物料成本、重新配置设备时产生的机会成本、操作人员的闲置成本、试车时产生的测试物料的成本、试运行时生产效率低下所造成的机会成本等。

3. 储存成本

储存成本又称持有成本，是指库存在储存过程中所发生的成本，包括仓储费、搬运费、保险费、库存破损和变质损失、占用流动资金应支付的利息等。储存成本又有固定成本和变动成本之分，如仓库折旧费、仓管人员工资就是与库存数量无关的固定成本。而与库存数量有关的变动成本会随着平均库存量的增减而升降。为了降低储存成本，在有条件的情况下要采用小批量采购，以减少储存数量。

$$储存成本 = 变动储存成本 + 固定储存成本$$
$$= K_C \times \frac{Q}{2} + F_2$$

式中 K_C——单位储存成本；

$\frac{Q}{2}$——平均库存量；

F_2——固定储存成本。

这里假设库存的耗用属于稳定的匀速耗用。当库存为匀速耗用时,库存量由 Q 逐渐减至 0,平均库存量为 $\dfrac{Q}{2}$,如图 3-1 所示。

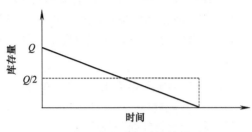

图 3-1 库存量与时间的关系

4. 缺货成本

缺货成本是指由于库存供应中断,而给企业生产经营造成的损失。缺货成本与库存的储存数量成反比。

$$缺货成本=缺货数量\times 缺货单位成本$$

可以肯定,缺货所造成的影响远远不止在销售额上的损失,它还会对企业的商誉、未来的业务开展造成严重影响。而对于企业本身的生产来说,任何部件的缺货都会造成生产中断,而需要实施紧急应对方案,重新部署运作计划,重新计划维护时间,实施工人下岗等。缺货成本包括停工待料损失、由于生产急需而采取紧急采购增加的额外采购成本等。

通常情况下,缺货成本难以测量,无法将缺货的影响加以量化。有一点可以确定,缺货给企业的正常经营造成的影响极为严重,所以企业宁愿付出一定量的库存持有成本也不愿意出现缺货的情况。

二、经济订货批量的确定

1. 经济订货批量的定义

经济订货批量(Economics Order Quantity,EOQ)就是通过平衡订货成本和储存成本,确定一个最佳订货数量来实现最低总库存成本的方法。

与库存有关的变量(即影响因素)很多,为了解决比较复杂的问题,先简化或舍去一些变量来研究解决简单的问题,然后再扩展到复杂的问题,这便是 EOQ 基本假设。

2. EOQ 基本假设

EOQ 基本假设:①市场对产品的需求已知并具有连续性,而且在一段时间内不会发生变化。②库存的年需求量和日耗用量是固定不变的,需求是一个合理的常数。③从订货至货物到达企业所间隔的时间是固定不变的,订货至交货周期为零,即在订单下达之际,立刻全额到达。④暂不考虑订货数量折扣的情况,没有缺货情况。⑤只对一种产品进行分析,不能通过以其他产品代替或者把

> 同步思考 3.1
> 经济订货批量计算过程中的假设条件和其他限制条件是否意味着这个计算结果没有实际意义?

几种产品集成一个订单的方式降低成本。⑥采购价格和再订货成本不会随着订货数量的大小而变化。⑦每次订货均为同一订单。⑧补货运作是即时的，因此，同一订单项下的所有货物都是同时到达的，并且可以立即投入使用。

这些假设条件中最为重要的一条是需求已知，并且具有持久和不变的特点。如图3-2所示。

上述假设条件为库存水平的变化营造出一个理想化的特点。需求具有连续性意味着库存水平以平衡的方式逐步降低，而不是梯次降低。需求量的不变性意味着库存水平的降低速度是不变的。订货至交货周期等于零，意味着我们不需要在缺货之前下订单，因为在发布订单的时候，只要有剩余库存，订货就会在这些库存用完之前到达，这部分剩余库存永远不会真正使用，而仅仅产生库存持有成本。缺货的情况不会出现的假设条件意味着库存水平永远不会下降到零以下，因此，也就不会出现丧失销售机会的情况。结果如图3-3所示。

图3-2 需求恒定并且具有连续性

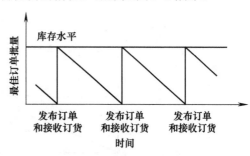

图3-3 EOQ基本假设下的库存水平

从图3-3可以看出，在EOQ分析下存在三个变量：①订单批量，即常用的订单规模。②运作周期，即两次连续的补货时间。运作周期的长短与订单批量的大小有关，批量较大的订单往往会导致较长的运作周期。③需求，即在一定时间内库存需要向外供给的数量。这里假设需求是持续和恒定的。

3. EOQ的计算

企业的库存管理涉及四个方面的内容：决定进货项目、选择供货单位、决定进货时间和决定进货批量。其中决定进货项目和选择供货单位是销售部门、采购部门和生产部门的职责，库存部门要决定的是进货时间和进货批量。按照库存管理的目的，需要通过确定合理的进货时间和进货批量，使库存的总成本最低，这个批量就是经济订货批量。在确定经济订货批量的基础上，确定最适宜的进货时间。

最优的库存管理应该是既能满足生产需要，保证生产的正常进行，又最经济。因此，研究库存最优管理模式的中心问题，是要计算确定在各种条件下的经济订货批量。这个经济订货批量是指订货成本与储存成本总和最低的一次订货批量。在允许缺货的条件下，经济订货批量的总成本包括订货成本、储存成本和缺货成本。缺货成本是指因停工待料而采取应急措施所花费的费用，包括停工损失费、加班加点费、因对客户延期交货而支出的违约罚金，以及因采取临时性补救措施发生的额外采购支出等。生产比较稳定的企业应尽量避免这类成本，对于生产不稳定的企业，允许一定程度的缺货是一项很重要的库存策略。通常来说，在生产不稳定的情况下，要想完全避免缺货，必然要大大提高储存量和储存成本，而当储存成本超过

> 同步思考
> 什么是经济订货批量？
> 3.2

缺货成本时，显然是不划算的。

（1）**EOQ 下的订货批量计算** 经济订货批量反映了订货成本与储存成本之间的平衡：当订货批量发生变化时，平均库存也会变化。订货批量小，平均库存就会比较低，但同时会增加订货次数，从而增加订货成本；订货批量大，在减少订货次数的同时，却增加了储存平均成本。因此，理想的方案是：订货批量既不能少次大量，又不能多次少量。订货批量取决于订货成本、储存成本及货物的单价等因素。我们的目的是要找到一个最理想的订货批量，使订货成本和储存成本的和最小。如图 3-4 所示，总成本呈现出一个不规则的"U"形，并且在"U"形底部有一个十分明显的最低点（即总成本最小），这个最小值对应的就是经济订货批量。

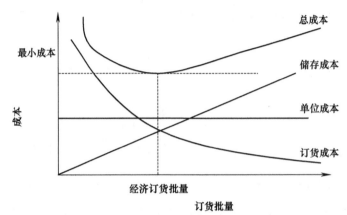

图 3-4 成本与订货批量的变化关系图

企业库存的最优化，即是使订货成本和储存成本的合计数最小。根据有关公式推导：

$$TC = DU + K\frac{D}{Q} + F_1 + K_C\frac{Q}{2} + F_2$$

式中 TC——库存总成本。

当 F_1、K、D、U、F_2、K_C 为常数时，TC 的大小取决于 Q。为了求出 TC 的最小值，用导数求解可得 Q 为

$$Q = \sqrt{\frac{2KD}{K_C}}$$

这一公式称为经济订货批量的基本模型，求出的每次订货量可使 TC 达到最小值。

例 3-1 已知某企业每年耗用甲种材料 1 200 千克，每一次的订货成本为 400 元，每千克甲种材料的储存成本为 6 元，甲种材料单价为 20 元/千克。求经济订货批量？

$$Q = \sqrt{\frac{2 \times 400 \times 1\ 200}{6}} = 400（千克）$$

> 同步思考 3.3
> 为什么当订单批量大于经济订货批量的时候，总成本会上升？

（2）**EOQ 下的相关指标计算**

1）最佳订货次数。如果事先计算出经济订货批量，则在全年需求量一定的情况下，便可计算出最佳订货次数。其计算公式为

$$最佳订货次数 = \frac{库存全年需求量}{经济订货批量}$$

$$N = \frac{D}{Q} = \frac{D}{\sqrt{2KD/K_C}} = \sqrt{\frac{DK_C}{2K}}$$

2）库存总成本。库存总成本是在经济订货批量和最佳订货次数情况下全年订货成本和全年储存成本合计最低的成本。其计算公式为

经济订货批量的库存总成本=全年订货成本+全年储存成本

$$TC = \frac{KD}{\sqrt{2KD/K_C}} + K_C \frac{\sqrt{2KD/K_C}}{2} = \sqrt{2KDK_C}$$

3）最佳订货周期。最佳订货周期是指在最佳订货次数条件下，从准备订货到收到货物的间隔时间。其计算公式为

$$最佳订货周期 = \frac{计算期天数}{最佳订货次数}$$

$$t = \frac{1年}{N} = \frac{1年}{\sqrt{DK_C/2K}}$$

4）平均占有资金。平均占有资金是指最高订货量与最低订货量占有资金的平均数。其计算公式为

平均占有资金=平均订货量×订货产品单价

$$I = \frac{QU}{2}$$

根据例 3-1 中所给资料计算的相关指标如下：
库存总成本：$TC = \sqrt{2 \times 400 \times 1\,200 \times 6} = 2\,400$（元）
每年最佳订货次数：$N = 1\,200 \div 400 = 3$（次）
最佳订货周期：$t = 365 \div 3 = 121$（天）
平均占有资金：$I = 400 \times 20 \div 2 = 4\,000$（元）
以上计算结果也可以用列表法求得，见表 3-1。

表 3-1 列表计算

订货批量（千克）	100	200	300	400	500	600
平均库存量（千克）	50	100	150	200	250	300
储存成本（元）	300	600	900	1 200	1 500	1 800
订货次数（次）	12	6	4	3	2.4	2
订货成本（元）	4 800	2 400	1 600	1 200	960	800
总成本（元）	5 100	3 000	2 500	2 400	2 460	2 600

从表 3-1 中可以看出，订货批量为 400 千克时，年总成本最低，为 2 400 元。小于或大于这一订货批量，都是不合算的。

5）再订货点。一般情况下，企业的库存不能做到随时补充，因此不能等库存用完再去订货，而需要在用完前提前订货。在提前订货情况下，企业再次发出订货单时，尚有的库存量称为再订货点，用 R 表示，它是交货时间（L）与每日平均需用量（d）的乘积：

$$R = L \times d$$

例 3-2 企业年需求库存为 3 600 件，已知经济订货批量为 300 件，每年订货 12 次，平均入库的时间为 10 天，每日库存需求量为 10 件，计算再订货点。

再订货点 = 10×10 = 100（件）

即企业尚存 100 件库存时，就应当再次订货，等到下批订货到达时，原有库存刚好用完。此时，有关订货批量、订货次数、订货间隔时间并无变化。

若考虑到按再订货点发出订单后，需求量增大或送货延迟的情况，则需多储备一些库存，以备应急之需。此时，考虑安全库存量（S_S）的再订货点计算公式为

$$R = L \times d + S_S$$

安全库存量在正常情况下不动用，只有当库存过量使用或送货延迟时才动用。如例 3-2 题中，为防止需求变化引起缺货损失，该安全库存量为 100 件，则

再订货点 = 10×10+100 = 200（件）

建立安全库存量一方面可以使企业避免缺货或供应中断造成的损失，但另一方面库存的平均储备增大会使储存成本增加。在建立安全库存量的过程中，企业应该找出一个合理的储备量，使缺货成本（C_S）或防止供应中断的安全成本（C_B）最小。在方法上，可先计算出不同安全库存量的总成本，然后再对总成本进行比较，选出其中最低的。此时，与此有关的总成本计算公式为

库存总成本 = 缺货成本 + 安全成本

$$TC = C_S + C_B$$

如果单位缺货成本为 K_n，一次订货缺货量为 S，则

$$TC = K_n \times S \times N + S_S \times K_C$$

现实中，缺货量具有随机性，其概率可根据历史经验估计得出。

例 3-3 企业年需求库存为 3 600 件，已知经济订货批量为 300 件，每年订货 12 次，平均入库的时间为 10 天，每日库存需求量为 10 件，单位缺货成本为 4 元，单位储存成本为 2 元。交货期的库存需求量及其概率分布见表 3-2，计算最佳订货点和最低总成本。

表 3-2 库存需求量及其概率分布

需求量	70	80	90	100	110	120	130
概率（P）	0.01	0.04	0.20	0.50	0.20	0.04	0.01

① 不设安全库存量，安全库存量 = 0，则再订货点为 100 件（10×10）：

需求量为 100 件以下时不会发生缺货，其概率（0.01+0.04+0.20+0.50）= 0.75。

需求量为 110 件时，缺货 10 件（110−100），其概率为 0.20。

需求量为 120 件时，缺货 20 件（120−100），其概率为 0.04。

需求量为 130 件时，缺货 30 件（130–100），其概率为 0.01。

$S=10×0.20+20×0.04+30×0.01=3.1$（件）

$$TC = K_n × S × N + S_S × K_C$$
$$=4×3.1×12+0×2$$
$$=148.8（元）$$

② 安全库存量为 10 件，则再订货点为 110 件：

$S=(120-110)×0.04+(130-110)×0.01=0.6$（件）

$$TC = K_n × S × N + S_S × K_C$$
$$=4×0.6×12+10×2$$
$$=48.8（元）$$

③ 安全库存量为 20 件，再订货点为 120 件：

$S=(130-120)×0.01=0.1$（件）

$$TC = K_n × S × N + S_S × K_C$$
$$=4×0.1×12+20×2$$
$$=44.8（元）$$

④ 安全库存量为 30 件，再订货点为 130 件：

缺货量 $S=0$（件）

$$TC = K_n × S × N + S_S × K_C$$
$$=4×0×12+30×2$$
$$=60（元）$$

通过计算可知，当安全库存量为 20 件时，总成本为 44.8 元，是各总成本中最低的，故应确定安全库存量为 20 件，或者说应确定再订货点为 120 件。

6）库存陆续供应下的经济订货批量和总成本。在建立基本模型时，假设库存一次全部入库，故库存增加的变化是一条垂直的直线。事实上，各批订货可能陆续入库，使库存陆续增加。尤其是产成品和在产品的转移，几乎总是陆续供应和陆续使用。此时，相关公式可修改为

$$Q = \sqrt{\frac{2KD}{K_C} × \frac{p}{p-d}}$$

$$TC = \sqrt{2KDK_C\left(1-\frac{d}{p}\right)}$$

式中　d——每日平均需用量；

　　　p——每日送货量。

例 3-4　某零件年需用量为 3 600 件，每日送货量为 30 件，每日耗用量为 10 件，零件购买单价为 10 元，一次订货成本为 25 元，单位储存费用为 2 元。试计算经济订货批量和总成本。

根据题意计算得

$$Q = \sqrt{\frac{2KD}{K_C} × \frac{p}{p-d}} = \sqrt{\frac{2×25×3\,600}{2} × \frac{30}{30-10}} = 367（件）$$

$$TC = \sqrt{2KDK_C\left(1-\frac{d}{p}\right)} = \sqrt{2\times 25\times 3\,600\times 2\times\left(1-\frac{10}{30}\right)} = 490\,(元)$$

库存陆续供应下的经济订货批量和总成本的计算方法还适用于自制和外购库存的选择。自制零件属于边送边用的情况，平均库存较少，单位成本可能很低，但每批零件投产的生产准备成本比一次外购订货成本可能高出许多。外购零件的单位成本可能较高，平均库存较高，但订货成本可能较低。要在自制和外购之间做出选择，需要全面衡量它们各自的总成本，才能得出正确的结论。

> **同步思考 3.4** 当我们采用经济订货批量的时候，再订货成本和库存持有成本相比，究竟哪一个会更大些？

三、EOQ 模型应用中的其他问题

1. 有数量折扣的 EOQ 计算

EOQ 基本假设中假定价格不随批量的变动而变动，但在实际应用中，供应商为了吸引用户购买更多的商品，往往规定在购买数量达到或超过某一数量标准时给予用户价格上的优惠，这个事先规定的数量标准称为折扣点。在数量折扣的条件下，由于折扣之前的单位购买价格与折扣之后的单位购买价格不同，因此必须对基本的经济订货批量模型进行必要的修正。在这种情况下，除了考虑订货成本和储存成本外，还应考虑采购成本。

> **同步思考 3.5** 如果我们计算出了经济订货批量值，但是在发布订单的时候所采用的订单批量值小于这个建议值，总体可变成本将会增大还是减少？

例 3-5 某企业全年需要乙零件 1 200 件，每次订货成本为 400 元。每件年储存成本为 6 元，采购价格为 10 元/件。供应商规定：每次购买数量达到 600 件时，可给予 2% 的数量折扣，问应以多大批量订货？

解： 此时应通过确定经济订货批量，分别按有无数量折扣计算年订货成本、年储存成本和年采购成本的合计数。

1）没有数量折扣时的经济订货批量：

$$Q = \sqrt{\frac{2\times 400\times 1\,200}{6}} = 400\,(件)$$

2）不接受数量折扣时的总成本：

总成本 = 年订货成本 + 年储存成本 + 年采购成本
   = 1 200÷400×400 + 400÷2×6 + 1 200×10 = 14 400（元）

3）接受折扣时（订货批量为 600 件）的总成本：

总成本 = 年订货成本 + 年储存成本 + 年采购成本
   = 1 200÷600×400 + 600÷2×6 + 1 200×10×(1−2%) = 14 360（元）

比较两种方案的总成本可知，订货量为 600 件时总成本最低。

2. 物资在多个保存地点时的 EOQ 确定

如果企业对物资的库存需求量保持不变，只是将物资存放在不同的地点，此时，就需要确定物资分别保管时的库存成本问题。

例 3-6 某企业全年需要 A 物资 40 000 件,每次订货成本为 200 元。单位购买成本是 20 元,库存持有成本率是 20%。试计算 A 物资保管地点为 1 个和 2 个时的经济订货批量和库存总成本。

1)当保管地点为 1 个时:

$$Q = \sqrt{\frac{2KD}{K_C}} = \sqrt{\frac{2 \times 200 \times 40\,000}{20 \times 0.2}} = 2\,000\,(件)$$

平均库存=2 000÷2=1 000(件)

全年订货次数=40 000÷2 000=20(次)

库存总成本=20×20%×1 000+200×20=8 000(元)

2)当保管地点为 2 个,即每个点的保管量为 20 000 件时:

$$Q = \sqrt{\frac{2KD}{K_C}} = \sqrt{\frac{2 \times 200 \times 20\,000}{20 \times 0.2}} = 1\,414\,(件)$$

每个地点的平均库存=1 414÷2=707(件)

总的平均库存=707×2=1 414(件)(比保管地点为 1 个时的平均库存量多了 41%)

每个地点的订货次数=20 000÷1 414=14.14(次)(保管地点为 1 个时为 20 次)

每个地点的库存总成本=20×20%×707+200×14.14=5 656(元)

两个地点的库存总成本=5 656×2=11 312(元)

从表 3-3 可以看出,在总需求量不变的情况下,随着库存存放地点的增加,库存成本也在随之增加。所以,大多数企业一般都愿意将库存集中保管。

表 3-3 计算结果比较表

库存点	经济订货批量(每个地点)	订货次数(每个地点)	库存总成本(元)
1 个	2 000	20	8 000
2 个	1 414	14.14	11 312

库存订货量随库存管理系统的不同而不同,如定期库存系统的订货量就是其最高库存量,而定量库存系统则还应考虑安全库存量。EOQ 模型可帮助企业控制其库存成本,加强资金计划,从而进一步增强企业在市场上的竞争能力。但是,现阶段企业所面临的市场环境已发生了巨大的变化,EOQ 模型已不能完全适应企业对物资生产的需求和控制,任何一个因素变化都会影响 EOQ 模型确定的经济订货批量。此时,EOQ 模型不仅不能为企业提供可靠的库存采购控制数据,相反会使企业的管理出现许多问题。因此,还需采用新的库存控制方法。

3. 价格调整时的 EOQ 确定

当已知价格将在某一时间内上涨时,就面临一个在价格上涨之前购买多少数量的物资,以便使库存总成本最低的决策问题。显然,在价格上涨时,需要对基本经济订货批量模型进行修正。此时经济订货批量 Q^* 的计算公式为

$$Q^* = \frac{D \times (p_2 - p_1)}{K_{C_1}} + \frac{p_2}{p_1} \times Q - q$$

式中　K_{C_1}——涨价前的库存持有成本；
　　　q——涨价之前最后一次订货时点的原有库存量；
　　　p_1——涨价前的单位购买价格；
　　　p_2——涨价后的单位购买价格。

例3-7　企业依据计划每年需采购A产品100 000个，A产品原定的单位购买价格是160元。6月10日，A产品的生产商通告A产品的价格将在10天后上涨至170元，每次订货成本是10 000元。此时，企业尚有A产品2 500个。假设A产品采购需要5天时间，A产品每年的持有成本是其单价的一半，问企业应该在什么时候发出订单？经济订货批量是多少？

涨价后的经济订货批量：

$$Q = \sqrt{\frac{2KD}{K_C}} = \sqrt{\frac{2 \times 10\,000 \times 100\,000}{170 \times 0.5}} = 4\,851（个）$$

当前库存可支持的天数为：

（2 500÷100 000）×365=9（天）

也就是说，库存A产品只能用到6月19日，因此，应在库存全部用完之前的5天（6月15日）发出订单，至6月19日时，q值等于零。

经济订货批量为

$$Q^* = \frac{D \times (p_2 - p_1)}{K_{C_1}} + \frac{p_2}{p_1} \times Q - q$$

$$= \frac{100\,000 \times (170 - 160)}{160 \times 0.5} + \frac{170}{160} \times 4\,851 - 0$$

$$= 17\,654（个）$$

传统的库存管理思想着眼于在企业已有的生产经营结构中应用经济订货批量模型求解经济订货批量，以使企业库存总成本最低。但是，如果对企业现有的经营结构进行改革，减少经济订货批量，同样可以降低总的库存成本。因此，对生产经营系统进行改进是降低企业库存水平最有效的手段。

4. 非整数订货批量的EOQ确定

与经济订货批量相关的一个具体问题是非整数订货批量问题。如果EOQ的建议值是订购8.5套电脑系统的话，我们肯定无法实施，而只能把订货量近似到相近的整数值，要么采购8套，要么采购9套。当我们需要处理一些小批量的、高价值的商品，如机械设备、发动机、汽车和化工品等商品时，就可能会出现这些问题。虽然我们可以简单地把这些商品数值近似到相近的整数值，但实际上更为合理的方法是仔细地分析，看看究竟应该向哪一个方向近似。

> **同步思考 3.6**　如果我们实际采用的订单批量值大于经济订货批量值，总体变动成本将会由于库存持有成本的上升而快速上升。你认为这句话正确吗？

假设我们计算得出的经济订货批量为Q，Q的值在整数$Q'-1$与Q'之间，如图3-5所示。如果实施订货批量Q'所产生的总成本小于实施订货批量$Q'-1$所产生的总体成本，那么我们就应该把订货批量向上近似到Q'。此时经济订货批量的计算公式为

$$Q' \times (Q' - 1) \leq Q^2$$

如果 $Q' \times (Q'-1) \leqslant Q^2$，订货批量采用 Q' 值；反之，采用 $Q'-1$ 值。

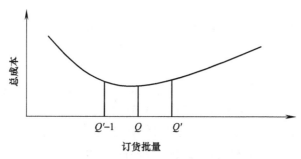

图 3-5　非整数订货批量附近的备选整数值

例 3-8　某企业年需用电动马达 1 000 台，单位购进价格为 2 500 元，每次订货成本为 50 元，每台电动马达储存成本为 660 元。问企业经济订货批量是多少？

$$Q = \sqrt{\frac{2KD}{K_C}} = \sqrt{\frac{2 \times 50 \times 1\,000}{660}} = 12.31 \text{（台）}$$

因为 $13 \times 12 \geqslant 12.31^2$，即 $156 \geqslant 151.54$。
所以，企业经济订货批量为 12 台。验证如下：
订货批量为 12 台电动马达时的总成本 = 1 000÷12×50+12÷2×660
　　　　　　　　　　　　　　　　= 8 126.67（元）
订货批量为 13 台电动马达时的总成本 = 1 000÷13×50+13÷2×660
　　　　　　　　　　　　　　　　= 8 136.15（元）

通过计算可知，订货批量应采用 12 台，但 12 台与 13 台所造成的总成本差别不大。

我们可以接受的非整数订货批量是在经济订货批量的基础上，向上浮动或者向下浮动，并且始终把总成本的变化控制在 5% 的范围之内。此时表明总成本在 EOQ 附近是相对稳定的。也就是说，在实施采购的时候，稍稍偏离一下 EOQ 的建议值，并不会引起总成本的大幅度提高。

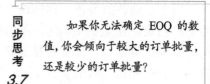

同步思考 3.7　如果你无法确定 EOQ 的数值，你会倾向于较大的订单批量，还是较少的订单批量？

第二节　经济生产批量的确定

对于批发商和零售商来说，由于有大量的库存而使得库存水平上升，再通过一系列的小批量需求慢慢地消化这些库存。对于生产商来说，在生产线的末端，同样也存在着在产品库存。如果生产的速度小于需求消化库存的速度，那么每一个刚生产的产品就会立即传递到客户手中而不会出现库存。如果生产速度大于需求消化库存的速度，那么产品就会以一定的速度积累起来而出现库存，此时库存会以生产和需求两者之差的速度增长。

一、经济生产批量的定义

EOQ 假设物资的整批订货是在给定的时间到库的。但当订货以递增的方式到达时,或消耗和生产同步地使库存水平减少和增加时,就必须修改 EOQ 模型,以适应假设条件的变化。在某项物资是自制而不是外购的情况下,由于不可能于一瞬间生产一整批,通常就需要修改 EOQ 模型,而采用经济生产批量(Economic Product Quantity,简称 EPQ)模型,此时的"订货"是一种假设订货,即企业的库存部门向生产部门订货。

整批订货同时到库的假设对于企业生产过程往往是不实际的。通常,在进行某项订单的生产时(成品逐渐入库),供应补给是连续的,库存的耗用是均匀的。此时主要决策是确定停产或者实施转产的最佳时间,从而确定经济生产批量。库存总成本最低的生产规模即为经济生产批量,如图 3-6 所示。

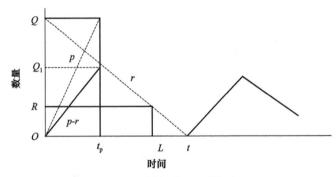

图 3-6　典型的 EPQ 模型

P—生产率　　r—需求率($r<p$)　　t_p—生产期间　　t—介于各生产之间的时间
Q_1—最大库存量=$t_p(p-r)$　　$Q_1/2$—平均库存量=$[t_p(p-r)]/2=[Q(p-r)]/2p$
$p-r$—库存量增长率　　R—订货点　　L—前置时间　　Q—生产规模=$t_p p$

图 3-6 描述的是在 t_p 期间库存供应补给的典型循环。生产在时间为零时开始,在时间为 t_p 时结束。在 t_p 到 t 期间,不进行生产但要耗用库存。在时间 t 开始新的生产。若从零到 t_p 期间没有需求,库存将按速率 p 增长,$t_p=Q/p$。由于存在速率为 r 的需求,故库存将按速率 $p-r$ 增长,这里 p 大于 r。在零到 t_p 的生产期间,库存积累的速率等于生产率减需求率,即 $p-r$。最大库存量为 $t_p(p-r)$,即生产时间乘库存增长率。平均库存量为最大库存量的一半,即 $t_p[(p-r)]/2$。

因为 $t_p=Q/p$,平均库存量便可用下述公式表示为

$$\text{平均库存量}=\frac{Q(p-r)}{2p}$$

由于库存量在最小为零与最大为 $Q(p-r)/p$ 之间变动,故平均库存量只是最大库存量的一半。

若不允许缺货,则年库存总成本为

年库存总成本=生产成本+生产准备成本+储存成本

$$TC=DP'+\frac{DK}{Q}+\frac{Q(p-r)K_C}{2p}$$

式中　D——年需求量；
　　　P'——单位生产成本；
　　　Q——生产规模或生产量；
　　　p——生产率；
　　　r——需求率；
　　　K——每次订货的（生产的生产准备）成本；
　　　K_C——单位储存成本。

为获得最低成本的生产量，现求年总成本对于生产量的一阶导数，并令其为零，解方程求 Q，得 EPQ 公式为

$$经济生产批量 = Q^{*'} = \sqrt{\frac{2DKp}{K_C(p-r)}}$$

二、经济生产批量的确定

1. 自制与外购的确定

物资可以通过外购（包括企业内部调拨）或者自制来获得，或者两者兼而有之。无论是哪种情况，单价通常是最重要的。若物资系外购，确定价格通常是采购部门的职责。若物资系自制，确定价格便是成本会计的职责。对于自制物资，单位生产成本应包括直接人工、直接材料和间接制造费用。直接人工是指生产过程中直接改变材料的性质和形态所耗用的人工成本，也就是一线生产工人的工资、奖金和各种津贴，以及按规定比例提取的福利费。直接材料是指用来制造物资的实体。间接制造费用包括除直接材料和直接人工以外所有的制造费用，如间接人工、间接材料、折旧、税捐、保险费、能源费、维修费、检验费等。若物资来自外购，则订货量可根据 EOQ 分析来得到。若物资来自内部制造，可根据 EPQ 分析得到。将两种方法进行分析比较就可确定最合理的经济方案。

> **同步思考 3.8**　一旦库存水平下降到再订货水平，就要再次订货了。这是否意味着我们要对库存水平始终保持持续性的监控呢？

例 3-9　某物资可以是以每件 25 元购入，或者在生产率为一年 10 000 件时 23 元制出。自制的生产准备成本为 50 元，外购的每次订购成本为 5 元。该物资的年需求量为 2 500 件，储存成本为单价的 10%，问该物资应外购还是自制？

若外购，则

$$经济订货批量 \; Q = \sqrt{\frac{2KD}{K_C}} = \sqrt{\frac{2 \times 5 \times 2\,500}{25 \times 10\%}} = 100 \; (件)$$

外购成本 = 采购成本 + 订货成本 + 储存成本
　　　　 = 2 500×25 + 2 500÷100×5 + 25×10%×100÷2
　　　　 = 62 750（元）

若自制，则

经济生产批量 $Q^{*\prime}=\sqrt{\dfrac{2KDp}{K_C(p-r)}}=\sqrt{\dfrac{2\times 50\times 2\,500\times 10\,000}{23\times 0.10\times(10\,000-2\,500)}}=381$（件）

自制成本=生产成本+生产准备成本+储存成本

$=2\,500\times 23+50+\dfrac{381\times(10\,000-2\,500)\times 2.3}{2\times 10\,000}$

$=57\,878.6$（元）

从计算结果可知，该物资应该自制，因为这个方案成本最低，每年可以节约 4 871.4 元。

2. 单项物资的经济生产批量确定

若某厂商按一固定需求量生产某项产品，该批产品是于一瞬间进入库存的，则该生产量应按以生产准备成本代替订购成本后的 EOQ 模型来确定。经济生产批量模型隐含地假设物资均是在生产进行过程中成为库存的。EOQ 模型假设物资间断、瞬时地成为库存，而 EPQ 模型假设物资在整个生产期间内连续、逐渐地成为库存。

只要已知经济生产批量，根据经济生产批量 $=Q^{*\prime}=\sqrt{\dfrac{2DKp}{K_C(p-r)}}$，则年生产次数以及生产点便可求得。若假设一年的作业日数为 N'，则下述关系式成立：

$$年生产次数=\dfrac{D}{Q^{*\prime}}$$

$$生产点\ R'=\dfrac{DL'}{N'}=rL'$$

式中　L'——以日计的排产和生产准备时间（前置时间）；

　　　r——日需求率。

用 $Q^{*\prime}$ 替代年总成本公式中的 Q，得出最低年总成本的公式为

$$TC^{*\prime}=DP'+\dfrac{(p-r)K_C Q^{*\prime}}{p}$$

例 3-10　某项物资的需求量为每年 20 000 件，一年有 250 个工作日，生产率为每日 100 件，前置时间为 4 日。单位生产成本为 50 元，每件物资每年的储存成本为 10 元，每次生产的生产准备成本为 20 元。计算其经济生产批量、年生产次数、生产点和最低年总成本各为多少？

日需求率=20 000÷250=80（件）

经济生产批量 $=Q^{*\prime}=\sqrt{\dfrac{2\times 20\,000\times 20\times 100}{10\times(100-80)}}=632$（件）

年生产次数 $=n=\dfrac{D}{Q^{*\prime}}=\dfrac{20\,000}{632}=31.6$（次）

生产点 $=R'=\dfrac{20\,000\times 4}{250}=320$（件）

最低总成本 $=TC^{*\prime}=20\,000\times 50+\dfrac{632\times(100-80)\times 10}{100}=1\,001\,264$（元）

若缺货成本是有限的，为计算其影响，必须修改年总成本。年总成本应包括缺货成本以及生产成本、生产准备成本和储存成本。若缺货是延期付货（面临的是不会失去的需求），则全部缺货应由下一生产来补足。若缺货成本无限大，就不允许欠缺，并在年总成本模型中不包括它们。

3. 多项物资的经济生产批量确定

当在同一设备上按某一固定周期（一个接一个）制造多种产品时，整个周期延续时间可以按类似于单项产品的方式来确定。若最优生产按每种产品确定而不受其他产品的制约，除非设备是高度利用不足，否则就很可能在设备利用上发生工序冲

> **同步思考 3.9**
> 在采购的情况下，我们可以通过确定经济订货批量来实现最低的库存成本。那么在自制的情况下，应如何实现最低的库存成本。

突。采用单项产品经济生产批量意味着设备在任何时候都可供利用，在被高度利用的设备上就将很难排产以满足各个单项产品 EPQ 的要求。多项产品的排程问题可通过确定总成本最低的周期延续时间来解决。周期延续时间就是将所有产品制造一轮的时间。

第三节 一次性订货量的确定

一次性订货量的确定方法与在一个时期内仅仅采购一次或仅能安排一个产程的库存物资的计划和控制有关。普通库存量控制的方法并不适合一次性的订货。

一、一次性订货量概述

1. 一次性订货量概述

一次性订货量是指在一个时期内仅仅采购一次或仅能安排一次批量生产的库存量。一次性订货量适用于偶尔发生的和经常发生的某种时限性极短的物资需求。如零售商店订货的试销和时尚商品，用于机器维修的备件，易腐商品和周期短、易过时的商品。

2. 一次性订货量的特点

EOQ 的确定方法不适用于一次性订货量的确定，因为：

1）一次性订购物资的需求不是连续的。
2）不同时期的一次性需求物资的数量可能存在较大的变化。
3）由于物资的陈旧、易腐等原因使一次性订购物资的市场寿命较短。

因此，我们常把一次性订购物资问题称为单期订货问题。由于物资的储存时间短，不必考虑物资的储存成本，而只需要考虑物资的超储成本和机会成本。当订货量大于需求量时，积压的库存可能降价出售，也可能报废而失去全部价值，此时会发生超储成本；当订货量小于需求量时，由于失去潜在的销售机会而造成利润损失，此时发生机会成本。但这两种情况不同时发生，在一次性订货量前提下理想的情况是需求量等于订货量，不发生超储成本和机会成本。

二、一次性订货量的确定

对于一次性订货的采购来说,前置时间内没有需求的发生,或者至少是没有库存来满足需求。这样,前置时间就是可以满足需求之前的等待时间,在货物到达之前,没有可用的库存。如果前置时间比预期长,可能会损失部分销售。如果比预期短,则先于需求拥有库存。

1. 已知需求量和前置时间

当需求量和前置时间均为已知时,不存在一次性订货的库存问题。此时,物资的订购量就是需求量,且订货按确定的时间到达。

2. 已知需求量和可变前置时间

已知一次性订货的数量,在前置时间可变的情况下,应先于需求取得订货,才不会造成生产时间的浪费和失销。假若不允许失销,订货单便要在可能最长的前置时间之前发出。如果能够确定前置时间的分布,则可选择具有较高概率的先于需求到达的前置时间。

例 3-11 某水果店准备在元旦期间向市场供应金橘。已知某批发商供应金橘的前置时间的概率分布见表 3-4。

表 3-4 批发商供应金橘的前置时间概率分布

前置时间 L	10	11	12	13	14	15	16
概率	0.10	0.10	0.15	0.20	0.30	0.10	0.05
$P(X \leq L)$	0.10	0.20	0.35	0.55	0.85	0.95	1.00

若不允许缺货,则应在可能最长的前置时间之前订货,即提前 16 天,在 12 月 15 日之前发出订单。如果要求金橘按时到达的概率不小于 85%,则订单应提前 14 天,在 12 月 17 日之前发出。

3. 可变需求量和已知前置时间

当前置时间已知,则发出订货单的时间是确定的,在这种情况下,其关键问题是确定订货量。如果已知需求量概率分布的有关成本参数,就可利用期望值法和边际分析法进行决策。

(1) **期望值法** 期望值法就是确定有最大期望值需求量的策略。

当已知需求量 D 的概率 $P(D)$ 分布时,可以根据使期望利润最大或期望成本最小的原则确定订货量。当需求量服从不连续的概率分布且订货量为 Q_i 时,利润或成本的期望值由下式计算。

期望值 $=\Sigma$ [需求量的可能取值 $D \times$ 需求量可能取值的单位概率 $P(D)$]

例 3-12 某批发商准备储存一批金橘,供应春节市场。由于期内只能供应一次,所以必须储备足够的数量来保证市场供应。每斤(非法定计量单位,1 斤=0.5 千克)金橘的购入成本为 2 元,售价为 6 元。订购成本可忽略不计,但未售出部分只能折价按每斤 1 元出售。节日期间用户对金橘需求量的概率分布见表 3-5(批发商的订货量必须是 10 的倍数),求批发商应订购多少斤金橘?

表 3-5　批发商订购金橘的损益表

概率 $P(D)$	0.10	0.10	0.20	0.35	0.15	0.10
订货量	预计收益	预计收益	预计收益	预计收益	预计收益	预计收益
10	40	40	40	40	40	40
20	30	80	80	80	80	80
30	20	70	120	120	120	120
40	10	60	110	160	160	160
50	0	50	100	150	200	200
60	-10	40	90	140	190	240

订货量不同时的期望值计算过程如下：

$$期望值=\sum 概率 \times 预计收益$$

订货量为 10 斤的期望值=0.10×40+0.10×40+0.20×40+0.35×40+0.15×40+
0.10×40=40（元）

订货量为 20 斤的期望值=0.10×30+0.10×80+0.20×80+0.35×80+0.15×80+
0.10×80=75（元）

订货量为 30 斤的期望值=0.10×20+0.10×70+0.20×120+0.35×120+
0.15×120+0.10×120=105（元）

订货量为 40 斤的期望值=0.10×10+0.10×60+0.20×110+0.35×160+
0.15×160+0.10×160=125（元）

订货量为 50 斤的期望值=0.10×0+0.10×50+0.20×100+0.35×150+
0.15×200+0.10×200=127.5（元）

订货量为 60 斤的期望值=0.10×(-10)+0.10×40+0.20×90+0.35×140+
0.15×190+0.10×240=122.5（元）

在方案选择时，应选择最大期望值的策略。通过计算可知，金橘订购量为 50 斤时可获得最大收益 127.5 元。

（2）**边际分析法**　期望值法在计算时，可能会有较大的工作量，而利用边际分析法就可减少工作量。当对现有订货量再追加一个单位时，可能表现为是需要或是不需要，不管如何，其两种可能结果的概率之和必为 1。由此可推断，只要期望边际利润加期望边际缺货成本的节约额大于期望边际损失，就应当追加订货。所以，追加一个订货单位需要的最小概率 P 的条件是：

> **同步思考 3.10**　如果用边际分析的结果建议我们采用订单批量 Q，而我们在实际工作中却采购了 $Q+1$ 个产品单位。请问：这将会是什么样的结果？

$$P \geqslant \frac{边际损失}{边际利润+边际损失+边际缺货成本节约额}$$

只要追加一个订货单位的概率不小于 P，就应当追加订货单位。在一次性订货时，通常不会存在与需求量过大的缺货，此时，缺货成本可视为 0。

例 3-13　承例 3-12，根据表 3-6 所给资料，用边际分析法求最佳订购量。

表 3-6　金橘的需求量及其概率

需求量	10	20	30	40	50	60
概率	0.10	0.10	0.20	0.35	0.15	0.10
销售概率	1.00	0.90	0.80	0.60	0.25	0.10

$P \geqslant 1 \div (4+1+0) = 0.20$

查表 3-6 可知，销售量不小于 50 斤的概率为 0.25，所以应订购 50 斤金橘。

例 3-14 城市绿化部门拟向林木公司订购绿化用大树。林木公司估计每棵大树成本为 250 元，将大树送到城市绿化地点的平均装运成本为 50 元/棵，大树的售价为 500 元/棵。如果大树未售给城市绿化部门，则将全部损失掉，但不必付装运成本。公司规定销售量必须是以万棵为单位。若过去订货量的概率分布见表 3-7，则应当起出多少万棵大树才能使利润最大化？

表 3-7 大树过去订货量的概率分布

需求量（万棵）	1	2	3	4	5
需求概率	0.10	0.20	0.25	0.30	0.15
出售概率	1.00	0.90	0.70	0.45	0.15

应用边际分析法得

$P \geqslant 250 \div (200+250+0) = 0.55$

根据表 3-7 中所给数据，销售不少于 3 万棵的概率为 0.70（大于 0.55），销售不少于 4 万棵的概率为 0.45（小于 0.55）。因公司规定销售量必须以万棵为单位，所以为获得最大利润，应起出 3 万棵大树。

第四节　安全库存量的确定

一、安全库存概述

一般来讲，企业总是趋向于考虑占用库存维持费用最小，而忽视用户服务水平、缺货成本、安全库存量、库存的约束条件等因素，即并未考虑风险和不确定因素，是一种确定型的库存管理方法。实际上对于企业来讲，不确定条件下的库存管理显得更为重要。面对变化的用户需求和不确定的物流运输环境，企业应保持适量的产品库存水平来满足用户的需求，预防由于用户需求增加和前置时间延长所带来的缺货情况的发生。在这种情况下，企业所面临的主要问题是如何确定合理的安全库存量。

1. 安全库存的定义

安全库存是用来补偿在补充供应的前置时间内实际需求量超过期望需求量或实际订货前置时间超过期望订货前置时间所产生的需求。在这样的背景下，通过建立适当的安全库存，减小缺货的可能性，从而在一定程度上降低库存缺货成本。但安全库存的加大会使库存持有成本增加，因此必须在缺货成本和持有成本两者之间进行权衡，如图 3-7 所示。

安全库存并不是因为企业期望使用它，而是它可能被使用。保持安全库存是由于企业相信在长期经营中它是颇为有效的（它会产生更大的收益或降低成本），安全库存量完全根据预测来确定。由于很难进行准确的预测，因此安全库存应高于期望的需求水准。

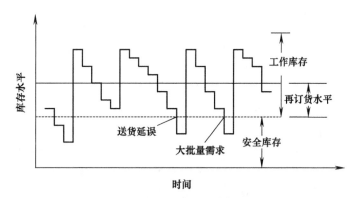

图 3-7　通过安全库存来提高安全系数

2. 安全库存的变量

许多变量给库存分析带来了风险与不确定因素，其中最常见的是需求量、前置时间、安全库存与库存和安全库存与用户服务水平的高低的变化。

（1）**需求量**　需求量与前置时间的变化均由预设的安全库存，亦即所谓缓冲库存或波动库存所吸收。安全库存是一种额外持有的库存，它作为一种缓冲器用来预防由于自然界或环境的随机干扰而造成的缺货。安全库存对企业的成本有双重的影响：降低缺货成本却又增加储存成本。

（2）**前置时间**　在固定的订货量系统下，在达到订货点后和收到订货前需要安全库存以预防缺货，这个可能发生缺货的时期称为前置时间。需要安全库存是由于预测或估计均可能出现不太准确和供应商有时未能按时供货的情况。在无安全库存的情况下，当耗用量高于预测或供货延误意外事件发生时，必然会出现缺货现象，为消除缺货，减少缺货成本，就必须增加安全库存量。安全库存每一追加的增量会造成效益的递减（降低），超过期望需求量的第一个单位的安全库存，它所提供的防止缺货的预防效能的增值最大；第二个单位所提供的预防效能比第一个单位稍小。当安全库存增加到一定程度时，继续增加一个单位的安全库存所提供的对缺货的预防作用将不很明显。安全库存量增加使前置时间内缺货的概率减少，从而降低缺货成本，但会引起储存成本的上升，在安全库存水平上，储存额外数量的成本加期望缺货成本会有一个最小值。这个水平便是最优水准。高于或低于这个水平，都将使库存费用增加。

> 同步思考 3.11　随着需求变化程度的加大，安全库存量将会增大还是减少？你认为哪些因素将会对安全库存产生影响？

在图 3-8 所示的理想的库存系统中，固定需求量（$Q+S_S$）始终是无变化地重复出现。只是在订货点（R）的下方增加了一个安全库存量（S_S）。

（3）**安全库存与库存**　零售商保持安全库存是为了在用户的需求率不规律或不可预测的情况下，有能力供应他们。制造商保持安全库存是为了零售和中转仓库的需求量超过平均值时有能力补充他们的库存。半成品的额外库存是在工作负荷不平衡的情况下使各制造部门间的生产正常化。准备这些追加的库存是经营哲学的一部分，即不失时机地为用户及内部需要服务，以保证组织的长期效益。缺货会导致对外和对内的供应不足。对外供应不足会产生延期付货成本，导致当期利润损失和未来利润损失，对内供应不足可能造成生产损失和延误完工。

在一批货物刚到达后,库存水平处于高位。在下批货物刚要到达之前,库存水平处于低位。在补充订货刚到达之前的平均库存水平就是安全库存量。在一批货物刚到达后,由于库存充足,需求能及时满足,无疑可提供良好的服务。不能满足需求的唯一时间是在下批货物到达之前。当然,订货量越大,年订货次数就越小,发生缺货的机会就越小。

图 3-9 显示了库存系统的三个周期。在第一个周期中,前置时间内的需求量很大,以致引起缺货。在第二个周期中,前置时间内的需求量小于期望量,并在降至安全库存量之前便收到补充供货。在第三个周期中,前置时间内的需求量大于期望需求量,但安全库存量足以吸收该需求量。整个时期的需求量图形是不连续和不规则的。

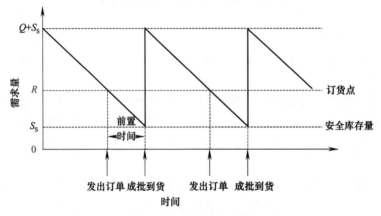

图 3-8 理想的库存系统

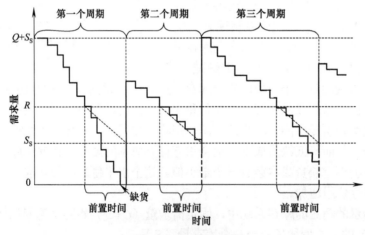

图 3-9 实际库存模型

(4) **安全库存与用户服务水平** 安全库存可以看作是在库存方面一笔固定的投资。在一般情况下,安全库存量是经常的在库量。可以肯定,在缺货成本或服务水平要求较高,需求量波动较大,前置时间较长与波动较大的情况下要保持较高的安全库存量。

安全库存量与用户服务水平的关系如图 3-10 所示,图中纵轴表示安全库存量或投资额,横轴表示用户服务水平。对于单项物资,这种关系是曲线始终向上倾斜,这表明追加安全库存（投资）会一直提高对用户的服务水平。曲线并没有给定服务或投资水平必须达到什么样的指标。企业必须判断在特定的情况下追加支出是否合算。如对用户服务水平是靠较大的安全库存量来提高的，则投资就应增加。所以对用户服务水平直接影响安全库存量，但并不影响周转库存量，通常，周转库存的投资在研究安全库存之前就已确定。

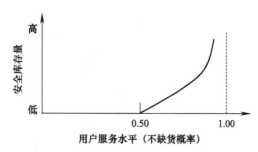

图 3-10　安全库存量与用户服务水平

用户对缺货（供应不足）情况的反应可能会导致延期付货或失销。在延期付货的情况下不会失销，而只是付货延期。一般，企业会着手一项加速的应急订货来取得物品，或者在下一批订购的物品到达时才供应用户。延期付货引起的缺货成本包括加速费、手续费、频繁的附加运输费和包装费等。在失销的情况下会失去用户，货物供应可能由竞争对手取而代之。失销的缺货成本包括销售利润损失和难以估量的商誉损失。

如果公司有 64 000 个客户，若缺货可能流失 0.5% 的客户，平均每流失一个客户将损失营业收入 40 000 元，公司的利润率为 10%。此时

流失客户=64 000×0.5%=320（个）

损失营业收入=320×40 000=12 800 000（元）

损失利润=12 800 000×10%=1 280 000（元）

显然，随着时间的推移，公司的损失将越来越大。

商誉损失可能导致用户在今后不再回到这个销售点上来购买其他物品。若是流水线上所必需的原料缺货，就要停工，它会引起非常高的费用。通常，制造企业的缺货成本很大，以致根本不允许缺货。显然，缺货成本（无论是由于延期付货还是由于失销引起）对于不同物品是不相同的，它随用户或内部使用的情况而定。

3. 安全库存量与用户服务水平

在许多情况下，企业往往并不知道缺货成本到底有多少，只能大致地加以估计。一般是由管理者规定物资的服务水平，由此确定安全库存量。

安全库存量的大小，主要由用户服务水平（或订货满足率）来决定。所谓用户服务水平，就是指对用户需求情况的满足程度，用公式表示为

$$用户服务水平（\%）=\frac{年不缺货次数}{年订货次数}$$

用户服务水平（订货满足率）越高，说明缺货发生的情况越少，缺货成本较小，但因增加了安全库存量，导致库存的持有成本上升；而用户服务水平较低，说明缺货发生的情况较多，缺货成本较高，但安全库存量水平较低，库存持有成本较小。因而必须综合考虑用户服

务水平、缺货成本和库存持有成本三者之间的关系，最后确定一个合理的安全库存量。

在库存管理中，只需关注平均用户服务水平之上的需求，也就是说，只有在需求量大于平均用户服务水平时，才需要设立安全库存，在平均用户服务水平以下的需求很容易满足，这就需要设定一个界限以确定满足多高的需求。用户服务水平与安全系数的关系如图3-11所示。

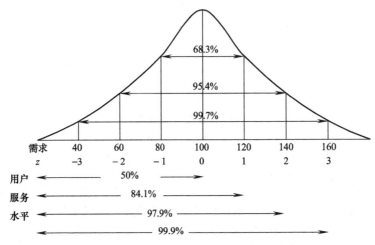

图3-11　用户服务水平与安全系数的关系

用户服务水平表示用库存满足用户的能力。如果用户在需要的时候就得到所需的物资，则用户服务水平为100%，否则用户服务水平就低于100%，用户服务水平与缺货水平之和为100%。一般来说，保证需求随时都得到满足不但困难，而且在经济上也不合理。这是因为报偿递减的作用原理。可能不需要很多费用就可以把用户服务水平从80%提高到85%，但要把用户服务水平从90%提高到95%所需费用就会大得多。当用户服务水平接近100%时，安全库存投资通常会急剧增长。由于企图消除缺货的费用很高，所以大多数企业都允许一定程度的缺货。

> 同步思考 3.12
> 怎样才能提高用户服务水平？为什么说在通常情况下，不可能保证100%的用户服务水平？

由图3-11可以看出，全部事件的68.3%发生在均值的正负1个标准差的范围内，95.4%发生在正负2个标准差的范围内，99.7%发生在正负3个标准差的范围内。如要建立不发生缺货的概率为95%（即满足用户95%的服务水平），其对应的标准正态偏差为1.64个标准差。这意味着应建立1.64个标准差的安全库存。由此，可以计算出满足一定用户服务水平下的标准正态偏差 z 值，见表3-8。

表3-8　一定用户服务水平与安全系数 z 的转换值

用户服务水平（%）	z	用户服务水平（%）	z
84.4	0.0	98.9	2.3
90.3	1.3	99.5	2.6
94.5	1.6	99.9	3.0
97.7	2.0		

二、安全库存量的计算

缺货成本通常是最难以确定的库存成本。缺货成本可能是延期付货或失销造成的，其情况较为复杂。而确定缺货成本方式的多样性又增大了这种困难，其中包括没有得到满足的用户的反应对未来需求量的影响的不确定性。

在需求量和前置时间均可变的情况下，需要用像频率分布这样的某种数字形式来描述有关的偏差。除动态因素均已知存在之外（趋势性、季节性和周期性），偏差假设为静态的，并且是由随机或偶然的原因引起的。当用某种分布描述需求量时，假设趋势性、季节性和周期性影响均不存在，或者它们已被标准统计技术所消除，分布应包括随机偏差。由非随机原因引起的动态偏差可通过自适应预测技术去处理。

需求量和前置时间都是常数的时候，由于库存决策完全是在确定条件下制定的，所以没有安全库存。由于完全知晓需求量和前置时间，管理人员就可直接制定与需求量相适应的库存水准。在这些条件下，当补充订货到达时，库存量将处在零位。这种完全知晓需求量和前置时间的假设通常是不现实的。但在一定条件下，某些产品可能呈现高度的固定性，这便使采用前面所述的确定型的处理方法成为可能，传统的库存模型往往都假设需求量和前置时间是不变的。

不变前置时间的假设对许多物品来说通常是现实的。在前置时间的偏差相对于平均前置时间而言不算大的情况下，随机前置时间可用不变前置时间来确定。此外，合同的条款可使前置时间几乎确定。当由内部供应资源（某一部门或单位对同一组织的另一部门或单位供货）时，前置时间是可控的。图 3-12 表示可变需求量和不变前置时间的情况。

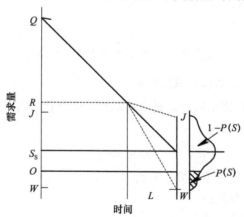

图 3-12 可变需求量和不变前置时间

$R-S_S$—前置时间期望需求量　$R-J$—前置时间最小需求量　$R-W$—前置时间最大需求量　R—订货点
Q—订货量　L—不变前置时间　$P(S)$—缺货概率　$1-P(S)$—不缺货概率　S_S—安全库存量

若能获得需求量的历史分布，则安全库存量可通过选择能导致最低期望成本的安全库存水平来确定。运用这种方法很容易确定安全库存量，目标是使安全库存的储存成本与缺货成本之和达到最小，若增大安全库存量，则储存成本增加，但缺货成本减少；若减小安全库存量，则缺货成本增加，但储存成本减少。缺货的风险仅发生在前置时间内。每年有 D/Q 个前置时间。

对于安全库存量的计算，将借助于数理统计方面的知识，对用户需求量的变化情况和前置时间的变化做一些基本的假设，从而在用户需求发生变化、前置时间发生变化以及两者同时发生变化的情况下，分别求出各自的安全库存量。

1. 需求发生变化，前置时间为固定常数

假设需求的变化情况符合正态分布，由于前置时间是固定的数值，因而我们可以直接求出在前置时间的需求分布的均值和标准差或者可以通过直接的期望预测，以过去前置时间内的需求情况为依据，来确定需求的期望均值和标准差。当前置时间内需求状况的均值和标准差一旦被确定，利用下面的公式可以获得安全库存量。

$$S_S = z\sigma_D \sqrt{L}$$

式中　S_S——安全库存量；
　　　σ_D——在前置时间内，需求的标准差；
　　　L——前置时间的长短；
　　　z——一定用户服务水平下的安全系数。

例 3-15　某饭店的啤酒平均日需求量为 20 升，并且啤酒需求情况服从标准差是 4 升/天的正态分布，如果前置时间是固定的常数 5 天，试问满足 95%的用户服务水平的安全库存量是多少？

解：已知 σ_D=4 升/天，L=5 天，由 $F(z)$=95%根据"附录　正态分布表"可计算得 z=1.65，则

$$S_S = z\sigma_D \sqrt{L}$$
$$= 1.65 \times 4 \times \sqrt{5}$$
$$= 14.76$$

即在 95%的用户服务水平的情况下，安全库存量是 14.76 升。

2. 前置时间发生变化，需求为固定常数

如果前置时间内的用户需求情况是确定的常数，而前置时间是随机变化的，在这种情况下，S_S 的计算公式为

$$S_S = zd\sigma_L$$

式中　z——一定用户服务水平下的安全系数；
　　　σ_L——前置时间的标准差；
　　　d——前置时间内的日需求量。

例 3-16　如果在例 3-15 中，啤酒的日需求量为固定常数 20 升，前置时间是随机变化的，而且服从均值为 4 天、标准差为 3 天的正态分布，试问满足 95%的用户服务水平的安全库存量是多少？

解：已知 σ_L=3 天，d=20 升/天，由 $F(z)$=95%根据"附录　正态分布表"可计算得 z=1.65，则

$$S_S = zd\sigma_L$$
$$= 1.65 \times 20 \times 3$$
$$= 99$$

即在95%的用户服务水平的情况下,安全库存量是99升。

3. 需求情况和前置时间都随机变化

在多数情况下,需求和前置时间都是随机变化的,此时,我们假设用户的需求和前置时间是相互独立的,则 S_S 的计算公式为

$$S_S = z\sqrt{\sigma_D^2 \overline{L} + \overline{d}^2 \sigma_L^2}$$

式中 z——一定用户服务水平下的安全系数;
σ_L——前置时间的标准差;
σ_D——在前置时间内,需求的标准差;
$\overline{d}$——前置时间内的平均日需求量;
$\overline{L}$——平均前置时间。

例 3-17 如果在例 3-15 中,日需求量和前置时间是相互独立的,而且它们的变化均严格满足正态分布,日需求量满足均值为 20 升、标准差为 4 升的正态分布,前置时间满足均值为 5 天、标准差为 3 天的正态分布,试确定 95%的用户服务水平下的安全库存量是多少。

已知 σ_D=4 升,σ_L=3 天,$\overline{d}$=20 升/天,$\overline{L}$=5 天,由 $F(z)$=95%根据"附录 正态分布表"可计算得 z=1.65,则

$$S_S = z\sqrt{\sigma_D^2 \overline{L} + \overline{d}^2 \sigma_L^2}$$
$$= 1.65 \times \sqrt{4^2 \times 5 + 20^2 \times 3^2}$$
$$= 100.1$$

即在95%的用户服务水平的情况下,安全库存量是100.1升。

4. 满足规定用户服务水平

衡量用户服务水平有许多方式,它可以按单位数、金额、交易额或订货次数来计算。当订货由库存来正常满足时,往往要规定一段时间。它一般可按"按时"(即在收到用户订货单后的规定时期内)满足需求的百分率来规定。没有一种用户服务水平的衡量方式能适合所有的库存物资,不同的控制水平可适合不同类别的库存物资,按不同的决策准则表示不同的含义。

(1)**按订货间隔期计算的用户服务水平** 按订货间隔期计算的用户服务水平是指在订货间隔期内不缺货的概率。这种方法并不关心缺货的数量,而只关心是否至少有一个单位的缺货发生。它可称为不缺货的订货间隔期系数,表示为

$$\text{按订货间隔期计算的用户服务水平} = 1 - \frac{\text{有缺货的订购期数}}{\text{订购期总数}}$$
$$= 1 - P(D > S)$$

$$P(D > S) = P(S)$$
$$= 1 - (\text{按订货间隔期计算的用户服务水平})$$
$$= \frac{\text{有缺货的订购期数}}{\text{订购期总数}}$$

式中 D——需求量；

$P(D)$——需求量为 D 单位的概率；

$P(S)$——按订购间隔期计算的缺货水平或在等待供应者供货时至少有一单位缺货的概率。用这种方法时可不考虑缺货量的多少。

当需求量服从正态分布时，由给定的用户服务水平确定缺货概率，然后查正态分布表确定标准差，则订货点的计算公式为

$$R = E(D) + S_S$$

式中 $E(D)$——订货点前一需求量。

例 3-18 已知 A 物资按订货周期计算的缺货概率为 0.125，年需求量为 20 000 单位，每次订购费用为 200 元。每年单位储存成本为 15 元，前置时间满足标准差为 1 天的正态分布。前置时间内需求量的概率分布见表 3-9。

表 3-9 A 物资前置时间内需求量的概率分布表

需求量	30	40	50	60	70	80	90
需求量的概率	0.025	0.100	0.200	0.350	0.200	0.100	0.025
缺货概率	0.975	0.875	0.675	0.325	0.125	0.025	0.000

$$Q = \sqrt{\frac{2KD}{K_C}} = \sqrt{\frac{2 \times 200 \times 20\ 000}{15}} = 730 \text{（单位）}$$

$$E(D) = \sum [D \times P(D)] = 60 \text{（单位）}$$

由表 3-9 可知，缺货概率为 0.125 时，A 物资所对应的订货点是 70 单位，根据 $R = E(D) + S_S$ 可知，安全库存量为 10 单位。该订货系统的经济订货批量为 730 单位，订货点为 70 单位。

例 3-19 假设例 3-18 所给的分布是正态分布，其标准差为 20 单位，如果要求用户服务水平不低于 95%，安全库存量应为多少？订货点为多少？

已知允许缺货的概率为 5%，由 $F(z) = 95\%$ 根据"附录 正态分布表"可计算得 $z = 1.65$，则

$$S_S = zd\sigma_L = 1.65 \times 20 \times 1 = 33 \text{（单位）}$$

$$R = E(D) + S_S = 60 + 33 = 93 \text{（单位）}$$

（2）**按年计算的用户服务水平** 以按年计算的用户服务水平为基础，便于对不同的产品采取统一的处理方法。当用户服务水平以订购周期为基础时，因为每种产品可能有不同的前置时间，故不同产品的缺货概率是不可比的。但可以将按订购周期计算的用户服务水平转化为按年计算的用户服务水平。

$$\text{按年计算的用户服务水平} = 1 - \frac{D'P(D>S)}{Q}$$

式中 D'——年期望需求量。

根据按年计算的缺货水平，得出按订购周期计算的缺货概率如下：

$$P(D>S) = \frac{Q}{D'} \text{（按年计算的缺货概率）}$$

$$= \frac{Q}{D'}[1 - \text{按年计算的用户服务水平}]$$

例 3-20　根据例 3-19 所给数据，若按订购周期计算的缺货概率 0.125 变为按年计算的缺货概率 0.35 时，订货点为多少？

缺货概率=730×0.35÷20 000=0.01

查表 3-9 中的缺货概率行数据，得知 0.01 介于 0.025 和 0.000 之间，所以应选择订货点为 90 单位。

（3）**按需求量计算的用户服务水平**　通常，按需求量计算的用户服务水平是供应量与需求总量的比值。该比值越高，说明用户服务水平越高；该比值越低，说明用户服务水平越低。需求量的用户服务水平的计算公式为

$$需求量的用户服务水平 = \frac{供应量}{需求总量}$$

$$需求量的缺货概率 = \frac{短缺量}{需求总量}$$

上述关系必须以某一时期来计量，它可以是一周、一月、一年或者是前置时间的延续时间。

（4）**按作业日计算的用户服务水平**　缺货或供货不足的另一种计量是缺货状态存在的时间长度。缺货可用作业日缺货概率来确定，这便得出以缺货时间为基础的用户服务水平策略，它可写为

$$作业日用户服务水平 = \frac{不缺货的作业日数}{总作业日数}$$

$$= 1 - \frac{缺货的作业日数}{总作业日数}$$

$$作业日缺货概率 = \frac{缺货的作业日数}{总作业日数}$$

若某物资有 10%的时间缺货，则可认为有 10%的时间需求量未被满足。所以，以作业日为基础的用户服务水平类似于以需求量为基础的用户服务水平。在实践中，可以认为这两种方法是等效的。

5. 评估用户服务水平的方式

在现实工作中，评估用户服务水平的方式主要包括以下几种：
1）多少比例的订单是全部通过库存满足的。
2）多少比例的所需产品是通过库存实施送货。
3）多少比例的所需产品实现了按时送货。
4）多少比例的时间内拥有库存。
5）多少比例的库存周期内没有出现缺货。
6）多少比例的产品月度拥有库存。

通过库存来满足需求的比例正是用户服务水平最为鲜明的写照。这对于零售性质的企业尤其适用，由于客户的需求通常是用单一新产品来实现的，因此，这个比例关系同时也代表着客户满意的比例。

需认识到，提高用户服务水平的方法主要还是通过持有更多的库存，而且订货至交货周期内的需求变化将会直接影响企业所配备的安全库存量的多少。有一点一定要记住，对于在订货周期

以外的条件变化,可以通过重新设定订货时间和订货批量的方法来解决,而一旦进到了订货至交货周期以内,再想做任何补救都来不及了。因此,用户服务水平的高低取决于订货至交货周期内的需求变化程度的高低。如果需求变化的幅度很小,那么我们就仅仅需要少量的安全库存;如果需求变化的幅度很大,那么我们相应地就要储备大量的安全库存,才能保证较高的用户服务水平。从理论上讲,在条件变化程度很大的情况下,要想保证100%的用户服务水平,就要求拥有无限大的安全库存,并且当用户服务水平接近这个理想值的时候,随之而来所产生的成本将会变得异常昂贵,有时甚至还会由于成本过高而放弃对用户服务水平的承诺。通常,一个企业往往会把用户服务水平设定在95%左右,并且根据不同产品的重要程度,设定不同的用户服务水平,如重要产品的用户服务水平为98%,次要产品的用户服务水平为95%等。

有一点我们必须要明白,对用户服务水平的设定,是企业管理者的积极决策。这些管理者要在现有信息的基础上,通过分析,针对不同的产品设定不同的用户服务水平。

例 3-21 在刚刚过去的50个存货周期里,在订货至交货周期内的需求呈现出表3-10中的特点。把再订货水平设定为多少时,可以保证95%的用户服务水平?

表 3-10　50个存货周期内的需求特点

需求量	10	20	30	40	50	60	70	80
频率	1	5	10	14	9	6	4	1

首先我们所要确定的是在某个需求存货周期内高于一定水平的概率,因此,我们就要找出订货至交货周期内需求的累积分布特点,见表3-11。

表 3-11　50个存货周期内需求的累积分布特点

订货至交货周期内的需求	频率	概率	累积概率
10	1	0.02	0.02
20	5	0.10	0.12
30	10	0.20	0.32
40	14	0.28	0.60
50	9	0.18	0.78
60	6	0.12	0.90
70	4	0.08	0.98
80	1	0.02	1.00
合计	50	1.00	

为了达到95%的用户服务水平,就要求我们使得订货周期内的需求在95%的时间里小于再订货水平。从上面的条件看,我们可以把再订货水平设定为70个单位的产品,这样就可以达到98%的用户服务水平。如果我们进一步对这个数字进行修正,根据60对应0.9,70对应0.98,利用插值法就可以计算出0.95所对应的值为66.25,即要达到95%的用户服务水平,安全库存量应该设定为66.25个单位的产品。

复习思考题

一、简答题

1. 确定经济订货批量的方法是什么?它有什么优缺点?

2．什么类型的库存物资可按一次性订货处理？

3．前置时间对一次性订货量的确定有何影响？

4．安全库存对库存总成本会产生什么影响？

5．将用户服务水平由原来的 60%提高到 80%和由原来的 90%提高到 95%，哪种情况下需要的投资更大？为什么？

二、计算题

1．某企业专门为汽车厂家提供发动机。该发动机是以批量的形式进行生产的，每当新的订单投入生产时，由于生产中断所造成的机会成本为 1 640 元，装配工人的工资为 280 元。该发动机的年需求量为 1 250 台，每台售价为 300 元，售价的 60%来源于原料和生产的直接成本，如果这家企业设定的预期资金回报率为 20%。试问，这家企业的经济生产批量是多少？

2．某企业依据计划每年需采购 A 产品 200 000 个。A 产品的单位购买价格是 20 元，每次订货成本是 1 000 元，生产 A 产品的厂商为了促销采取了以下折扣策略（见表 3-12）。

表 3-12　折扣策略

折扣区间	0	1	2
折扣点（个）	0	5 000	8 000
折扣价格（元）	20	17	15

假定单位产品的保管费用是单位价格的一半，求此条件下企业的经济订货批量。

3．某企业的物资年需求量为 30 000 件，订购成本为每次 200 元，单位价格为 30 元，库存持有成本为购买价的 25%。试计算当保管地点分别为 1 个仓库和 2 个仓库时，其经济订货批量、年总成本各为多少？

4．某零件年需用量为 4 000 件，每日送货量为 20 件，每日耗用量为 15 件，零件购买单价为 12 元，一次订货成本为 50 元，单位储存费用为 5 元。计算经济订货批量和库存总成本。

5．某项物资的需求量为每年 30 000 单位，一年有 360 个工作日，生产率为每日 200 单位，前置时间为 5 日。单位生产成本为 480 元，每单位每年的储存成本为 80 元，每一生产的生产准备成本为 160 元。求库存的经济生产批量、年生产次数、订货点和最低年总成本各为多少？

6．某食品厂向加盟商店供应糕点。食品厂试图确定每天制作糕点的箱数。若糕点当天不能销售出去，则完全失去价值。糕点每箱成本 120 元，以 180 元售给加盟商店，糕点由加盟商店自己到厂提货。在过去的 100 天中，食品厂记录了每天的销售量，见表 3-13。

表 3-13　食品厂销售量记录

出售箱数	29	40	35	30	32
天数	10	20	40	20	10

请用期望值法和边际分析法确定糕点的经济生产批量。

7．如果第 6 题中，不能售出的糕点能以每箱 10 元的价格出售给一饲料加工厂，此时，食品厂是否应该在原有的经济生产批量上扩大生产，如能扩大生产，每天制作的最优箱数是多少？最大期望利润是多少？

三、项目题

请结合经济订货批量确定的方法,开发一个简单的研究库存成本变化的程序或者是 Excel 表格,并对程序和表格进行浏览和检查,看看还有其他哪些功能是有用的,是否还可以加入其他方面的计算?

四、讨论题

1. 对于某一商业组织来说,用户服务水平的高低十分重要。而用户服务水平往往要求较高的库存成本来保障。那么,为什么我们在重视用户服务水平的同时,要集中力量实现库存成本最小化呢?

2. 订货至交货周期较短的好处是什么?在现实工作中,如何做到这一点?

3. 经济订货批量的假设条件是什么?这些条件在实际环境中的可行性如何?在经济订货批量模型中,有哪些实际库存控制中的因素没有考虑到?

第四章 库存计价与记录

▶▶ **本章目标** ◀◀

在第三章，我们介绍了库存管理的一些确定订货量的模型。为了让这些模型能够有效地运作，我们需要精确地了解有关成本、需求、订货及交货周期等方面的信息。这些信息的收集、分析和展示是由一套管理信息系统完成的。本章我们将介绍支持库存管理的一些信息流，特别是那些来自会计、采购和仓储的信息。精准的库存记录与计价是获得高水平的客户满意度的基础，这可以通过准时配送、遵守生产日程来实现。

通过本章学习，相信读者将会具备以下能力：
1. 能够掌握库存计价的方法，知晓库存记录的重要性。
2. 能够掌握库存记录的操作要点。

存货是指企业在日常生产经营过程中持有的以备用于销售或用于生产的物资，以及用于销售服务的各种自有物资。在不同行业的企业中，存货的范围有所不同。在商业流通企业中，存货主要包括各种商品；在工业企业中，存货则包括各种原材料、包装物、低值易耗品、在产品、自制半成品和产成品。为了有效地实施库存管理，企业必须对库存物资进行计价、记录和成本分配。

第一节 库存计价的基本方法

库存计价是库存物资在会计上的表示，其实质是存货在财务上的核算。库存具有实物和财务的属性，实物属性（货物流动）是真实和客观的，而财务属性（成本流动）则多是主观的。在一个企业中，实物属性和财务属性通常都是分离、截然不同和独立的问题领域。这里，我们将把重点放在与成本流动有关的企业财务方面。

存货在财务上的重要性是因为要测定某一特定时期（月、季或年）的经营实绩或期间收入，某一时期内消耗物资的计价将用来确定实绩或收入。存货之所以影响实绩，还在于非最优化的存货策略会增加不必要的费用而减少收入。

库存在会计上表示为用于今后销售或生产的已取得或已产出的货物的价值。存货通常是按成本或成本的某种变化形式，如成本与市价中的较低者来计价的。某一特定时刻的存货价值均是在途或在库物资全部价值的瞬间反映。作为一种必然的结果，扣除任一特定时期内存货价值后的余额便是确定该时期内商品销售成本的基本资料。显然，前后一致的存货计价策略和方法，对企业有效地测定各个时期的实绩和描述一个企业在任一给定时间的财务状况都是绝对必要的。

库存计价的方法可分为估价法和存货流动法。在大多数情况下，估价法是以物资的原始成本与市价中的较低者为依据。如果单价过去一直不变，这就不存在什么问题，但在一个时期内，各种物资往往都是按不同单价购入或制得的。由于外销物资在利润表中必须作价（外销商品成本）以及未销售的物资在资产负债表中必须估价（库存量），这就出现了计价问题。

一、存货取得的计价

企业会计制度规定，各类库存（存货）在取得时，按历史成本为标准进行计价。工业企业存货的取得，主要有外购、自制和委托加工等途径。从理论上讲，企业无论以何种途径取得存货，凡是与存货形成有关的支出，均应计入存货的历史成本之内。实际工作中，从不同途径取得的存货其历史成本的构成内容有所不同。

> 同步思考 4.1
> 企业所采取的会计惯例在多大程度上影响着库存价值的确定？

1. 外购存货

外购存货的历史成本是指采购成本。采购成本是指在采购过程中发生的支出，包括买价和与其直接有关的采购费用及税金等。

（1）**买价**　买价是指进货发票所注明的货款金额。

（2）**采购费用**　采购费用是指采购货物发生的运输费、装卸费、包装费、保险费等费用。

（3）**运输途中合理损耗**　有些物资在运输途中会发生一定的短缺和损耗，除合理的损耗应计入物资的采购成本外，其他损耗能确定过失责任的，应向责任单位或过失人索取赔偿，不计入进货成本。至于因自然灾害而发生的意外损失（减去保险赔偿款和可以回收的残值作价后的净损失以及属于无法收回的其他损失）应作为当期损益处理，不得计入进货成本。

（4）**入库前的整理及挑选费用**　入库前的整理及挑选费用是指购入的物资在挑选整理过程中发生的工资费用支出，以及挑选整理过程中所发生的数量损耗（扣除可回收的下脚废料等）的价值。

（5）**按规定应计入成本的税金**　税金指采购货物应支付的海关税、消费税、增值税、资源税等税金，其中不包括企业垫付的应向购买者收取的增值税。

（6）**其他费用**　其他费用主要指大宗货物的市内运杂费。但零星货物市内运杂费、采购人员的差旅费和采购机构的经费，以及企业供应部门和仓库经费等，一般不包括在存货的实际成本中。

如果是从国外购入的存货，其采购成本包括国外进价和税金。国外进价一律以到岸价格为基础。如果对外合同以离岸价成交，货物离开对方口岸后，应由购货方负担的运杂费和其他费用，应计入存货的采购成本。此外，企业委托其他单位代为进口的货物的采购成本包括实际支付给代理单位的全部价款。

2. 自制存货

自制存货的历史成本是指耗用的外购存货和加工成本之和。它包括在制造过程中发生的直接材料费用、直接人工费用、其他直接费用和应分摊的间接费用。

（1）**直接材料费用**　直接材料费用是指在生产产品和提供劳务过程中消耗的，直接用于产品生产、构成产品实体的原料及主要材料、外购半成品（外购件）、修理用备件（备品备件）、包装物、有助于产品形成的辅助材料以及其他直接材料。

（2）**直接人工费用**　直接人工费用是指在生产产品和提供劳务过程中，直接从事产品生产的工人工资以及按生产工人工资总额和规定的比例计算提取的职工福利费。

（3）**其他直接费用**　其他直接费用是指生产过程中发生的除直接材料、直接人工以外的应直接归属于某项产品的费用。

（4）**间接费用**　间接费用是指生产产品和提供劳务过程中发生的有助于产品形成并需要分配计入产品成本的费用。它包括生产管理部门人员的工资和福利费、办公费、水电费、劳动保护费、生产设备的折旧费、修理费、机器物料消耗、季节性和修理期间的停工损失等，但不包括企业行政管理部门为组织和管理生产经营活动而发生的管理费用。

3. 委托加工存货

委托外单位加工完成的存货的历史成本，包括加工过程中耗用的材料或半成品的实际成本、加工费用和往返的运杂费及应计入成本的税金。

4. 接收捐赠存货

接收捐赠存货的历史成本按如下方法确定：

（1）**捐赠者提供了有关凭证的存货计价**　捐赠者提供了有关凭证（如发票、报关单、有关协议）的，按凭证上标明的金额加上应支付的相关税费，作为存货的历史成本。

（2）**捐赠者没有提供有关凭证的存货计价**　捐赠者没有提供有关凭证的存货计价，按如下顺序确定其历史成本：①同类或类似存货存在活跃市场的，按同类或类似存货的市场价格估计金额并加上应支付的相关税费，作为存货历史成本。②同类或类似存货不存在活跃市场的，按该接受捐赠的存货预计未来现金流量现值，作为存货历史成本。

5. 投资者投入存货

投资者投入的存货，按投资各方确认的价值作为实际成本。

6. 接受债务人以非现金资产抵偿债务方式取得的存货

接受债务人以非现金资产抵偿债务方式取得的存货，按照应收债权的账面价值减去可抵扣的增值税进项税后的差额，加上应支付的相关税费，作为实际成本。

7. 非货币交易换入存货

非货币交易换入的存货，按照换出单位资产的账面价值加上应支付的相关税费，作为实际成本。

8. 盘盈存货

盘盈的存货以相同或类似存货的市场价格作为历史成本。

存货的历史成本计量，也因不同的行业而有所不同。例如，商品流通企业购入的商品，按照进价和按规定计入商品成本的税金作为历史成本，采购过程中发生的运输费、装卸费、保险费、包装费、仓储费等费用，以及运输途中的合理损耗、入库前的挑选整理费用等，不计入商品的历史成本，应作为进货费用直接计入当期损益。商品流通企业委托某个单位加工的商品，应以加工前商品的进货原价、加工费用和按规定应计入成本的税金，作为历史成本。

二、存货出库的计价

在采用历史成本计价的情况下，存货出库的计价是一项复杂的工作。由于存货是分次购入或分批生产形成的，入库时间和采购地点不同，各批存货的入库价格也是不一样的。要计算出库存货的价值，就要选择一定的计量方法，正确地计算出库存货的价值，只有这样才能真实地反映企业的经营成本，进而正确确定企业的利润。所以出库的存货按哪批入库的历史成本计价，就是一个必须解决的问题。一般来说，存货出库的计价有以下几种：

1. 先入先出法

运用最为广泛的存货出库计价方法是先入先出法。它主张"先入者先出"，假设各种物资都由仓库中最早的存货供给，并且供给的物资都按记载在存货分类账中的最初的成本计价，任何时候在库的物资都是最后购入的。按照先入先出法，发出存货成本是根据储存时间最长的货物来计价的。

例 4-1 某仓库物资记录见表 4-1 和表 4-2。该物资 4 月 1 日的实物盘点得出期末库存量为 400 单位。

表 4-1 定期库存记录（先入先出法）

（单位：元）

日期	业务类型	数量	单价	总成本
1月1日	期初库存	300	2.00	600
1月8日	购 入	200	2.20	440
2月20日	购 入	300	2.30	690
3月31日	购 入	200	2.50	500
	总 计	1 000		2 230
期末库存				
2月20日	购 入	200	2.30	460
3月31日	购 入	200	2.50	500
	总 计	400		960

表 4-2 连续库存记录（先入先出法）

（单位：元）

日期	购入			发出			结存		
	数量	单位成本	总成本	数量	单位成本	总成本	数量	单位成本	总成本
1月1日							300	2.00	600
1月8日	200	2.20	440				300 200	2.00 2.20	600 440
2月14日				300 100	2.00 2.20	600 220	100	2.20	220
2月20日	300	2.30	690				100 300	2.20 2.30	220 690
2月28日				100 100	2.20 2.30	220 230	200	2.30	460
3月31日	200	2.50	500				200 200	2.30 2.50	460 500

商品销售成本=总成本−期末库存=2 230−960=1 270（元）

先入先出法的销售商品成本为 1 270 元，期末存货为 400 单位，价值为 960 元。

在许多企业中，先入先出法往往是与货物的实物流动一致的。它对易变质和易陈旧的货物可准确地跟踪。因为分配给在库货物的成本都是最近期的，所以，先入先出法所得到的期末库存价值接近实际期末成本（时价）。然而这种方法势必用现价来表示库存资产，故来自资产负债表的任何利益均可能被它对利润表中销售成本的影响所抵消。当物资的价格和其他成本均易变化时，先入先出法便不太可能根据现时的基本差价而使成本与收入相符。所以，成本变化便可能造成利润表失真。

在运用先入先出法时，在定期库存系统与连续库存系统中，商品销售成本与期末存货的差额通常都会减少。必须指出，连续库存记录比定期库存记录更为复杂和更费时间。然而，先入先出法对于连续系统或定期系统都简便适用。

先入先出法十分简单，并与许多企业的经营状况相符。库存记录通常都是根据连续或定期算法进行登载的。在连续系统下，存货的所有变化（增加、减少或删除）均按每项输入或输出业务加以记录。在定期系统下，则仅记录增加的存货，并且要按预定的间隔时间对存货进行实物盘点，以便确定库存状况。先入先出法既适合于连续系统，也适合于定期系统。由于实物流动通常都同保管作业的记录相符，故应用先入先出法可简化保管物资的记录。

2. 后入先出法

按照后入先出法，在某时期内销售或消耗的存货都是最近获得或产出的，正在保持的存货均是最早获得或产出的，在库物资的成本是最早获得的物资的成本，发出物资均按最近获得的物资的成本计价。

后入先出法是用接近本期的补充供应品的成本金额来计算本期的收入金额。后入先出法的根本目的是使本期收入与本期成本相适应。但是，后入先出法可能导致资产负债表中的存货价值不真实，而使流动比率和其他流动资产的关系失真。在价格上涨时期，它使收入减少，而在价格下跌时期使收入增加。由于在价格上涨的时期它可减少所得税，所以它往往是有利的。同先入先出法一样，后入先出法既可用于连续系统又可用于定期系统。

例 4-2 某仓库物资记录见表 4-3 和表 4-4。该物资 4 月 1 日的实物盘点得出期末库存量为 400 单位。

表 4-3 定期库存记录（后入先出法）

（单位：元）

日期	业务类型	数量	单价	总成本
1月1日	期初库存	300	2.00	600
1月8日	购入	200	2.20	440
2月20日	购入	300	2.30	690
3月31日	购入	200	2.50	500
	总计	1 000		2 230
期末库存				
1月1日	期初库存	100	2.00	200
1月20日	购入	100	2.30	230
3月31日	购入	200	2.50	500
	总计	400		930

表 4-4　连续库存记录（后入先出法）

（单位：元）

日期	购入			发出			结存		
	数量	单位成本	总成本	数量	单位成本	总成本	数量	单位成本	总成本
1月1日							300	2.00	600
1月8日	200	2.20	440				300 200	2.00 2.20	600 440
2月14日				200 200	2.20 2.00	440 400	100	2.00	200
2月20日	300	2.30	690				100 300	2.00 2.30	200 690
2月28日				200	2.30	460	100 100	2.00 2.30	200 230
3月31日	200	2.50	500				100 100 200	2.00 2.30 2.50	200 230 500

商品销售成本=总成本–期末库存=2 230–930=1 300（元）

后入先出法的销售商品成本为 1 300 元，期末存货为 400 单位，价值为 930 元。

在运用后入先出法时，在定期库存系统和连续库存系统中，销售商品成本与期末存货的差额通常都会增大，而在运用先入先出法时则相反。

在通货膨胀时期，后入先出法可能造成利润较少、所得税较少和持有更多的现金。假若销售商品的成本是按其后已上涨的购入成本进行计价的，那么，通货膨胀就可能对表面收入造成严重影响。这种收入是由于忽略了一个企业需要按较高的价格来补充库存所造成的，因而它是不真实的。对于存货周转率较高的企业而言，后入先出法由于成本总是与收入十分相近而不能提供收益。

3. 平均成本法

为满足企业既想得出真实的期末存货值，又想得出真实的销售商品成本的要求，设计了平均成本法。这种方法并不能说明哪个存货单位先出或后出，而是为了确定每项存货在某一时期内的平均成本。

（1）算术平均法

例 4-3　某仓库物资记录见表 4-5。该物资 4 月 1 日的实物盘点得出期末库存量为 400 单位。

表 4-5　定期库存记录（算术平均法）

（单位：元）

日期	业务类型	数量	单价	总成本
1月1日	期初库存	300	2.00	600
1月8日	购　入	200	2.20	440
2月20日	购　入	300	2.30	690
3月31日	购　入	200	2.50	500
	总　计	1 000		2 230
期末库存				
3月31日	购　入	400	2.25	900
	总　计	400	2.25	900

根据表 4-5 数据计算得

$$算术平均单位成本 = \frac{各期购进存货单位成本的合计数}{期数}$$

$$= \frac{2.00+2.20+2.30+2.50}{4} = 2.25（元）$$

期末存货的价值=期末存货数量×算术平均单位成本=400×2.25=900（元）

销售商品成本=购入总成本−期末存货的价值=2 230−900=1 330（元）

或者，销售商品成本=售出商品数量×算术平均单位成本=600×2.25=1 350（元）

从上面的计算可以看出，同样都是销售商品成本，采用不同的公式，得出的数据是不一样的，之所以出现差异，是因为在不同的时间，购入商品的数量和价格不一样。

算术平均法用生产或采购的单位成本之和除以产程或订购次数来确定平均成本。算术平均法忽略了批量的大小（物资数量），给予每批单位生产成本或购入成本以相等的权数，而不管物资数量上的不同。

（2）加权平均法

例 4-4 某仓库物资记录见表 4-6。该物资 4 月 1 日的实物盘点得出期末库存量为 400 单位。

表 4-6　定期库存记录（加权平均法）

（单位：元）

日期	业务类型	数量	单价	总成本
1月1日	期初库存	300	2.00	600
1月8日	购　　入	200	2.20	440
2月20日	购　　入	300	2.30	690
3月31日	购　　入	200	2.50	500
	总　　计	1 000		2 230
期末库存				
3月31日	购　　入	400	2.23	892
	总　　计	400	2.23	892

$$加权平均单位成本 = \frac{\sum 购进存货数量 \times 单价}{\sum 购进存货数量}$$

$$= \frac{300 \times 2.00 + 200 \times 2.20 + 300 \times 2.30 + 200 \times 2.50}{1\,000}$$

$$= 2.23（元）$$

期末存货的价值=期末存货数量×加权平均单位成本=400×2.23=892（元）

销售商品成本=购入总成本−期末存货的价值=2 230−892=1 338（元）

或者，销售商品成本=售出商品数量×加权平均单位成本=600×2.23=1 338（元）

加权平均法除考虑单位成本外，还考虑数量，故排除了算术平均法的失真情况。两种计算方法，得出的结果完全一致。

（3）移动加权平均法　移动加权平均法就是计算每次采购或追加库存后的平均单位成本。它最适合于用计算机管理的库存作业。

例 4-5　某仓库物资记录见表 4-7 和表 4-8。该物资 4 月 1 日的实物盘点得出期末库存量为 400 单位。

表 4-7　定期库存记录（移动加权平均法）

（单位：元）

日期	业务类型	数量	单价	总成本
1月1日	期初库存	300	2.00	600
1月8日	购　入	200	2.20	440
2月20日	购　入	300	2.30	690
3月31日	购　入	200	2.50	500
	总　　计	1 000		2 230
期末库存				
3月31日	购　入	400	2.373	949
	总　　计	400	2.373	949

表 4-8　连续库存记录（移动加权平均法）

（单位：元）

日期	收入			发出			结存		
	数量	单位成本	总成本	数量	单位成本	总成本	数量	单位成本	总成本
1月1日							300	2.00	600
1月8日	200	2.20	440				500	2.08	1 040
2月14日				400	2.08	832	100	2.08	208
2月20日	300	2.30	690				400	2.245	898
2月28日				200	2.245	449	200	2.245	449
3月31日	200	2.50	500				400	2.373	949

$$移动加权平均单位成本 = \frac{以前结存存货的实际成本 + 本次收入存货的实际成本}{以前结存存货的数量 + 本次收入存货的数量}$$

1 月 8 日移动加权平均单位成本=（600+440）÷（300+200）=2.08（元）
2 月 20 日移动加权平均单位成本=（208+690）÷（100+300）=2.245（元）
3 月 31 日移动加权平均单位成本=（449+500）÷（200+200）=2.373（元）
期末存货的价值=期末存货数量×移动加权平均单位成本
　　　　　　　=400×2.373=949（元）
销售商品成本=购入总成本−期末存货的价值=2 230−949=1 281（元）
或者，销售商品成本=售出商品数量×移动加权平均单位成本=600×2.373=1 423.8（元）

从上面的计算可以看出，同样都是销售商品成本，采用不同的公式，得出的数据是不一样的，之所以出现差异，是因为购入商品处于价格上涨期，后面购入的商品的价格比前面购入的商品的价格高，在采用移动加权平均法计算的时候，移动加权平均单位成本就会越来越高；反之，在购入商品处于价格下降期时，移动加权平均单位成本就会越来越低。

采用移动加权平均法的优点是：可以克服月末一次平均计算的缺点，将发出存货的计价工作分散在月份内进行，减轻了月末计算工作量。其缺点是：每次进货都要重新计算一次平均单价，工作量相当繁重。

三种平均法都可在定期库存系统和连续库存系统中使用，因为这三种方法计算的成本都要在该时期结束之后进行分配。但移动加权平均法最适合连续库存系统。算术平均法和加权平均法都是在该时期结束之后才能算出单位成本。所以，它们不能很好地适用于连续库存系统。

按照平均成本法，在该时期内获得的所有同类物资的成本都要加以平均，以得出期末存货价值。在成本增加或减少的时期内，平均成本法势必会使增加或减少的部分逐渐缩小。当存在上涨或下跌的趋势时，平均成本法较其他存货流动法反映得更为平缓。平均成本法虽然使用简便，但却有一定缺点。此种单位成本不可能等于任一真实的数字，并且不能像可能期望的那样清晰地显示出价格的变化。

4. 特定成本法

在所有存货流动假设中，特定成本法所提供的期末存货价值和销售商品成本最为真实。按照特定成本法，在存货的进货登记表上必须按收进存货的批次详细地记录数量、单价和金额，每批存货也必须有一定的编号（记号）。这样存货成本能很快地测定出来。所以，它最适合于数量少而价值大的货物。它的运用范围通常局限于加工数量小的大型、贵重的物资。

特定成本法通常用于加工车间中客户定制的产品，不过在大量客户订货都是在产品时，它执行起来可能非常费钱和困难。显然，在这种方法下，成本流动和实物流动是等同的。它具有既适合连续库存系统，又适合定期库存系统的灵活性。在物资或作业的数量很大的情况下，成本必然能得到最终平衡，但为提高特定成本法的精确性而支付昂贵的记录保持费用是不值的。

5. 库存计价方法的选择

不同的库存计价方法，其成本是不一样的。例如，在成本增加的时期内，与先入先出法相比，后入先出法将造成较高的销售商品成本，因而利润和税金较少。但是，须着重指出，这在价格下跌时期内则正好相反。没有两种方法得出的期末存货价值会是完全一样的。所以，管理者必须知道使用的是何种库存计价方法和它对实绩会产生什么影响。

存货的成本和费用取决于所采用的核算方法。核算方法决定着如何判定自有资产改变的时间和方式，以及资产转换为成本和费用的时间和方式。事实虽是不会改变的，但核算方法却支配着那些影响期间收入确定法的会计事项的判定。

> 同步思考 4.2
>
> 哪种方法通常会导致存货价值的低估？

成本和收入项目在利润表中的重要性是众所周知的。在价格迅速变化（上涨）时期内，所增加的部分收入是由于价格上升所造成的。在通货膨胀时期，期初存有的货物通常都以高于购入它们时所预期的价格售出，增加的这种收入将反映在该时期的所得之内。但是，如库存仍要维持在同一数量水准，那么，已获得的这种额外收入就将以大致相同的数量花费在购进补充库存物资上。这样，收入的增加便是"幻觉"。

存货核算的主要基础是存货所用的成本，可以按存货流动假设中的任何一种来确定。在会计上有不止一种用来确定存货成本的惯用方法，以及各种方法的不同组合。在选择方法时，主要目标是要能清晰地反映期间实绩。为确定任一给定时刻的存货金额，就必须掌握各种现有库存物资的数量，并确定出其数量和价值。现有库存物资的数量要通过盘点或计量来获得，确定各项物资的价值要以几种核算方法中的一种为依据，而且采用的核算方法非常重要，因为它会显著地影响存货的总金额和有关外销商品的成本。

显然，存在着多种可供各种企业采用的库存计价或估价方法，选择的方法应当实用、可靠和尽可能简便易行。只要单位成本相对稳定，则所有方法基本上是等效的。当单位成本有明显变化时，这些方法之间便存在较大的区别。若存货周转率很高，则各种方法之间的差异便会减少。在库存计价方面不存在可以推荐的标准方法，方法的采用取决于企业的性质和目的。

> 同步思考 4.3
> 存货持有成本是非常高的，怎样来确定存货的成本？

第二节 库 存 记 录

一、库存记录的含义

企业在实施库存管理时，如果没有库存记录便不能有效地工作。如果多记了库存余额，便会有缺货的危险；如果少记了库存余额，就会造成超储。所有有关订货时间和订购数量的决策都是以各项物资的库存余额为依据的。错误的库存记录会引起许多连锁反应，如失销、超储、进度计划落空、生产率低下、交货延误、大量支付交货费用和保险运输费等。

库存的物资都应加以分类和严格地加以标记，以便在核对时能判明它们的位置和数量。库存管理需要保证无差错、无盗失、无损坏、无变质和无陈旧。库存控制是根据一系列库存记录和报告提供的有关消耗量、余额和到货量等信息来进行的。整个库存控制还包括保管和堆放的方法。恰当的库存管理需要定期核对物资并加以记录。记录核对和实物盘点，最好是由与其自身经营利益无关的独立机构来进行。

> 同步思考 4.4
> 库存记录提供的信息越多，管理层据此做出的决策就越完善。你认为这种说法正确吗？

1. 库存记录的内容

准确的库存记录是财务会计的一个重要方面和库存管理的基础。库存管理系统的基础就是在记录中获得信息，决策都是以其为依据而做出的。没有记录的准确性，设计得再好的系统，即使不失败，也肯定问题繁多。所以，库存记录的准确性是任何库存管理方法的基本要求。库存记录的准确性要求在管理上不允许发生差错，企业必须建立准确性的观念及达到目的所需的手段。

需要保持的有意义和有用的库存记录的基本资料包括：①物资的标记和（或）分类；②物资的位置；③单位成本和实价；④可互换或代用的物资；⑤储存年限；⑥最终物资（它作何使用或同什么一起使用）；⑦物资入库的日期；⑧物资出库日期；⑨供应来源；⑩每种物资的余额。

2. 库存记录的要求

所有库存方法都必然与库存记录的准确性有关。如果不能保持资料的准确性,库存管理方法就注定要失败。无论是用人工或计算机,记录的准确性对于库存管理都是至关重要的。库存记录的要求包括以下几个方面:

(1) **有记录全部收发的良好系统**　库存记录的状况受有关人员、实物控制和库存管理方法的影响。有关人员是指实际从事收发和保管物资的人员,以及管理这些人员的仓库主管人员。仓库主管人员在保持记录的准确性方面负有责任,没有他们的充分理解,就不能指望得到他们的充分支持,更不能指望他们的下属能为记录的准确性而不懈地努力。对员工必须进行仓库作业方面的培训,以使他们认识到准确性的重要意义。最好是规定准确程度的目标,并将实际记录与目标记录进行比较,加以公布。

(2) **有检查记录准确性的良好系统**　有检查记录准确性的良好系统,该系统能显示和纠正造成误差的原因。

实物控制的一个重要方面是限制和控制仓库的收发。每当物资入库或出库时,这项业务便应记入相应的记录中。未经批准和无凭证的业务不得办理,否则控制在实际上就是不可能的。只有经过批准的人员方可进入经围隔和上锁的仓库,这样才能更好地控制无凭证业务。最好是把所有物资都按物资的编号及其在仓库的位置做出标记。存货区井然有序能减少物资的损失和错置。

有效利用仓库的一条重要途径是采用定位系统。仓库要用适当的编码系统划成若干个地段。物资要存放在同一位置或适当的地段,并在收货卡片上注明位置及物资的号码。这样当需要发出物资时,仓管人员便可直接到物资的预定位置进行作业。设计良好的定位系统对记录的准确性大有益处。

(3) **检查记录误差**　为检查库存记录的完整程度和准确程度,需要对物资进行实物盘点。账面(记录)数量与实际库存数量的差额必须查明。任何差额(偏离值)都必须予以纠正,并正确地算出其盘盈或盘亏的数额。库存检查误差精度不可能是100%,对于ABC三类存货的允许误差可根据单位存货状况确定。表4-9是对于三类存货的误差(%)和货值的建议公差。

表4-9　三类存货的误差(%)和货值的建议公差

库存等级	允许误差(%)	允许误差(元)
A	±0.2	100
B	±1.0	100
C	±5.0	100

允许误差的大小应根据错误记录对整个检查系统带来的破坏程度来确定。同时,还要注意那些低使用率的产品或不经常使用的产品在盘点时可能给库存精度所带来的误差。

二、库存记录的方法

1. 定期盘点记录法

定期盘点记录法就是定期检查在库的存货余额,以核对和保持准确的库存记录的方法。库存记录可以人工过账,也可以机器过账,或者保存在计算机内。定期盘点记录法要求在一个短暂的时期内对各种存货进行全面盘点。它通常安排在每年生产和库存水平处于最低点时进行，必要时可中断生产。

（1）盘点前的准备工作

1）物资整理。把物资放置在它固有的位置，以便易于盘存。

2）物资核对。按物资的编号和名称核对所有物资。

> 同步思考 4.5
> 要提高盘点的精确度，关键是什么？

3）员工培训。有关人员在盘存之前都要重新学习盘存的方式和方法，教会有关人员正确使用秤、计数器和计量方法。

4）组织准备。成立盘点领导小组，做好检查督促工作，建立两人或两人以上的盘存班组，并规定有关盘点、核对和记录库存数量的职责。

（2）盘点记录方法

1）盘点日。停止仓库区的作业，同时指定一个储存场所来存放盘点期间内到达的所有物资。在这整个盘点时期内，除非紧急情况，所有物资内部的移动和搬运均应暂停。如果实物盘点将需要数日，应把停产的日期通知客户。

2）使用标签法记录库存水平。盘点班组要负责盘点，填好标签，并将标签放在物资上。当某个盘点班组完成一个区域时，应对其进行检查，以保证所有物资都加有标签并且位置正确。

3）核对实际盘点数量与库存账面记录。库存记录和实物盘点应与存货标签相符。来自标签的资料均要整理成存货一览表。在物资重新开始流动之前，检查小组应核查任何重大的变动，并调整误差，然后根据实际盘点记录调整库存记录及总账，以使记录上的余额同实际存有数量相一致。

实物盘点的次数通常是根据物资价值的大小和物资在公开市场上处理的难易程度来确定的。贵重或值钱的物资较一般库存物资盘点次数多些。

2. 循环盘点记录法

循环盘点记录法是有顺序地而不是定期地进行的一种实物盘点的库存记录法，是控制库存记录的准确性和将其保持在高水准的一种基本方法。有效的循环盘点，由于能缩减生产停工、改善对客户的服务、减少陈旧、取消一年一次的实物盘存和减少存货损耗，故可达到增进收益的目的。同中断生产的定期盘点记录法相比，通常循环盘点记录法所需费用较少。

循环盘点记录法可以由固定指派的仓库管理人员或专业人员来进行实物盘点。若是由固定指派的仓库管理人员盘点，则可根据各自的职责在工作间隙时间内完成循环盘点；若由熟悉物资存放次序、保管制度和可能发生的各种特殊事项的专业人员来进行时，则库存物资的盘点便是顺次地完成的。

（1）循环盘点记录法的一般原则

1）在任一受控的存货清单中，分类后的小部分物资要占存货价值的大部分。

2）流动（交易）越频繁的物资，记录误差的可能性越大。

3）存货控制所耗费的人力、时间和资金，应根据物资的重要性，按比例地在它们之间分配。

（2）循环盘点方法

1）ABC循环盘点法。物资按ABC原则划分层次盘点，其中"A"类物资的盘点频率最高，"C"类物资最低。每个企业都必须根据自身的特点来安排循环盘点。循环盘点可以把重点放在年耗用金额高的"A"类库存物资上,"A"类物资可每个月或两个月盘点一次。而"C"类物资则相反。由于"C"类物资占存货清单中的大部分,但所占金额比较少,故不值得把力量花费在它们上面,"C"类物资每年盘点一次。"B"类物资每三个月或四个月盘点一次。

例 4-6 根据表 4-10 的资料确定存货的盘点频率。

表 4-10 检查物资记录表

库存等级	库存物资种类	每年检查次数	检查总数
A	200	6	1 200
B	1 000	2	2 000
C	3 800	1	3 800
合计	5 000	9	7 000

假如一年有 250 个工作日,如果对所有产品进行检查,则每天至少检查 28 种产品。分配如下:

A 类物资:1 200÷7 000×28=5 种物资/天

B 类物资:2 000÷7 000×28=8 种物资/天

C 类物资:3 800÷7 000×28=15 种物资/天

2)再订货循环盘点法。在再订货时盘点物资。当库存物资量下降到订货点时,库存物资的数量较少,此时检查更容易。如果实际库存比显示的低,考虑到订货误差就需要订购额外的数量。反之,如果库存水平很高,就可以减少订货。

3)收货循环盘点法。在收到补充订货时盘点物资。此时库存水平比补货时高。

4)无余额循环盘点法。在库存余额为零或为负值(延期付货)时盘点物资。

5)交易循环盘点法。在完成某一确定的交易数量后盘点物资。

使用循环盘点时,在一定时间内,由于整个存货中只有小部分被审查,可大大缩减问题的数量,每日的盘点可立即得到协调。循环盘点记录法是保持记录准确性的一种很好的方法。

(3)**循环盘点记录法的优点**

1)在循环盘点时不必停止生产,并可取消一年一次的实物盘点。

2)能及时揭示误差,随时修正库存记录和排除产生误差的原因。

3)能增进记录的准确程度,得出更正确的资产负债表。存货盘点由于不是在急促的情况下进行的,故能得出更为准确的计量结果,可省去年末存货的销账,并且随时均可得到正确的资产负债表。

4)专业人员在取得可靠的计数、调节误差和寻求解决系统误差的方法等方面可充分发挥作用。

5)可把力量集中在有问题的区域。

循环盘点能检查库存记录的状况和得出记录准确程度高低的判断。记录准确程度可由有误差物资的百分率和误差的相对值来度量,误差的显著性与物资的相对价值有关。单位贵重物资的误差是显著的,而对廉价物资而言,应将误差控制在 2%左右。

三、库存记录的要点

1. 简单和复杂的库存记录

（1）**简单的库存记录**　简单的库存记录是利用"增减法"进行的，适用于存货集中储存的情况。例如，将一张纸夹在一个硬夹板上，沿着纸的左边列出所有不同的库存项目使用符号（如打钩或画线等），收到一件，就增加一个符号；发出一件，就划掉一个符号。必要时，可带着记录单与仓库库存实物数量进行核对。纸上记载的符号数应与仓库中货物的件数相同。

（2）**复杂的库存记录**　复杂的库存记录系统应用于存货分散储存于许多地点的情况。例如，美国联邦航空公司的各种飞机配件储存在遍及美国的各维修站。若芝加哥维修站的机修工需要更换一个飞机上用的咖啡加热器，仓库保管员可利用维修站的计算机库存管理系统，查明所需维修配件的储存地点。即使该配件就在芝加哥，在本站配件仓库，但对于仓库管理员来说，通过计算机查询，也比自己去仓库到处寻找快得多，计算机在几秒钟之内就可告知仓库管理员哪里有这种配件，用什么方式能将所需配件很快地运到芝加哥。

2. 库存记录的识别号码

将物资标记识别号码，并随同库存记录一起登记，以便于跟踪查询。一旦这些产品发现由于物资质量导致的产品质量问题需要强制回收时，就可根据库存记录，按批号进行跟踪，将所有这些不合格的物资及用该物资生产的产品从仓库中以及零售商店的货架上全部撤走回收。

近年来库存管理的又一项发展是使用电子扫描器以阅读印刷条码。扫描器记录下的数据，直接与计算机连接在一起，登记库存记录。条码扫描器是当前使用最普遍的自动化识别系统。将条码扫描器与计算机连接在一起，可将收到的货物记录下来。标准代码系统也用于连接供应商和客户之间的物流业务活动，因为各自的扫描器可以阅读相同的标记，双方之间的货物买卖可以通过简单的电子设备记录下来。

> **同步思考 4.6**　会计师为库存管理提供一系列重要的基本信息，你同意这个说法吗？

为避免缺货，需要对已订购而尚未收到的货物估计它们可能收到的时间。允许的最小时间限度是当库存已降为零时能及时得到补充。

复习思考题

一、简答题

1. 外购存货与自制存货的成本由哪些内容构成？
2. 存货出库的方法有哪些？各种方法适用的范围有什么特点？
3. 库存记录的要点有哪些？
4. 库存记录的方法有哪些？
5. 库存记录在库存管理中有哪些重要性？

二、计算题

1. 某仓库 A 物资 4 月份库存记录情况如下：

4 月 1 日，期初库存 300 吨，单位成本 200 元。

4 月 5 日，购入 200 吨，单位成本 220 元。

4 月 10 日，购入 400 吨，单位成本 230 元。

4 月 12 日，出库 600 吨。

4 月 20 日，购入 200 吨，单位成本 240 元。

4 月 25 日，出库 300 吨。

要求：

（1）根据所给资料，分别采用先入先出法、后入先出法、算术平均法、加权平均法、移动加权平均法计算期末存货的价值和销售商品成本。

（2）进行定期库存记录和连续库存记录的登记。

（3）进行各种方法的成本比较，选择本题存货出库应采用的最佳方法，并说明为什么。

（4）若此时存货的购进价格是逐渐下跌时，出库存货应采用什么方法对企业最为有利。

2. 某企业对 A 产品的一些月份的采购数量和销售数量进行了记录，见表 4-11。

表 4-11 A 产品部分月份采购和销售数量记录

月份	采购数量（个）	单位成本（元）	销售数量（个）
11 月	1 100	220	730
12 月	600	260	710
1 月	700	300	490
2 月	500	280	530
3 月	800	240	370
4 月	400	320	710

假设该企业没有其他存货进货的话，那么在这段时期结束时，A 产品的存货价值是多少？如果单位存货的售价是 350 元，请分别用先入先出法、后入先出法、加权平均法计算企业的总体利润和单位利润分别是多少。

3. 某企业去年的毛利率是 30%。今年物资的期初存货价值为 80 000 元，另外该企业还购买了 60 000 元的存货。如果该物资的销售额是 115 000 元，请问：该物资的期末存货价值是多少？

4. 根据表 4-12 的资料确定存货的盘点频率，假设一年工作日 250 天。

表 4-12 检查物资记录表

库存等级	库存物资种类	每年检查次数	检查总数
A	500	6	
B	2 500	2	
C	5 000	1	
合计			

三、项目题

1. 库存管理中的一些最重要的信息是有关成本的，这部分信息是由会计部门提供的。某学生在其工作中，得到了下面这份某种商品的交易记录（表 4-13），并被主管领导要求估算利润。

表 4-13 某种商品的交易记录

日期	入库量（件）	存货单位成本（元/件）	出库销售量（件）	销售单位价格（元/件）
期初存货	80	400		
1月			20	300
2月			40	400
3月	60	300		
4月			50	500
5月	80	400		
6月			30	600

假定现在存货的价格是处于普遍上涨时期，她应该采用哪种方法进行利润的估算？为什么？

2. 许多企业都会在年度财务报表中报告它们的存货持有情况。通过下面四种类型公司某年前 6 个月的销售额与存货情况（表 4-14），我们可以看出，对于不同的企业，其存货市值差别很大。

表 4-14 四种类型公司某年前 6 个月的销售额与存货情况

（单位：亿元人民币）

公司类型	前 6 个月的销售额	存货市值
零售商	127.00	9.57
国际型化工品专业制造商	28.21	7.48
专门材料印刷商	0.52	0.35
房地产开发商	8.20	13.77

请找出不同公司的存货持有所具有的不同特点，并找出一个具有代表性的公司作为例子，力求归纳出一些特点。请解释为什么有些行业的存货持有比别的行业要多？什么样的情况会导致高水平的存货？

四、讨论题

1. 哪种方法通常会导致存货价值的低估，是后入先出法还是先入先出法？

2. 一家石油企业从公开市场上购买原油，并对其进行运输和提炼，然后将提炼的汽油卖给一家连锁加油站。原油的价格波动很大，该企业应该采用何种库存计价方法？你能想象出管理者如何通过操纵持有存货价值来使他们的财务状况看上去更好吗？

第五章 库存管理方法

▶▶ **本章目标** ◀◀

在第四章，我们介绍了库存管理所需的相关信息——库存计价与记录。为了更好地管理库存、降低成本，本章我们将重点介绍库存管理的一些常用方法。一个好的库存管理方法，会通过对库存货物控制措施的选择而达到事半功倍的目的。

通过本章学习，相信读者将会具备以下能力：

1. 能够掌握库存管理中的 ABC 分类法、定量订货管理法、定期订货管理法，以及其他库存管理方法的基本原理、应用范围和相应的库存策略。

2. 能够掌握库存管理方法的选择要点。

一个公司为管理它的存货可能有一种或多种管理系统。由于库存中通常都有数千种性质不同的物资，因此，公司以尽可能低的成本满足规定的服务水平的要求是绝对必要的。选择最佳管理系统是公司最高管理层的职责，所选择的库存管理系统的种类对几乎所有其他的活动都将产生影响。一个有效的库存管理系统要达到下列目的：① 保证获得足够的物资；② 鉴别出超储物资以及畅销品与滞销品；③ 向企业决策层提供准确、简明和适时的报告；④ 花费最低的成本完成前述三项任务。

第一节 ABC 分类法

一、ABC 分类法的概念及依据

一般来说，企业的库存物资种类繁多，每个品种的价格不同，数量也不等，有的物资品种不多但价值很大，而有的物资品种很多但价值不高。由于企业的资源有限，对所有库存品种均给予相同程度的重视和管理是不可能的，也是不切实际的。为了使有限的时间、资金、人力、物力等能得到更有效的利用，应对库存物资进行分类，将管理的重点放在重要的物资上，并依据重要程度的不同，分别进行不同的管理，这就是 ABC 分类法的基本思想。

1. ABC 分类法的概念

ABC 分类法源于 ABC 曲线分析，ABC 曲线又叫帕累托曲线。1951 年，管理学家戴克（H.F.Dickie）将其应用于库存管理，用于确定库存管理的重点，以便集中力量抓好主要矛盾，从而节约资金和费用的一种简单而又有效的科学管理方法。

将 ABC 分类法引入库存管理就形成了 ABC 库存分类管理法。从产品生产方面来看，在多种库存物资中，一般只有少数几种物资的需求量大，因而占用较多的流动资金。从客户方面来看，只有少数几种物资对客户的需求起着举足轻重的作用。而种类数比较多的其他物资，年需求量却较小，或者对于客户的重要性较小。因此，可以将库存物资分为 A、B、C 三类。A 类物资种类数占全部库存物资种类总数的 10%左右，而其需求量却占全部物资总需求量的 70%左右；B 类物资种类数占 20%左右，其需求量占总需求量的 20%左右；C 类物资种类数占 70%左右，而需求量占 10%左右。可以说，ABC 库存管理分类法是把物资按品种和占用资金大小进行分类，再按其重要程度的不同抓住重点，照顾一般，分别控制库存。

> **同步思考 5.1** 为保证客户的需求，企业必须将所有存货进行分析。你认为这句话对不对？

2. ABC 分类法的依据

ABC 分类法的依据是库存中各品种物资每年消耗的金额，即年消耗量乘上它的单价。将年消耗金额高的划归 A 类，次高的划归 B 类，低的划归 C 类。具体划分标准及各类物资在总消耗金额中应占的比重并没有统一的规定，要根据各企业、各仓库库存品种的具体情况和企业经营者的意图来确定。但是，根据众多企业多年运用 ABC 分类法的经验，一般按各类物资在消耗额中所占的比重来划分。假设库存物资资金从多到少排列见表 5-1。根据表 5-1 的资料可知，ABC 分类标准如下：

（1）**A 类物资** 累计品种数占库存物资品种总数的 5%~20%，而平均资金占用额累计为 60%~80%的物资。

（2）**B 类物资** 累计品种数占库存物资品种总数的 20%~30%，而平均资金占用额累计也为 20%~30%的物资。

（3）**C 类物资** 累计品种数占库存物资品种总数的 60%~80%，而平均资金占用额累计为 5%左右的物资。

表 5-1 ABC 分析表

产品序号	产品数量	单价（元）	占用资金（元）	占用资金百分比（%）	累计占用资金百分比（%）	占产品项的百分比（%）	分类
1	10	680	6 800	68.0	68	10	A
2	12	100	1 200	12.0	80	20	A
3	25	20	500	5.0	85	30	B
4	20	20	400	4.0	89	40	B
5	20	10	200	2.0	91	50	C
6	20	10	200	2.0	93	60	C
7	10	20	200	2.0	95	70	C
8	20	10	200	2.0	97	80	C
9	15	10	150	1.5	98.5	90	C
10	30	5	150	1.5	100	100	C
合计	—	—	10 000	100	—	—	—

这三类物资重要程度不同：A 类物资最重要，是主要矛盾；B 类物资次之；C 类物资再次之。这就为库存控制工作中抓住重点，照顾一般，提供了数量上的依据。根据表 5-1 计算结果画出 ABC 分析图，如图 5-1 所示。

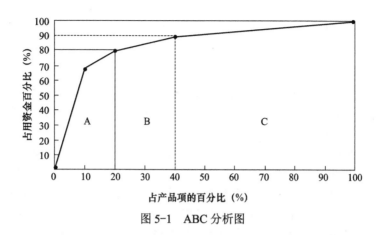

图 5-1 ABC 分析图

例 5-1 一个拥有 10 类商品的小商店的商品单位成本和每周需求量见表 5-2。

表 5-2 商品单位成本和每周需求量表

商品名称	X1	Y7	W4	X2	X3	Y9	W5	Z3	Z4	X4
单位成本（元）	3	2	3	8	2	10	1	5	20	4
每周需求量	2	25	1	30	10	10	5	2	1	3

用 ABC 分类法对上述商品进行分析，并说明如何对每一类商品进行控制。

商品的每周销售成本=物资的单位成本×每周需求

根据题意计算并排序，见表 5-3。

表 5-3 商品计算分析表

商品名称	X2	Y9	Y7	X3	Z4	X4	Z3	X1	W5	W4
占商品项的累计百分比（%）	10	20	30	40	50	60	70	80	90	100
每周销售成本（元）	240	100	50	20	20	12	10	6	5	3
累计销售成本（元）	240	340	390	410	430	442	452	458	463	466
累计销售成本百分比（%）	52	73	84	88	92	95	97	98	99	100
商品类别	A 类		B 类		C 类					

各个类别之间的界限优势并不明显，因此需要做出主观的决定。以该商店的情况看：X2 绝对是属于 A 类，B 类和 C 类之间的最佳划分应该是把 Y9 和 Y7 归入 B 类，而把其余商品归入 C 类。X2 商品占了年销售成本的 52%，因此必须进行特别监控，由管理者做出相应的决策；B 类商品占了年销售成本的 32%，可以使用自动化来控制；C 类商品占了年销售量的 16%，可采用临时程序处理。

二、ABC 分类法管理准则

在对库存物资进行 ABC 分类之后，就应根据企业的经营策略对不同类别的库存物资进行不同的管理，有选择性地对库存进行控制，减轻库存管理的压力。

1. A 类物资

A 类物资在品种数量上占 10% 左右，但如能管好它们，就等于管好了 70% 左右金额的物资。对于物资管理与仓库管理人员来说，除了应该协助企业降低它们的消耗量（或增加其销售额），还要在保障供给的条件下，尽量降低它们的库存成本，减少占用资金，提高资金周转率。A 类物资消耗金额高，提高其资金周转率，可取得较大的经济效益。对 A 类物资要重点、定期盘点，尽量减少安全库存，必要时可采用应急补货。对 A 类物资的采购订货，必须尽量缩短供应间隔时间，选择经济订货批量，在库存控制中采取重点措施加强控制。对 A 类物资应从以下方面加强管理：

（1）**勤进货**　在保证供给的前提下，应该尽可能地降低每次进货的批量。由于 A 类物资的消耗量比较大，勤进货，每次进货批量并不会小。

（2）**勤发料**　在满足需要、方便使用者的前提下，要适当控制减少每次发料批量。这样可以降低二级库的库存量，避免以领代耗的情况出现。

（3）**与客户勤联系**　了解客户需求的动向和需求量可能发生的变化，在库存量满足需求变化的前提下，与客户协商研究代用物资的可能性，尽量降低物资的单价。企业要对自己的物资需求量进行分析，弄清楚哪些是日常需要的，哪些是集中消耗的。对集中的、大批量的需求，应掌握其需求时间，需求时再进货，不要过早进货造成积压。

（4）**恰当选择安全系统**　要尽可能减少安全库存量。对库存量的变化要严密监控，当库存量降到报警点时，要立即采取措施，确保不缺货。

（5）**加强与供货方联系**　要提前了解订货合同的执行情况和运输中可能出现的问题等，要与供货方协商各种紧急供货的互惠方法，包括经济上贴补的办法。

2. C 类物资

C 类物资与 A 类物资相反，品种数众多，而所占用的金额却甚少。对 C 类物资要放宽控制或只做一般控制，采用较高的安全库存，减少订货次数。由于品种繁多复杂，资金占用又小，如果订货次数过于频繁，不仅工作量大，而且从经济效益上考虑也没有必要。

> **同步思考 5.2**　除了采用使用量和价值标准对存货进行 ABC 分类外，还可以采用什么标准？

3. B 类物资

B 类物资的状况处于 A、C 类之间，因此，其管理方法也介于对 A、C 类物资的管理方法之间，可采用常见的方法管理。对 B 类物资也应引起重视，适当提高安全库存。在采购中，订货数量可适当照顾到供应企业的利益，有利于供方确定合理的生产批量及选择合理的运输方式。

三、ABC 分类管理过程中应注意的问题

1. 物资的单价

ABC 分类一般是以物资的消耗金额为依据，即以单价与年需求量的乘积为依据。此时，会有两种情况发生：①单价不变，年需求量大时物资总金额高；②年需求量不变，单价高时物资总金额高。一般来说，单价很高的物资，在管理上要比单价较低的物资更严格。因为单价高，库存数量的一点变化，都会使库存金额产生波动。

对于单价高的物资在管理上应注意：

1）加强与客户的联系，详细了解使用方向、需用日期与数量，准时组织进货，控制库存

量,力求少积压。

2)加强与客户研究代用物资的可能性与方法,尽量少用高价物资。

在计算库存控制参数时,单价高的品种的安全系数可以定得低一些。但要加强管理,加以特殊照顾,减少因库存量降低而增加的库存短缺的风险。

2. 物资的重要性

物资的重要性体现在以下三个方面:

1)缺货会造成停产或严重影响正常生产的。
2)缺货会危及安全的。
3)市场短线物资,缺货后不易补充的。

把物资进行 A、B、C 分类之后,你可能会认为 C 类物资是不重要的,因此也就不必花力气来对它们实施监控,甚至连存货都不用留了,以为这么做可以使更多的资源集中到 A 类和 B 类上,然而这么做是错误的。一种物资价格很低或者需求量很少并不代表它就不重要。例如,一个雨刷器只占一辆新车造价的很微小的一部分,可是没有雨刷器的车是不能销售的。一个企业应该储存所需要的所有物资,包括那些价格低或者不经常被使用的,从而确保经营的顺利进行。企业不应把 ABC 分类与物资的重要性相混淆,要考虑以下方面:

第一,A 类物资的重要性,首先在于它们的年消耗金额高。部分 A 类物资同时具有缺货会影响生产、危及安全或不易补充的性质,但也有一部分 A 类物资并不同时具有这些性质。而某些 B 类或 C 类物资,虽然年消耗金额并不高,但却具有缺货会影响生产、危及安全、不易补充等性质。因此,B 类或 C 类物资完全可能是重要物资。

第二,对于 A 类物资,企业的策略一般是降低安全系数,适当压缩库存,用加强管理的办法防止缺货。但对于各类物资中的重要物资,企业的策略则是增加安全系数,提高可靠性,辅以加强管理。

3. 其他问题

在进行 ABC 分类时应注意一些相关因素。这些因素可能是:

1)采购困难问题(前置时间长且不稳定)。
2)可能发生的偷窃。
3)预测困难问题(需求量变化大)。
4)储存期限短(因物资会变质或陈旧)。
5)仓容需求量太大(物资体积非常大)。
6)物资在经营上的急需情况。

采用 ABC 分类法将物资分成若干类别之前,还要考虑除所占用资金的因素以外的其他因素。追加的考虑事项可能会改变物资的分类以及控制方式。如果三种类型还不足于表明存货的属性,管理者就需要考虑增加其他的类别,有时会用到第四种类型——D 类物资。这类物资极少被用到,可以考虑处理掉。另外一些情况下,管理者会把一些非常重要但是使用率低的重要零部件等物资归为特殊的一类。

> 同步思考 5.3
> 对于用 ABC 分类法的库存物品应该采取什么样的控制措施?

第二节 定量订货管理法

一、定量订货管理法概述

定量订货管理法要求保持存货数量的记录，并在存货量降至一定水准时进行补充。这个系统以经济订货批量（EOQ）和订货点的原理为基础。在这种系统下，订货点和订货量都是固定的，检查期和需求率是可变的，前置时间可能是固定的或可变的。

图 5-2 用单一物品描述了定量订货管理系统的变化过程，其平均存货量等于安全存货量加一半的订货量。

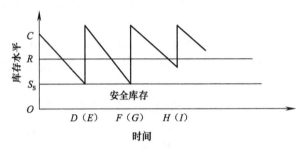

图 5-2 定量订货管理系统

斜线—可变需求量　R—固定订货点　S_S、C—固定订货量
DE、FG、HI—固定前置时间，且三者相等　DF、FH—两次订货之间的可变时间，且二者不等

1. **定量订货管理法的定义**

定量订货也称控制点订货，是指当库存量下降到预定的最低库存数（订货点）时，按规定数量（一般按经济订货批量）补充订货的一种库存管理方法。

每当物资自仓库发出时，对出库量要进行记录，并要将存货余额同订货点进行比较，若存货余额等于或低于订货点，便按物资的某一固定数量订货；若存货余额高于订货点，则不采取行动。所以，在固定订货量管理系统下，仓库管理人员便负有对所有物资进行经常或连续盘点的责任。但要注意在选择该系统时记录的成本和效率，因为有时连续记录的成本可能会远远超过从中得到的利益。

> **同步思考 5.4**　库存管理除了做好各种日常业务管理外，另一项重要的任务就是合理控制库存物品的存储数量。这句话对不对？

2. **定量订货管理法实施要求**

定量订货管理法的运作需要有存货管理员、库存物资的每日记录、库存物资的收货凭证。同时，需设置门卫及带锁的仓库。

定量订货管理法完全由对订货量和作为订货信号的最低库存水平的认识来确定。在用单一物资描述的定量订货管理法的变化过程中，其平均存货量等于安全存货量加一半的订货量（平均存货量=$S_S+Q/2$）。

3. 定量订货管理法的作业程序

定量订货管理法的作业程序如图 5-3 所示。

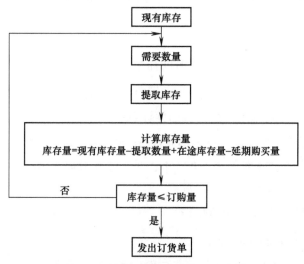

图 5-3　定量订货管理法的作业程序

4. 定量订货管理法的优缺点

（1）**定量订货管理法的优点**　能经常地掌握库存储备动态，及时地提出模型，仅在前置时间内才需要安全存货，所以不易出现缺货。安全储备较少，对滞销品较少花费精力，每次订货量固定，对预测值和参数的变化相对不敏感，适用经济订货批量模型，便于包装、运输和保管作业。

（2）**定量订货管理法的缺点**　若库存管理人员不花时间去研究各项物资的库存水平，则订货量往往由办事员来确定，在过账业务中抄写的差错可能造成系统失效。所以，必须不断核查仓库的库存量，严格控制安全库存和订货点库存，大量单独的订货可能造成很高的运输和订货成本，会增加人力和物力的支出。订货点、订货量和安全存货量可能在数年内不予重新研究或更改，订货模式过于机械，不具有灵活性。而由于订货时间不定，难以编制严密的采购计划，不能得到多种物资合并订货的好处。

定量订货管理法适用于品种少、占用资金大的 A 类物资。

二、定量订货点及订货批量的确定

定量订货管理法要求对库存物资进行动态盘点，即对发生收付变化的物资随时盘点。当物资储备量降到规定的订货点时就提出订货，如果发现储备量高于订货点，则不订货。定量订货管理模式的特点是设置一个固定的订货点，并且每次订货的数量是固定的（可采用经济订货批量法），但是订货的时间及进货时间不定。

1. 订货点的确定

订货点是提出订货的物资储备量，它等于从提出订货到物资进库并能投入使用这一段时间的物资需要量加上安全库存量。从提出订货到物资验收入库可以投入使用这段时间称为前置时间,但在实际工作中,由于一些不可控制的原因,往往取其平均数,称为平均前置时间。它包括:办理订货手续需要的时间;供货单位发运货物所需时间;在途运输时间;到货验收时间;使用前准备时间等。

订货点计算公式为

$$订货点=前置时间需用量+安全库存量$$

$$=(平均前置时间×平均日需用量)+安全库存量$$

其中,安全库存量的确定可以用下面公式简便计算:

$$安全库存量=(预计日最大消耗量-平均日需用量)×平均前置时间$$

例 5-2 企业某物资订货批量为 5 000 个,平均前置时间为 10 天,平均每日正常需用量为 150 个,预计最大消耗量为 200 个,则

安全库存量=(200-150)×10=500(个)

订货点=150×10+500=2 000(个)

即实际库存量超过 2 000 个时,不考虑订货,而当库存量降低到 2 000 个时,就按规定的订货批量(5 000 个)提出订货。

影响订货点的因素主要有三个:①销售速度。销售速度越快,订货点就越高。②订货前置时间。从发出订单到所订货物入库的时间越长,订货点就越高。③订货前置时间需求量。这三个因素各自可能都是随机变量或恒定变量。

> **同步思考 5.5**
> 定量订货的订货前置时间需求量一定是确定型的需求吗?

2. 订货批量的确定

订货批量是指一次订货的货物数量。订货批量的高低,不仅直接影响库存量的高低,而且直接影响货物供应的满足程度。订货批量过大,虽然可以充分满足客户需要,但会增加库存量和成本;订货批量过小,虽然可以降低库存量和成本,但是难以满足客户需要。所以订货批量要适度。订货批量大小的主要影响因素:①需求速度。需求速度越高,说明客户的需求量越大,因此订货量也应越大。②经营费用。经营费用的高低,对订货批量有直接影响,经营费用低,订货量就大;经营费用高,则订货量就可能小。不允许缺货、瞬间到货的最佳订货批量,可根据最佳经济订货批量(EOQ)来确定。

3. 订货余额确定

定量订货管理法需要对库存水平不断检查和监控。其目的是要尽可能及时地掌握库存量下降到订货点的时间。其运行机制可表述为:每当库存余额小于订货点时,就发出固定批量的订单。库存余额可用下述公式计算:

$$库存余额=现有库存量+已订货量-欠付量$$

定量订货管理法意味着对所有存货的数量要不断地加以核查。库存记录要始终反映最新的情况,每当发出或从供应者处收到一项物资时都要进行记录。每日的资料要用人工或在穿孔卡上加以记录,或者由计算机加以处理,并在存储介质上加以储存。

第三节 定期订货管理法

一、定期订货管理法概述

另一种常用的库存管理系统就是定期订货管理系统。在这个系统下,不使用 EOQ 值,而是按固定的订货间隔期订货,如每隔三天订货一次,或一个月订货两次。在定量订货管理系统里,订货间隔期是变化的,而每次订货数量保持不变;在定期订货管理系统中,却正好相反,即每次订货数量变化而订货间隔期不变。

1. 定期订货管理法的定义

定期订货管理法是指按预先确定的订货间隔期进行订货以补充库存的一种库存管理方法。定期订货系统可用于以下两种情况:

> 同步思考 5.6
> 定期订货管理法主要是从时间上控制订货周期,从而达到控制库存的目的。这句话对不对?

1)企业未建立自动化的库存连续盘点制度。在这类企业中,主要是由仓库管理员定期用手工操作方法检查各种存货的库存数量,以确定哪些存货库存已达到最低限额。

2)如果买方按固定订货间隔期订货,卖方可以给予大笔折扣,由于获得的折扣比使用 EOQ 方法所得到的好处更大,所以就使用定期订货管理法。

在定量订货管理系统中不需要实际盘点,因为库存记录记载有入库量、出库量和现有余额。在定期订货管理系统下,订货的数量是不固定的,决策者为反映需求量的变化而会改变订货数量。在这种系统下,订货期是固定的,而订货量、需求量和订货点是可变的,前置时间可能是固定的或可变的。图 5-4 用单一物资描述了定期订货管理系统的变化过程。最高库存水平 E 要按每项物资来确定。

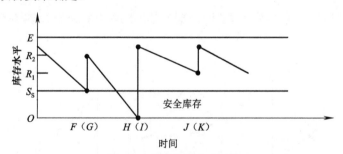

图 5-4 定期订货管理系统

斜线—可变需求量 FH、HJ—固定检查期,且二者相等 R、S_S、R_2—可变订货点,且三者不等 ER_1、ES_S、ER_2—可变订货量,且三者不等 FG、HI、JK—可变前置时间,且三者不等 OS_S—安全库存量

2. 定期订货管理法作业程序

定期订货管理法作业程序如图 5-5 所示。

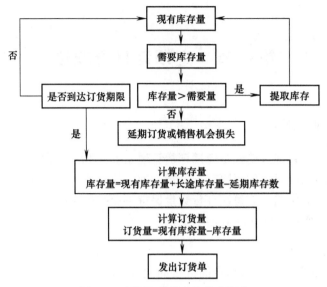

图 5-5 定期订货管理法作业程序

3. 定期订货管理法的优缺点

（1）**定期订货管理法的优点** 由于定期订货，可以将多种物资合并订货，从而降低订货和运输的费用，并省去了许多库存盘点工作。在规定订货的时候检查库存，周期盘点比较彻底、精确，简化了工作内容或"程序"，提高了工作效率。定期订货管理法的计划性较强，有利于计划的安排，实行计划管理，可编制合并的较为实用的采购计划。

（2）**定期订货管理法的缺点** 不易利用经济订货批量模型，故储备定额有时不是最佳的，因而运营成本较高，经济性较差，且需要花费一定的时间来盘点，如果某时期需求量突然增大，有时会发生缺货。所以这种方式主要用于非重点物资的库存控制。

定期订货管理法适用于品种数量大，占用资金较少的 C 类和 B 类物资。

二、订货量与订货周期的确定

定期订货管理法是一种以固定订货间隔期为基础的库存控制法，如图 5-6 所示。

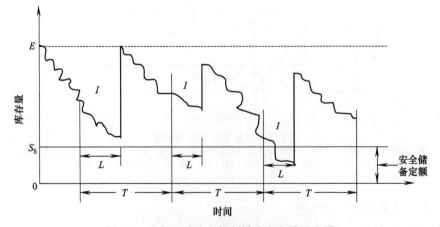

图 5-6 定期订购库存控制模式库存量动态图

图 5-6 中，S_S 用以反映安全储备定额，L 为订购时间。在这个控制模式中，以固定的订货间隔期（T）提出订货。定期控制模式不存在固定的订货点，但有固定的订货间隔期。每次订货的数量不固定，需要根据某种规则补充到目标库存量（E）中。目标库存量与订货间隔期是事先确定的主要参数，其中 E 的确定主要考虑为库存设定一个控制限额。

1. 订货量的确定

设订货前的实际库存为 I，则当 I 大于 E 时，不订货；当 I 小于等于 E 时，需要订货。订货量的计算公式为

订货量=平均每日需用量×（订货时间+订货间隔期）+安全储备定额–实际库存量–订货余额

式中，订货余额是上次已订货但尚未出仓的数量。

例 5-3 某种物资的订货间隔期为 30 天，即一个月订货一次，订货时间为 10 天，每日需用量为 100 吨，安全储备定额为 2 000 吨，订货日当天实际库存量为 600 吨，订货余额为 10 吨，则

订货量=100×（10+30）+2 000–600–10=5 390（吨）

当订货间隔期为 30 天时，在通常情况下，一次订购量应为 3 000 吨（100×30），而按现在计算则为 5 390 吨，这是由于实际库存不足所导致的，因而在订购时应对批量做调整。

2. 订货周期的确定

在定期订货法中，订货周期决定着订货的时机。订货周期表现为订货间隔期，与定量订货法的订货间隔期不同，定量订货法的订货间隔期可能不等，而定期订货法的订货间隔期总是相等的。

> 同步思考 5.7
> 定期订货管理法需不需要考虑安全库存量？为什么？

订货间隔期的长短，直接决定着最高库存量的大小，因而决定库存费用的高低。所以订货周期不能过长，否则会使库存费用过高。当然，订货周期也不能过短，否则订货批次太多会增加订货费用。

严格来说，定期订货法中订货周期的制定原则，应该使得在采用该订货周期订货过程中发生的总费用最省。一般情况下，用经济订货周期公式来计算：

$$T = \frac{360}{\sqrt{DK/2K}}$$

实际上，订货周期也可根据具体情况进行调整，如根据自然日历习惯、企业的生产周期或者供应周期进行调整。

第四节 其他库存管理法

一、双堆订货管理法

1. 双堆订货管理法的定义

双堆订货管理法的运行无需每日记录，因而是连续系统的一种简化形式。此系统将库存

物资分作两堆存放,第一堆是订货点库存量,其余作第二堆。发料时,先动用第二堆,当第二堆用完,只剩下第一堆时,意味着库存下降到了订货点,要立即提出订货,如图 5-7 所示。

将安全存货量从第一堆中分出来另作一堆,称为三堆法,如图 5-8 所示。双堆或三堆法,无须盘点,库存量形象化,简便易行,其缺点是需占用较多的仓库面积。

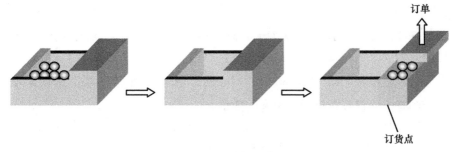

图 5-7 双堆订货管理法示意图

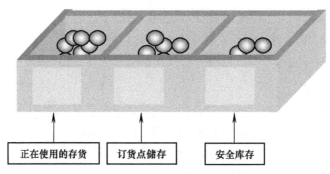

图 5-8 三堆订货管理法示意图

该方法也可以仅用一堆(一个储存器)。当库存水平降至某一物理标记时,如某一颜色标线或某一给定液面(用于汽油或其他液体)时,便可发出订单。订货点数量也可以设置在储藏器或容器内,当存货量降至被隔离的数量时便发出订单,如图 5-9 所示。

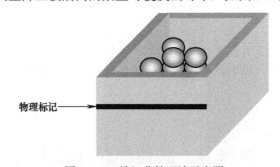

图 5-9 一堆订货管理法示意图

2. 双堆订货管理法的特征

1)再订货点与订货批量相同,即每堆数量为

$$R=Q$$

2)订货前置时间超过订货周期至到货的天数,即

$$订货前置时间 = \frac{Q}{d} > L$$

3）平均存货的计算公式为

$$最高存货 = 2 \times Q$$

$$最低存货 = Q - L \times d$$

$$平均存货 = \frac{2Q + Q - L \times d}{2}$$

双堆订货管理法的显著特点是没有连续的库存记录。双堆订货管理法一般应用于固定订货量系统，它具有不少的优点，其中最重要的是减少了资料工作，对每项业务不用保持记录。订货点由肉眼来判定，当存货消耗完一堆时便开始订货，其后的需求由另一堆来满足。双堆订货管理法由于不进行出库记录，存货容易丢失，所以最适合于廉价的、用途相当单一的和前置时间短的物资，如办公用品、螺母、螺栓等。

二、非强制补充供货管理法

非强制补充供货管理法也称为最小-最大系统，是定量管理法和定期管理法的混合物。

图 5-10 用单一物资描述了非强制补充供货系统的变化过程。最高库存水平要按每项物资来确定。若在检查日库存余额高于订货点，便不订货，若在检查日库存余额等于或低于订货点，便进行订货。订货量等于最高库存水平减去在检查期间的库存水平。库存水平均按固定的间隔期进行检查，但订货要在库存余额已经降至预定的订货点时才进行。

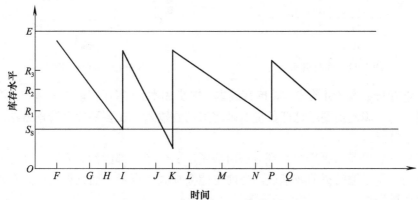

图 5-10 非强制补充供货管理系统
斜线—可变需求量 FG、GI、IJ、JL、LM、MN—固定检查周期，且相等
R_1、R_2、R_3—订货点 ER_1、ER_2、ER_3—可变订货量，且三者不等
GH、JK、NP—固定前置时间 S_sO—安全库存量

非强制补充供货管理系统在有的书中通常又称为 (R, E) 系统，其中 R 为订货点，E 为最高库存水平。该系统取决于三项参数：①订货周期 T 的长度；②最高库存水准 E；③订货点 R。而定量订货管理系统和定期订货管理系统两者都只取决两项参数。

该系统有可能按有效的数量进行订货，并由于订购次数经常安排较少，所以可降低成本。与定期订货管理系统相比，订购次数较少而订货数量较大，故订购成本较低。当检查周期长到几乎每次检查都要进行订货时，则非强制补充供货管理系统同定期订货管理系统便很难区分。

非强制补充供货管理系统可能需要相当大的安全存货量。若在检查时的库存水平高于订货点，则安全存货期便需要两个订货间隔期再加前置时间。检查周期的长度类似于定期订货管理系统。安全存货量通过分析在前置时间和检查周期的时间内发生的需求量的偏差来确定。

第五节 库存管理方法的选择

库存管理方法是用来解决订货时间和订货数量的常规的联动问题的。库存管理方法应规定如何通过预定的准则和程序来处理常规和例外的情况。

一、选择库存管理方法应考虑的问题

一个完整的库存管理所涉及的内容远不止是各种定量库存模型，而是对库存管理的所有方面都必须要考虑到。在选择库存管理方法时必须考虑的问题如下：

（1）**开展需求预测和处理预测误差** 需求是指从库存中提取物资满足客户的行为。需求模式是指库存物资的出库方式。物资可以是间断出库（时间、数量），也可以是在整个期间均匀出库，如图 5-11 和图 5-12 所示。

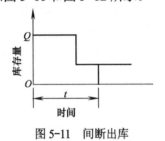

图 5-11 间断出库　　　　图 5-12 均匀出库

（2）**测定存货成本**（订购成本、持有成本、缺货成本） 库存管理方法是建立在一定物资的输出前提下的，因此需要通过订货量的确定来调整输入。在各种库存管理方法的选择中力求使存货成本最低。

（3）**运输** 运输是选择库存管理方法时应考虑的一个外部因素。有时，库存管理没有达到目的可能是由于运输的提前或延误，提前可能会加大库存量，而延误则使库存水平下降，甚至出现库存量失控。

（4）**验收、搬运、保管和发放物资的方法** 存货所采取的验收、搬运、保管和发放物资的方法会影响到库存管理方法的选择。如果存货保管地点较远，可能会使库存量难以控制。

（5）**信息控制与管理技术** 信息控制与管理技术在库存管理方法的选择中至关重要。库存信息不畅，管理技术方法不当都会对库存管理方法产生影响，有时，软技术所产生的支持效果要好于硬技术的支持效果。

运用复杂的数学方法本身未必就能产生有效的库存管理方法。如果不能按可接受的成本获得输入库存管理模型的信息，那么，精确、高难的数学方法就几乎没有什么用途。能用较低的数据处理成本，选择出近似、合理库存水准的库存管理方法往往是更为可取的。在很多情况下，

由于缺少准确、及时的数据而使复杂的库存管理方法的优点成为泡影。以上五个极其重要方面中的任一方面（不仅仅是库存管理模型）发生问题都会削弱整个库存管理方法的有效性。要有规则地对各种库存管理方法进行分类与选择是相当困难的。尽管如此，在各种定量方法中分辨出最常使用的方法还是可能的，并且依据分辨出来的特点进行选择也是可行的。

库存管理方法常见的种类有定量、双堆、定期、非强制补充供货等方法。定量、双堆、定期和非强制补充供货方法通常适用于最终物资。

定量和双堆系统有固定的订货量和可变的检查期；定期和非强制补充供货系统有固定的检查期和可变的订货量；双堆系统是定量系统的一种特殊的类型，而非强制补充供货系统是定期系统的一种特殊的类型。

定量和双堆系统统称为固定订货量系统（以数量为基础的系统）。定期和非强制补充供货系统统称为固定订货间隔期系统（以时间为基础的系统）。以数量为基础的系统要不断地检查每项需求量，以确定是否应发出订单（所以又称为"连续"系统）。以时间为基础的系统则要按规定的检查日期对存货进行盘点（所以又称为"定期"系统）。

> 同步思考 5.8
> 所有库存管理方法中都要做的工作是什么？

在库存管理系统中有两项主要的变量，即订货数量和订货频率。若其中一个变量保持不变，另一变量往往是变动的。定量系统保持订货数量不变而让订货频率随需求物资而变动。定期系统通过建立固定的订货期以保持订货频率不变，而让订货数量随需求物资而变动。在非强制补充供货系统中，检查期保持不变，而订货数量是可变的，但要在存货水平小于或等于订货点时才进行订货。

二、库存管理方法选择的要点

1. *库存管理方法的特点*

各种常用库存管理方法的特点见表 5-4。

表 5-4　库存管理方法的特点

因素	定量	双堆	定期	非强制补充供货
订货数量	固定	固定	可变	可变
订货点	固定	固定	可变	可变
检查周期	可变	可变	固定	固定
需求率	固定/可变	固定/可变	固定/可变	固定/可变
前置时间	固定/可变	固定/可变	固定/可变	固定/可变
安全存货量	中	中	大	很大

库存管理方法都有各自的优缺点和不同的应用范围。定量管理方法最适合于高价物资，对于这类物资经常地加以检查是合乎需要的。双堆管理方法用在由于物资作用小、单价低而无须经常检查的场合。双堆管理方法常常是待至某一合理的数量时才进行订货，但它可能导致比较高的货运成本。

（1）**定量和双堆管理方法**　随每项业务的进行而检查库存状况。若库存量 $I \leqslant R$，则订购 Q；若库存量 $I > R$，则不订购。

(2) **定期管理方法** 按间隔期 T 检查库存状况。每次订购量为 $E-I$。

(3) **非强制补充供货管理方法** 按间隔期 T 检查库存状况。若库存量 $I \leq R$，则订购量为 $E-I$；若库存量 $I > R$，则不订购。

定期管理方法运用于以下场合：①存在许多来自库存的发出量很少的物资，以致不可能对每次发出的货都记录过账，如在零售商店、超级市场、汽车零件供应商店以及类似的企业里；②许多不同的物资从同一货源或中心仓库进行采购订货；③合并订货可以显著地降低运输成本和订购成本。但是，维持定期系统的费用可能会由于安全存货量和检查成本较大而比较高。

非强制补充供货管理方法具有与连续系统有关的严密控制的优点和与定期管理方法有关的物资订购次数少的优点。非强制补充供货管理方法需要非常大量的安全存货。当需要量呈下降趋势时，连续系统比定期系统更为适合。当需要量呈上升趋势时，连续系统的订货次数便会更加频繁，且必须增加安全存货量；而用定期管理方法时订货量便会越来越大，并需要更多的安全存货。最优选择取决于具体情况。

虽然定期管理方法需要很高的储存成本，但连续系统往往因为它要严密控制每项业务（流入和流出）而需要很高的记录处理成本。固定订货量的连续系统对下列情况将更为适宜：①与年需求量相比，流入流出业务的数量少；②与订购成本相比，文书业务成本低；③物资的单价高；④缺货成本高；⑤需求量的波动很大和难以预测；⑥储存成本高。若上述情况都颠倒过来，则以定期管理方法较佳。

定期管理方法在过去就已获得了广泛的应用。由于它在零售领域的适应性，这种管理方法可能是最为广泛采用的方法。由于计算机及其他价廉商用机器的出现，库存的连续过账日益普遍。在零售领域，现金出纳机正在被用电子装置调节的现金交易或信用交易场所的库存水平设备所代替。这些新设备使管理者几乎能即刻就确定出库存水平和金额。他们还可以得出大量有价值的信息（过去得不到或要付出昂贵的代价才能得到），据以控制库存水平和决策。

2. **选择性库存管理方法**

库存管理每年都要涉及成千上万项单独的交易业务。为使工作有效地进行，管理者必须防止被不重要的细节分散精力，并把力量集中在重要事情上。库存管理方法应将那些需要精确控制的物资从那些不需要精确控制的物资中分离出来。选择性库存管理方法可以指明管理者应在何处集中他的力量。

对所有存货都做详细的库存控制分析通常都是不经济的。往往库存物资的很少一部分占据着总存货价值的大部分。对低价物资采取大量采购和对它只略加控制通常都是经济的。相反地，对于贵重物资要少量采购和对它们实行严密的控制。通常根据耗用金额（年耗用量和单位购入成本或生产成本的乘积）将存货分为 ABC 三类，即 ABC 分类法。

将物资划分成几类的目的是对每项物资规定适当的控制级别。ABC 分类法可用于任何类型的系统。用于定期系统时，ABC 分类法可以再细化，这样就使耗用量高的物资获得一个较短的检查周期，耗用量低的物资获得一个长一些的检查周期。在定期的基础上，A 类物资或许每周订货一次，B 类物资或许每两周订货一次，C 类物资或许一季度或半年订货一次。需注意的是，物资的单价与分类无关，一项 A 类物资经由低价与高耗用量或高价与低耗用量的两种组合而会有很高的金额。同样，C 类物资因为需求量少或价低而会有很低的金额。

三、库存管理方法的改进与评价

1. 库存管理方法的改进

库存管理决策过程必须在每次采购或每次生产之前,包括的物资数目可能从几十到数百不等,而业务项数又远远超过物资的数目。决策过程可以是简单的或复杂的,程序的或非程序的,直观的或数学的,仓促的或从容的。在这个过程中,库存管理人员有许多方法可以降低成本。下面是一些很明显的改进系统方法。

(1) **缩短前置时间** 通过选择当地的供应商(靠近企业所处地点),就能达到大幅降低成本的目的。当地就近供应能缩短前置时间,由此可使订货点和安全存货量降低,往往为当地就近供应而付出较高的单价是值得的。因为这样,库存就能保持在较低的水平上。同时当地就近供应可用电话订货,因此可省去采购订货的准备工作。

(2) **将期望年需求量通知供应者** 若供应者知道年需求量,就能安排生产,准备充足的存货,以满足期望的需求量。这项措施既可缩短前置时间,又可使供应者能更好地计划和安排生产工作。

(3) **同供应者签订最低年购买量的合同** 签订合同从供应者处购买某一固定的年用量时,货款按实收物资支付。用这种方法在物资按经济数量订购和验收的同时,还可能取得数量折扣。

(4) **对客户预定的物资提供折扣** 若客户在其需要之前就订购物资,则通过提前订购物资可达到降低库存量的目的。但是,在客户取得由于在需要物资之前订购物资的折扣时,价格的降低额一般都能补偿由于增高库存水平而引起的储存成本的增加额。

(5) **保持多条供应渠道** 保持多家供应商可能由于减少大批量采购而增加采购成本。然而,保持多家供应商能进行单价的对比,这就有助于保持一个竞争的价格结构,因为由于供应商间的竞争,单价便往往较低。但是通常在生产系统中供应的可靠性比价格差别更为重要。

(6) **按寄销方式购买** 同供应商商定,在他们的物资处于销售或耗用状态时,负担这些物资的费用。这种措施将储存成本的很大一部分转嫁给供应商。

(7) **重视运输成本** 不重视运输成本的运输方式便可能使单位成本大大增加。

(8) **按经济订货批量订货** 在超过需要的情况下购买过多便会造成大量的储存成本。

(9) **加强管理防止损失** 对进出仓库的物资加强管理可以防止偷窃、损坏物资、职工未经批准就擅自领用物资等造成的损失,以及自然的损坏。

(10) **获取更佳的预测值** 更可靠和更准确的预测值能大大地缩减安全存货量。

(11) **使库存物资标准化** 库存量可以通过用作存货的每项物资数量的减少或不同物资的项数的减少而降低。库存金额可以通过储存一种标准化物资以代替基本上用于同一用途的其他物资而降低。

(12) **处理无用存货** 要定期地对所有存货进行检查,以发现过时、质劣、多余和呆滞的物资,处理的方法包括退给卖方、报废、返工、利废和减价出售等。

通常降低库存量最快、最有效的办法是使作业有良好的先后次序(计划)和控制。一个设计得很差的作业系统也能借助于大量的存货而显得有效,改善作业计划和调度能降低库存投资。

在组织上，库存控制的职能通常是分派给采购或生产管理部门。采购部门供给仓库存货，而生产管理部门则从中取用。由于各部门的经理人员往往忽视本部门范围之外的成本的重要性，因此库存管理的观念获得了发展，由物流经理把采购，库存控制和生产管理统一为一个单一的经营体。库存管理观念是从许多企业不能有效地控制库存的挫折中产生的。通常当真正出问题的地方在于不适当的组织机构时，各部门才不断发现彼此的错误。

由于物资技术性能日益复杂，客户需要更加多变和优质的服务，所以库存物资的数量在不断增加，投入库存的资金正以比物资数量更快的速度在增长。计算机联网可能认为是解决这些问题的关键。库存管理的计算机联网，作用在于它能在非常短的时间内完成大量简单明了的作业。它是库存管理重要的、基本的工具。

增加新产品、购买外国零件和设置新分销点的决策可能对库存金额产生惊人的影响。同样，产量增长失控，业务票据中的差错，以及过期物资票据等均会引起严重影响。计算机程序和分析技术并不排除需要良好的管理。

2. **库存管理方法的评价**

综合的库存管理方法评价同整个库存水平及其测定的方法有关。由于综合库存管理方法是对整个存货进行计划和控制，故它在本质上是"只见森林不见树"。评价整个库存管理方法的四种常用指标如下：

（1）**存货总值** 存货总值就是按成本计算的存货的总价值。许多企业都按可以投入每一大类物资的总金额来规定货币限额或预算。这些限额或预算通常用于大类而不用于个别物资。货币限额表示存货总值不得超过的投资上限。存货总值非常简单和易于使用，但它忽略了库存的动态性和其他财务方面的相互影响。

（2）**存货总值与年销售额的比率** 存货额与销售额的比率等于按成本计算的存货总值除以年销售额。该项比率说明存货额与销售额间的动态关系。但它可能由于销售成本的变化而发生显著的变化。假若利润率发生变化，则该比率在用于比较时便可能失真。

（3）**供应日数** 供应日数等于按成本计算的存货总值除以按成本计算的日销售额。存货的供应时间具有动态性质，但在销售成本不能保持和控制时，它便可能变得混淆不清。

（4）**存货周转率** 存货周转率指的是物资使用和补充的循环期。它是按成本计算的平均存货额与按成本计算的年销售额的比率。它表示库存金额在一定时期内（通常是一年内）"周转"的次数。例如，某公司的产品一年的销售额为 600 000 元，平均存货额估价为 300 000 元，则其一年周转两次。假如该企业仍可获得同样的销售额，而平均存货价值为 150 000 元，则它一年周转四次。周转率高不仅可以减少库存金额，还可以节省储存成本。但是，假如高的周转率意味着低的库存水平而导致频繁的缺货时，它便可能是有害的。在对客户服务的成本和制造费用方面的高存货周转率却具有不定的含义。存货周转率说明存货的动态性质，但同多数的比率一样，它也可能容易变得失真。

一个企业可以使用上述综合库存管理方法评价指标的一种或多种。

综合库存评价技术常常能将库存物资降到一般的财务水平上。通过评价指标可得出各种绝对值或比率。希望的实绩值域通常是根据行业的数据或根据管理的判断来确定的。当在财务方面的评价指标符合要求时，库存情况还应通过其他方面（如构成情况、变现速度、对组织目标的贡献等）来进行考察。

复习思考题

一、简答题

1. ABC 分类法的原理是什么？为什么该法可用于库存的重点控制工作？
2. 定量订货管理法有什么优缺点？
3. 定期订货管理法有什么优缺点？
4. 连续和定期管理方法分别适用于对哪些物资的管理？
5. 如何进行库存管理系统的改进与评价？

二、计算题

1. 根据表 5-5，对物资进行 ABC 分类。

表 5-5　物资的单位成本与年需求量表

物资编号	1	2	3	4	5	6	7	8	9	10
单位成本（元）	15	5	10	22	8	16	3	12	18	5
年需求量	26	65	220	750	1 100	1 750	85	25	420	20

分类标准为：A 类物资占总金额的 70%；B 类物资占总金额的 20%；C 类物资占总金额的 10%。

2. 某家具零售商经营的 20 种家具的成本和年销售数据见表 5-6。

表 5-6　家具的成本和年销售数据

物资名称	0	1	2	3	4	5	6	7	8	9
单件成本（元）	40	20	40	100	20	100	10	40	200	10
每周销量	5	100	40	30	30	10	20	10	5	100
物资名称	10	11	12	13	14	15	16	17	18	19
单件成本（元）	50	30	65	150	40	180	25	80	100	5
每周销量	10	120	50	30	40	15	25	20	5	120

要求：为该企业做一个成本分析。假如管理资源有限，那么哪些物资应该给予最大的关注？

3. 某仓库对报告期库存物资残缺状况进行了统计，共发生责任事故 67 次。统计如下：装运不当造成责任事故 19 次；保管不当造成责任事故 17 次；堆码不当，物资重心偏移造成责任事故 14 次；工作无责任心，谈笑、大意造成责任事故 8 次；库内叉车不按规定线路运行造成责任事故 5 次；其他责任事故 4 次。

请用 ABC 分类法分析事故原因，画出分析图，并提出改进库存物资管理的方法。

4. 企业某物资订货批量为 10 000 个，平均前置时间为 5 天，平均每日正常需用量为 500 个，预计最大消耗量为 600 个。请计算此时的安全库存量、订货点。

5. 某种物资的订货间隔期为 30 天，即一个月订货一次，订货时间为 5 天，每日需用量为 200 吨，保险储备定额为 4 000 吨，订货日当天实际库存量为 500 吨，订货余额为 10 吨。请计算订货量。

三、项目题

不管企业选择什么样的库存管理方法，其最终目的都是要在满足客户要求的基础上实现自身利润最大化。对于仓库来说，每件货物的售出或者移动都会对存货产生影响。因此，交易记录系统要跟踪库存变化的每一个细节，从供应商发出订单开始，一直到客户收到产成品后汇来货款为止。交易记录中的一些要素如图 5-13 表示。

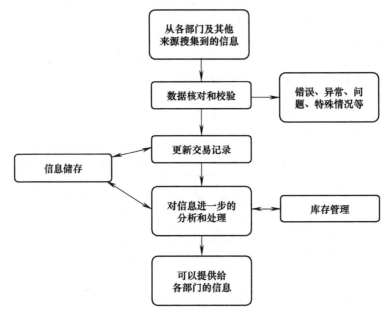

图 5-13　交易记录中的一些要素

库存交易记录系统将这些信息搜集、整理、储存、分析并展示出来，这些提交给企业管理者的信息既可以是非常详细的，也可以是简单的概述。通过图 5-13 所示的内容，请分析一套典型的交易记录系统应该包括哪些功能？利用库存交易信息我们可以进行什么样的库存管理工作？交易记录与实际交易不一致的主要原因是什么？

四、讨论题

1. 在库存管理方法中，你认为哪些非常重要的不确定性因素没有被考虑到？你认为我们应该如何在库存管理方法中加入这些因素呢？

2. 有一种观点认为，如果我们持续不断地把分析中的假设条件去掉，最终就会得到一个十分准确地描述存货运营的模型。虽然这个最终模型可能会十分复杂，但是如果有了这个模型，商业组织只需把适当的值代入模型之中，就可以得到最佳库存管理策略。你认为这是一个现实的观点吗？

第六章 MRP 与库存管理

▶▶ 本章目标 ◀◀

在第五章，我们介绍了库存管理的一些方法。本章我们将介绍物料需求计划在库存管理中的应用。物料需求计划主要是为解决企业内部相关需求问题而提出的一种有效方法。由于相关需求涉及的数据量非常大，因此物料需求计划系统是建立在计算机及网络系统之上的。物料需求计划的实施要点是确定和保持正确的订货日期。物料需求计划将向我们指出：需要什么，需要多少，什么时候需要。但是，物料需求计划系统也有其局限性。

通过本章学习，相信读者将会具备以下能力：

1. 能够知晓物料需求计划的基本含义、特点和类型。
2. 能够掌握独立需求、相关需求、产品结构、物料清单等概念。
3. 能够熟练掌握各阶段物料需求计划的流程及原理、实施步骤、内容及方法。
4. 能够掌握物料和产品的需求量及需求时间的预测计算方法。

物料需求计划（Material Requirements Planning，简称 MRP）是根据市场需求预测和客户订单制订的产品生产计划，制作出构成产品的物料结构表，结合库存信息，通过计算机计算出所需各种物料的需求量和需求时间，从而确定物料的生产进度和订货日程的一种生产作业管理方法。

MRP 最初是由生产库存物料控制发展而来的，最终扩展到营销、财务和人事管理等方面，形成了制造资源计划（Manufacturing Resources Planning，简称 MRPⅡ）。MRP 是一种以计算机为基础的生产计划和库存管理控制系统。它利用计算机数据处理的优势，大大提高了物料管理的能力，实现了对企业各种资源的准确计算，提高了库存管理的科学性。

第一节 MRP 的特点与关键概念

一、MRP 的特点

MRP 是一个基于计算机的信息系统，为相关需求存货（如原材料、组合零件、组件等）的生产和采购数量及时间安排而设计。从预定日期开始，把产成品特定数量的生产计划分解成零部件与原材料需求，用生产前置时间、安全库存及其他信息决定订货或生产的数量和时间。因此，因最终产品的需求而产生了计划期产品的底层组件的需求，使订货、制作与装配过程都以确定的时间安排，以及时完成最终产品，并使存货保持在合理的水平上。

MRP 是一种管理技术，是一种存货控制方法，是适用于相关需求的物料控制方法，也是一种时间进度安排方法。

MRP 的主要特点是：

1) 从独立需求出发，依据企业一定时期主生产计划进行。MRP 是从最终产品开始，编制出所有较低层次需求品（装配件、部件和零件）的必要进度计划。

2) 对产品进行结构分解，推算出不同层次物资的需求量，按计划发出订单和重新安排生产。

3) 需求量体现时间阶段性。需求的时间阶段性就是必须完成各项作业（或获得物料的时期）以满足在总生产进度计划中规定的最终物资的交货日期。

4) 计算出计划订货发出量，指出采购和生产部门应当在什么时间进行订货。当作业不能按期完成时，MRP 利用计算机可重新安排计划订货量。

二、MRP 的类型

MRP 所完成的计划方案不是一个静态的方案，而是一个动态变化的系列方案。因为它产生的是各个时期的需求量，时间进度安排呈滚动式，计划是不断更新与修订的，只有这样它们才能反映以后各期的物料需求情况。另外，订单本身也可能发生变化，计划成本需要不断更新和调整。

根据 MRP 记录更新的方式不同，MRP 可分为两个基本系统类型，分别是再生系统与净变化系统。前者定期更新，后者则是不断更新。采用哪种类型取决于是否需要经常修订计划。

在再生系统中，整个 MRP（完全分解）要根据最近时期的总进度计划的需求，定期地（通常是每星期一次）做重新计算。这种更新法适合不经常修订计划的情况，并使用批处理技术。每次计算都从头开始，重新分解整个总进度计划。在经过每一计划期之后，计划周期要扩展到今后几个时期。再生系统的优点是可以充分利用数据处理设备，并且由于定期地检查和修正，整个数据计算的错误较少。在比较稳定的环境（总生产进度计划）中，再生系统的效果较好。

在净变化系统中，每种零件的总需求量不进行定期的重新计算，而是输入总进度计划中进行增加或减少。这样，只需计算那些受影响的零件的需求量变化（部分分解）。净变化法可以随时或在每天结束时进行，适合需要经常修订计划的情况，所以在不断变化的、动荡的环境中，净变化系统则更为合适。

三、MRP Ⅱ 与库存管理

20 世纪 80 年代初，物料需求计划扩展成了一个范围更为广阔的对制造业企业资源进行计划与安排的方法，即 MRP Ⅱ。MRP Ⅱ 不是 MRP 的升级版。MRP Ⅱ 是在 MRP 基础上发展起来的一种生产组织方式。在闭环 MRP 阶段，企业的生产由主生产计划、物料清单和产品结构文件构成。在外界发生变化时，MRP 系统会将其作为信息反馈到系统的输入端，对企业的计划进行修改，并对企业生产进行控制。虽然闭环 MRP 系统可以确切地计算出物料需求量和时间，可是它无法计算出各种物料的价值而进行成本核算，故无法进行财务信息处理。闭环 MRP 只实现了物流信息处理，而为实现物流和资金流的结合，在闭环 MRP 的基础上，形成了 MRP Ⅱ，这种集信息流和资金流于一体的企业生产经营信息系统就是制造资源计划。

在多数时候，生产、营销与财务的运作都基于相互之间不充分拥有信息或对企业其他部门工作的表面关注。为使效率最高，企业所有职能部门都有必要关注其共同目标。制造资源计划的一个主要目标就是把基本职能与诸如人事、工程、采购等其他职能在计划过程中聚集在一起。它的思想是把企业作为一个有机的整体，从整体最优的角度出发，运用科学方法，借助计算机实现各种制造资源和产供销各环节的有效计划、成本确定及其控制。MRP Ⅱ 流程图如图 6-1 所示。

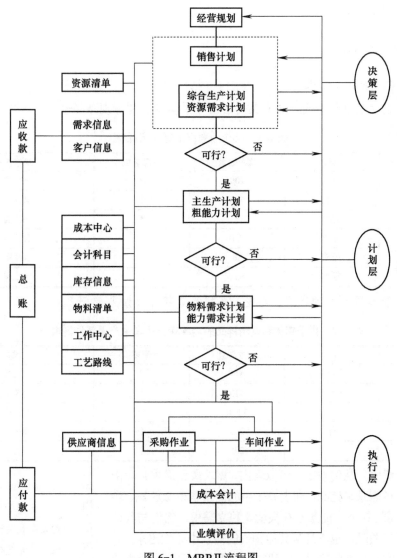

图 6-1　MRP Ⅱ 流程图

MRP Ⅱ 流程图中，包括了决策层、计划层、执行层等基础数据和相关信息。其中，经营规划是起点，它是根据市场需求和企业现有条件确定企业在生产中的产量、品种、利润等指标,结合企业资源,决定销售计划、综合生产计划、资源需求计划,得出具体的主生产计划,与粗能力计划平衡,得出物料需求计划和能力需求计划。可行则制定出生产各物料的数量和时间安排以及物资采购的安排工作。最后一环是业绩评价,以反馈到决策层中进行经营规划的修改。图 6-1 中间是基础数据,储存在计算机系统的数据库中,并且反复调用,这些信息集中的数据使企业各个部门相互沟通起来。左侧是财务预算系统,这里只列出部分关键账,为各种计划成本的制定和执行提供财务预算信息支持。

当时间进度开始运行,实际工作开始进行时,会有各种各样的报告来帮助管理者监控整个过程,以采取必要的调整措施保证正常生产。这实际上是一个连续的过程,为达到企业目标,主生产计划必须时常更新与修正。控制整个过程的经营规划通常也要经常变化,尽管它们比主生产计划的变化少得多。

四、MRP 的关键概念

1. 独立需求和相关需求

例 6-1 假设某自行车生产企业某月自行车及其配件需求见表 6-1。

表 6-1 某企业自行车需求情况表

用途	品种	需求数量	计量单位	需求类型
销售	整车	200	辆	独立需求
销售	轮胎	500	个	独立需求
试制样品	整车	5	辆	独立需求
售后服务	轮胎	50	个	独立需求
售后服务	轮圈	50	个	独立需求
售后服务	辐条	650	根	独立需求

为了生产整车而需要的车架、车轮、车把等零部件数量见表 6-2。

表 6-2 用于销售和试制样品的 205 辆自行车生产零部件需求表

品种	性质	需求数量	计量单位	需求类型
轮胎	零部件	410	个	相关需求
轮圈	零部件	410	个	相关需求
辐条	零部件	8 610	根	相关需求
车架	零部件	205	个	相关需求
车把	零部件	205	个	相关需求

（1）独立需求 从例 6-1 中可以看出,需求量和需求时间由企业外部的市场需求来控制,即表 6-1 中的需求整车 205 辆、轮胎 550 个、轮圈 50 个、辐条 650 根就是独立需求,它们与其他物资的需求没有关联,也不是从其他物资的需求中派生出来的。所以一般企业客户订购的产品、科研试制需要的样品、售后维修服务的备件等所产生的需求都是独立需求。一般预测或生产计划的对象是独立需求物资。

> 同步思考 6.1
> 库存管理中的独立需求和相关需求之间的根本差异是什么？

(2) 相关需求　相关需求是指物资的需求与其他物资的需求有关联，或是从其他物资的需求中派生出的需求。

为了实现表 6-1 中用于销售和试制样品的 205 辆自行车生产需要的车轮、车架、车把等相关零部件若干，这些零部件需求就是相关需求，也叫从属需求。

2. 终端物资

终端物资一般是指独立需求物资。对企业来说就是最终完成、要出厂的产成品，它要具体落实到产品的品种、型号上。但在一个企业以订货生产的方式进行成品生产，或以预测生产的方式进行部件生产的情况下，作为 MRP 对象的终端物资就不是作为独立需求物资的成品，而是组成该成品的部件。因此，可以成为终端物资的有产品、部件和售后服务用的零件。

3. 时间分段、时间段、计划期间

时间分段是指把物流生产经营活动连续的时间划分为若干个适当的小区间的工作。每一个小区间称为时间段。MRP 系统的各项活动都以时间段为单位进行计划和管理，时间段一般以周为单位，也可以是日、旬、月。计划期间是指预测或者计划所覆盖的时间范围。因此，时间分段是把计划期间划分为若干个时间段。时间段的大小在同一个计划期间里可以是不一样的。例如，在最近的一个月里时间段是 1 天，接下来的 3 个月里是 1 周，在其后的 1 年里是 1 个月。即越靠近实施点，时间段越短；反之，离实施点越远，时间段越长。或者根据市场变化情况不同，时间段的长度也不同。

4. 指令和发出指令

指令是对采购或生产活动下达的指示。在指令中必须明确清楚地记载材料品名、交货日期、订购数量等具体内容。发出指令是把预先计划好的指令向生产现场或供应商下达的过程。

> **同步思考 6.2**　你如何通过使用 MRP 来确定材料的净需求量？

5. 总需求量和净需求量

总需求量是指完成生产计划所需材料的总数量。净需求量是指从总需求量中减去该材料的可用库存（包括现有库存和在途库存）后的差额。若考虑安全库存的情况，则

净需求量=总需求量−有效库存

=总需求量−（可用库存−安全库存）

如果在时间段内总需求量小于该材料的有效库存，则净需求量为零。

6. 批量

批量是指一次订货时的订购数量单位或生产制造过程中的一次加工数量单位。关于批量大小的确定有固定数量确定方式和固定期间确定方式。

7. 生产周期和交纳周期

生产周期是指从原材料投入开始到成品产出为止的全部制造时间。交纳周期是指从发出订货开始到收到物资为止的全部时间。

第二节　MRP 的输入与输出

MRP 的基本内容是编制零件的生产计划和采购计划。要正确编制生产计划和采购计划，就必须要有主生产计划和产品零件结构及库存信息。因此，MRP 的主要输入内容包括三个方面内容：①一份物料清单，它表明了某产成品的主要组成部分；②一份总进度计划，表明产成品的需要数量与时间；③一份存货记录文件，表明持有多少存货，还需要订货多少等。计划者对这些信息进行加工，以确定计划期间各个时点的净需求。该过程的输出包括订货计划时间安排、订货免除、变更、业绩控制报告、计划报告、例外报告等。MRP 系统输入、输出流程如图 6-2 所示。

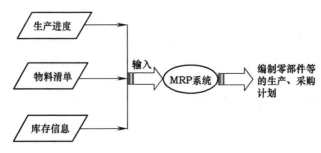

图 6-2　MRP 系统信息输入和输出图

一、MRP 的输入

MRP 系统的三项主要输入是主生产计划、库存信息、产品结构记录。如果没有这些基本输入，MRP 便不能发挥作用。主生产计划概括了全部最终物资生产计划的要点。库存信息包含各种库存物资的现存量以及已订未到的情况。产品结构记录包含每种最终物资需要用的所有材料、零件和部件的资料。

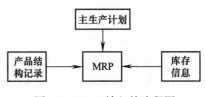

图 6-3　MRP 输入的流程图

MRP 输入的流程图如图 6-3 所示。

1. 主生产计划

主生产计划（Master Production Schedule，简称 MPS）表明每种物资需要的数量和需要的时间。它是 MRP 的主要输入信息。主生产计划是根据最终物资预测和客户的订单编制的。它必须是一项现实的生产计划。

MPS 不同于预测，它们可能不同的原因包括：

1）预测可能超过工厂的产能。
2）预测可能希望提高或降低库存水平。
3）预测的数量将是波动的。企业可能希望均衡组织生产，而用存货来加以调节。

主生产计划要在最终物资层次上编制，它是 MRP 系统的基本输入和决定性的因素。在主生产计划中列出各种需求物资在计划期内不同时间段的需求量。

2. 产品结构记录

产品结构记录也叫物料清单（BOM），它包含生产最终物资所需的每种物资和装配件的资料。要实现主生产计划的产品需求量，必须弄清主产品的结构和所要用到的物料品种及数量和非独立需求的所有零配件的组成、装配及数量要求。每种物资的资料，如零件的代号、品名规格，每种装配件及更高层次装配件的数量，每一最终物资的数量等都必须准备好。产品结构记录包含每种最终物资在其实际制造过程各个阶段所需物料的清单。

根据例 6-1 的资料绘制自行车产品结构如图 6-4 所示。

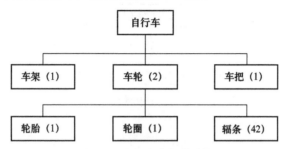

图 6-4 自行车产品结构图

上述结构图不算是物料清单，用数据格式来描述产品结构的才是物料清单。例如，表 6-3 所示的便是自行车产品物料清单。

表 6-3 自行车产品物料清单

层次	物料代号	物料名称	单位	数量	类型	成品率	ABC 码	生效日期	失效日期	前置时间
0	CB950	自行车	辆	1	M	1.0	A	20180101	20210101	2
1	CB120	车架	件	1	M	1.0	A	20180101	20210101	3
1	CL120	车轮	个	2	M	1.0	A	20180101	20210101	2
2	LG300	轮圈	套	1	B	1.0	A	20180101	20210101	5
2	GB890	轮胎	套	1	B	1.0	B	20180101	20210101	7
2	GBA30	辐条	根	42	B	0.9	B	20180101	20210101	4
1	11300	车把	套	1	B	1.0	A	20180101	20210101	4

注：类型中"M"为自制件，"B"为外购件。

3. 库存信息

库存信息是指企业所有产品、零部件、在产品、原材料等的存货记录。它主要包括：

（1）**现有库存量** 现有库存量是指企业仓库中实际存放的可用库存材料数量。

（2）**预计入库量** 预计入库量是指根据正在执行的采购订单或生产订单，在未来某个时间段，物料将要入库或将要完成的数量。在它们预计的入库时间内应视为可用库存量。

（3）**已分配量** 已分配量是指被分配但仍然留在仓库中的物料库存量。

以上三项原始资料（主生产计划、产品结构记录和库存信息表）是 MRP 系统的主要输入资料。企业根据这三项原始资料可求出各项物料、各个时间内的净需求量和计划交付量。

同步思考 6.3

MRP 所需的基本信息有哪些？

二、MRP 的输出

MRP 是根据以上基础数据进行处理编制而成。它从最高层次的最终产品需求出发，从产品结构记录分解到最低层次，求出需求量，输出采购订单、加工订单和重新排产通知等信息。MRP 的输出如图 6-5 所示。

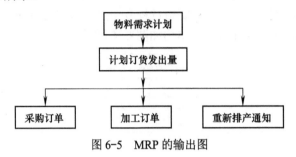

图 6-5　MRP 的输出图

1. 计算毛需求量

毛需求量是指将独立需求量和非独立需求量相加的结果。它的计算公式为

$$毛需求量 = 独立需求量 + 非独立需求量$$
$$= 独立需求量 + 上层物料计划订单的投入数量 \times 物料单中每一个组装件的用量$$

2. 计算总需求量

总需求量是将毛需求量与同一时间段的已分配量相加的结果。

3. 计算净需求量

净需求量可根据总需求量和库存信息，扣除可用库存量求得。它的计算公式为

$$净需求量 = 总需求量 - 预计入库量 - 现有库存量$$
$$= 毛需求量 + 已分配量 - 现有库存量 - 预计入库量$$

4. 制定计划订单

当净需求存在时，要产生生产订单和采购订单计划，还需要考虑以下因素：

（1）**前置时间**　前置时间是指执行某项任务从开始到完成所消耗的时间。对于采购品而言，是指从向供应商发出某种物料的订单，到该物料入库为止所耗时间；对自制产品和配件而言，是指下达生产指令到制造或装配完毕所消耗的时间。

（2）**安全库存量**　安全库存量指为了防止供应或需求方面的异常，仓库中经常保持的最低库存量。

MRP 输出的逻辑运算如图 6-5 所示，计划订货发出量规定了向车间发出加工订单或者向供应者发出采购订单的时间和订购数量。订单（加工或采购）一经发出，"计划的"订货就变成"已排产的""未完成的"或"已订未到"的订货。计划的订单必须在前置时间开始时发出。在正常情况下，所有的装配用零件都要按计划在开始装配的日期之前就准备就绪。

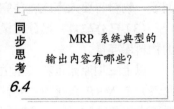

同步思考 6.4　MRP 系统典型的输出内容有哪些？

三、MRP 的编制过程

1. 与输入相关的三个方面信息

（1）**产品的结构**　由于 MRP 是面向产品的，所以物料清单就成为计划的主要依据。MRP 只有按产品结构编制物料清单，才能把总生产计划转换成最终物资层次以下各种物料的总需求量。传统上，产品的物料清单是通过列出构成产品的所有零件来详细说明产品的结构。MRP 是按产品结构编制的物料清单，它不仅要说明产品的构成情况，而且也要说明产品在制造过程中经历的各个加工阶段。它按产品制造的各个层次说明产品结构，其中每一层次都代表产品形成过程中的一个完整的阶段。它指出产品是如何制造的，而不是如何设计的。用图解方式表示的按结构编制的物料清单叫产品结构、产品树。

> 同步思考 6.5
> MRP 的结构决定了它只适用于制造业领域，你认为这种说法正确吗？

图 6-6 为 A、B 两种产品结构的图解表示。产品的结构图按照各个层次以及母体与零件的关系，具体说明了构成产品的各种物资之间的相互关系。A 产品有三级制造层次。一般来说，最终产品在层次 0 开始设计，然后，依次为最接近产品的层次 1 的零件等。母体与零件的关系指出：A 是 C、D 的母体；C 是 D、E 的母体，其中 C 既是零件又是母体。B 产品有两个层次，B 是 E、D 的母体。括号内的数字代表组装件所需数量。

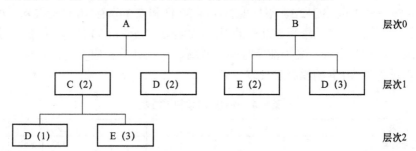

图 6-6　A、B 产品结构图

（2）**市场预测与生产订购信息**　A、B 产品的市场需求量及需求时间预测见表 6-4。

表 6-4　A、B 产品的市场需要量及需求时间预测

时间（周）	1	2	3	4	5	6	7	8	9	10	11	12
产品 A									300	450		500
产品 B									200		300	

（3）**库存量、生产周期等信息**　库存量、生产周期等信息见表 6-5。

表 6-5　库存量、生产周期等信息

产品	A	B	C	D	E
现有库存量（件）	20	30	15	10	30
安全库存量（件）		10			10
生产（订购）批量（件）					500
预计入库量（件）（预计入库时间）	90（3）	30（4）	95（4）	195（2）	
生产（订购）周期（周）	2	3	1	2	2

2. MRP 计划的编制

根据以上三个方面的资料，计算出 A、B 产品和 C、D、E 三种零部件的需求量和生产订单、采购订单等输出信息。计算分析如下：

（1）A 产品 A 产品是独立需求产品，它在第 9、10、12 周各需 300、450、500 件，原有库存量为 20 件。预计到第 3 周入库 90 件，故第 3 周至第 8 周均有库存 110 件，则第 9 周净需求 190 件，计划订单产出量为 190 件，第 10 周由于前几周没有库存，故其净需求量为 450 件，生产周期为 2 周，故应于第 7、8、10 周生产或订货。

（2）B 产品 B 产品也是独立需求产品，它在第 9、11 周分别需要 200、300 件。第 1~3 周库存量为 30 件，第 4 周入库 30 件，故第 4~8 周库存为 60 件，第 9 周需要 200 件，且要保留 10 件作为安全库存，故第 9 周净需求量为 200−60+10=150 件，第 11 周因要保留 10 件，净需求量为 300 件，生产周期为 3 周，故应在第 6 和第 8 周生产或订购。

（3）C 产品 C 产品是非独立需求产品，每件 A 产品需 2 件 C 产品，故 C 产品的计划订单投入量为 A 产品的 2 倍。

（4）D 产品 D 产品也是非独立需求产品，每件 A 产品需 2 件 D 产品，每件 B 产品需 3 件 D 产品，每件 C 产品需 1 件 D 产品，故 D 的毛需求量=2A+C+3B，以 A、B、C 在各周的计划订单产出量计算。

（5）E 产品 E 产品也是非独立需求产品，每件 C 产品需 3 件 E 产品，每件 B 产品需 2 件 E 产品，E 的毛需求量=3C+2B。根据现有库存 30 件和安全库存 10 件的要求，可计算出各期的净需求量，又根据生产批量为 500 件的要求，如净需求量为 600 件，则需要计划投产 1 000 件，于是可求得计划产出量，又因前置时间为两周，计划订单相应要提前两周。

上述分析过程见 MRP 的编制表（表 6-6）。

表 6-6 MRP 的编制过程表

产品	时间（周）	1	2	3	4	5	6	7	8	9	10	11	12
A	毛需求量									300	450		500
	预计入库量			90									
	现有库存量	20	20	110	110	110	110	110	110	0	0	0	0
	净需求量									190	450		500
	计划产出（交付）量									190	450		500
	计划投入（采购）量							190	450		500		
B	毛需求量									200		300	
	预计入库量				30								
	现有库存量	30	30	30	60	60	60	60	60	10	10	10	10
	净需求量									150		300	
	计划产出（交付）量									150		300	
	计划投入（采购）量						150		300				
C	毛需求量 C=2A							380	900		1 000		
	预计入库量				95								
	现有库存量	15	15	15	110	110	110	0	0	0	0	0	0
	净需求量							270	900		1 000		
	计划产出（交付）量							270	900		1 000		
	计划投入（采购）量						270	900		1 000			

(续)

产品	时间（周）	1	2	3	4	5	6	7	8	9	10	11	12
D	毛需求量 D=2A+3B+C						720	1 280	1 800	1 000	1 000		
	预计入库量		195										
	现有库存量	10	205	205	205	205	0	0	0	0	0	0	0
	净需求量						515	1 280	1 800	1 000	1 000		
	计划产出（交付）量						515	1 280	1 800	1 000	1 000		
	计划投入（采购）量					515	1 280	1 800	1 000	1 000			
E	毛需求量 E=3C+2B						1110	2 700	600	3 000			
	预计入库量												
	现有库存量	30	30	30	30	30	10	10	10	10	10	10	10
	净需求量						1090	2 700	600	3 000			
	计划产出（交付）量						1090	2700	600	3 000			
	计划投入（采购）量					1090	2700	600	3 000				

四、MRP与固定订货量系统（EOQ、EPQ）的比较

固定订货量系统的缺点主要表现为以下几个方面：
1）需要大量的库存投资。
2）当需求率变化时，其订货数量的准确性差。
3）需要大量的保险库存。
4）需要对所有物资进行计算。
5）以过去的需要为预测，难保其准确。

1. 固定订货量系统与MRP系统的比较

固定订货量系统与MRP系统的比较见表6-7。

表6-7 固定订货量系统与MRP系统的比较

MRP系统	固定订货量系统（EOQ/EPQ）
面向产品/零件	面向零件（每项物资）
相关（派生）需求	独立需求
间断/成批的物资需求	连续的物资需求
无置时间需求	连续的前置时间需求
以时间阶段为订货信号	以订货点为订货信号
根据未来的生产量	根据过去的需求量
只预测最终物资	预测全部物资
以数量和时间为基础的系统	以数量为基础的系统
仅最终物资需要保险存货	全部物资都需要保险存货

当物资需求相关时，采用固定订货量系统往往会造成库存金额的增加，而用MRP系统则能避免固定订货量系统的缺点，同时又能使库存金额减少。

表6-7说明，与固定订货量系统相比，MRP系统有许多优点。然而，每种系统都有不同的应用范围。固定订货量或固定订货间隔系统是以要素为基础的，而MRP系统是以零件为基

础的。MRP 系统是基于未来,这表现在进行预测和安排生产计划上,而其他系统是基于过去和预期的历史因素的连续性上。其他系统对所有物资都需建立安全存货,而 MRP 系统仅对最终物资保持安全存货。其他系统是根据固定的数量或者固定的时间来确定订货点,MRP 系统的订货点则有时间阶段性,并由交货日期所决定。对于连续、均匀和独立的需求,适用固定订货量系统。对于间断、不均衡和相关的需求,适用 MRP 系统。在生产、制造、安装或装配产业中,绝大多数库存物资要求采用 MRP 系统进行控制。MRP 系统能指出需要什么,需要多少,什么时候需要以及应何时订货。在能够采用 MRP 系统时,MRP 能大大降低库存水平和减少库存金额。

库存决策与生产决策不可分离,库存决策必须作为整个生产系统总计划的一部分,相关需求的库存物资都与生产相关。MRP 系统的作用是把整个生产计划(总生产计划)转换成具体的零件需求量和订货量,由它来规定要生产什么和什么时间生产,以及要采购什么和什么时候采购。

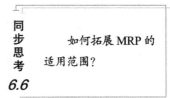

同步思考 6.6 如何拓展 MRP 的适用范围?

2. MRP 系统运行需要注意的方面

1)选好计算机及 MRP 软件,用来计算和维护记录,最好选用成熟的 MRP 软件。

2)对库存状况信息进行及时、准确的更新,正确及时的库存状况信息是保证 MRP 系统有效的重要条件。通常采用两种更新方式:一种是定期更新方式;另一种是及时更新方式。定期更新方式是每隔一定的时间更新库存数据,根据更新后的结果来对 MRP 进行修正。这种方式成本较低,适用于较为稳定的系统,其最大的缺点是可能导致库存数据与实际库存状况相背离的情况发生,即库存状况和库存记录之间存在着时间差。及时更新方式是一旦发生库存变动的情况马上就更新库存数据的方式。这是一种连续更新方式,适用于动态型系统。由于库存数据的及时更新往往会导致 MRP 的及时更新,它的优点是能及时反映实际情况并做出迅速反应,缺点是这种方式需要投入大量的资源。

3)材料清单、生产流程、工序能力、交纳周期等数据必须准确完备,并根据需求及时更新。只有这些基本数据准确完备才能保证 MRP 系统的顺利运行。

4)必须与其他部门紧密联系,才能保证 MRP 目标的实现。MRP 系统必须与企业的销售系统、物流系统、采购系统、研究开发系统、财务系统、人事系统等紧密协作,把物流、信息流、资金流有机结合起来,把需要与可能联系起来,才能有效地实现物料需求计划的基本目标。

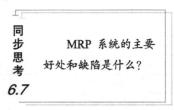

同步思考 6.7 MRP 系统的主要好处和缺陷是什么?

复习思考题

一、简答题

1. MRP 是什么?它的发展历程是怎样的?
2. MRP 系统主要输入信息和主要输出信息有哪些?

3．什么是物料清单？
4．MRP 与 MRP II 有哪些主要的不同？
5．在 MRP 系统中，哪一类零件和物资需要安全库存量？

二、计算题

1．企业有资料如下：

（1）A 产品结构图如图 6-7 所示。

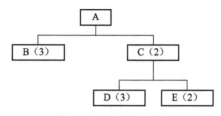

图 6-7　A 产品结构图

（2）A 产品的市场独立需求情况见表 6-8。

表 6-8　A 产品的市场独立需求情况

时间（周）	1	2	3	4	5	6
产品 A	20	10		30	30	10

（3）库存量、批量、生产周期相关信息见表 6-9。

表 6-9　库存量、批量、生产周期相关信息

产品	A	B	C	D	E
现有库存量（件）	40	50	70	120	80
安全库存量（件）		10			10
生产（订购）批量（件）	10	20	60	10	50
预计入库量（件）(预计入库时间)	40（3）	40（3）			
生产（订购）周期（周）	2	1	1	1	1

要求：根据有关资料分析并列表计算 A、B、C、D、E 产品或部件的各个生产周期的毛需求量、净需求量、计划产出量、计划投入量等指标。

2．根据表 6-10 给出的 A 产品资料，画出其产品结构图和物料清单。

表 6-10　A 产品需求情况

母体	零件
A	B（1），C（1），F（4）
B	E（2），F（1），G（1）
C	D（1），G（3）

三、项目题

东方汽车服务公司是一家汽车备件的销售商，由于没有制造能力，该公司销售的产品都是经采购、装配和再包装而成的。公司拥有大量库存和最终装配设施，产品包括挂自己商标的发动机和轮胎。过去两年，公司历经坎坷，利润大幅度下降，客户服务水平下降，延期运

到的货物超过订货量的 25%，客户退货率以每月 3%的速度递增。

　　1．销售部主管认为大部分问题源自装配部门，是产品的组合不符合实际需要，质量控制差，生产力下降且生产成本太高导致的。

　　2．财务主管认为问题的产生是由于库存投资不当，推向市场的项目和产品太多，采购人员采购合同签得太多，限制了库存和需求。

　　3．装配部门经理认为症结是库存零件太多，但却没有装配的生产计划，零件质量不好。

　　4．采购部经理则认为是与老供应商做生意，价格没有问题，公司效益的下滑不是因为采购部。

　　现在，如果你是公司的总裁，你必须带领公司重新盈利。请解决以下问题：

（1）指出东方汽车公司的症结和问题。

（2）你计划进行哪些具体变革？

四、讨论题

1．你认为什么类型的企业使用 MRP 系统控制经营活动更加有利？

2．MRP 系统的局限性有什么表现？

3．为什么一般制造企业的大多数物料（零部件）应使用 MRP 系统来控制？

第七章　JIT 与库存管理

>>> **本章目标** <<<

在第六章，我们介绍了 MRP 在库存管理中的应用。本章我们将介绍 JIT 在库存管理中的应用。JIT 的主要特点是通过对各个运作环节进行有机组织，使得各个环节都能在最恰当的时间开始运作，从而减少浪费现象的出现。从这个角度看，库存是企业之间或部门之间没有实现无缝连接的结果，它很可能就是一种浪费，因而必须尽量减少。JIT 的基本思想包括不断改进、全面质量控制、全员参与和降低库存。

通过本章学习，相信读者将会具备以下能力：

1. 能够了解 JIT 的产生过程、生产系统的构成及其实质。
2. 能够掌握实施 JIT 的零库存管理，同步化生产，标准化、均衡化、少人化管理。
3. 能够熟练掌握 JIT 生产系统的目标及实现目标的各方面、各环节的设计方法和要求。

JIT 是英文"Just In Time"的缩写，它作为一种管理方式，可以理解为即时管理方式，也有人把它称为"准时化"管理，是日本丰田汽车公司在 20 世纪 60 年代实行的一种生产方式。1973 年以后，这种方式对丰田公司渡过第一次能源危机起到了突出的作用，后来引起其他国家的企业重视，并逐渐在欧洲和美国的日资企业及当地企业中推行开来。

JIT 生产管理方式在 20 世纪 70 年代末期从日本引入我国。长春第一汽车制造厂最先开始应用该方式中的看板系统控制生产现场作业。到了 1982 年，长春第一汽车制造厂采用看板取货的零件数，已达到其生产零件总数的 43%。20 世纪 80 年代初，中国企业管理协会组织推广现代管理方法，看板管理被视为现代管理方法之一，在全国范围内宣传推广，并为许多企业采用。

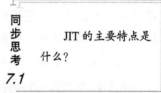

同步思考 7.1　JIT 的主要特点是什么？

JIT 以订单驱动，通过看板，采用拉动方式把供、产、销紧密地衔接起来，使物资储备、成品库存和在产品数量大为减少，以提高生产效率。这一生产方式在推广应用过程中，经过不断发展完善，为日本汽车工业的腾飞插上了翅膀，提高了生产效率，为世界工业界所注目，被视为当今制造业中最理想且最具生命力的新型生产系统之一。

近年来，JIT 不仅作为一种生产方式，也作为一种通用管理模式在物流、电子商务等领域得到推行。它可用于企业采购、生产、销售等各个生产经营环节的管理中，分别叫作"准时化采购""准时化生产方式""精益生产"等。它通过最终需求来拉动生产活动过程的上一环节的需求，而不像传统方法那样，由上一环节来推动和决定下一环节的生产，如采购决定生产、产品决定销售，而是市场需求决定生产，生产决定采购，目的是更好地适应市场多样化的需求，防止浪费，整合资源，减少库存直至零库存。而生产活动过程中原材料、在产品、半成品、产成品等各种存货出现在生产各环节中，因此，准时管理方式中库存管理是核心内容之一。

第一节　JIT 生产系统的构成

一、JIT 的基本原理

JIT 的基本原理是以需定供、以需定产，即供方（上一环节）根据需方（下一环节）的要求，按照需方需求的品种、规格、质量、数量、时间、地点等要求，将生产物资或采购的物资，不多、不少、不早、不晚且保证质量地送到指定地点。

JIT 的内涵如下：
1) 品种配置上，拒绝不需要的品种。
2) 数量配置上，拒绝多余的数量。
3) 时间配置上，拒绝不按时的供应。
4) 质量配置上，拒绝次品和废品。

JIT 是一种先进的管理模式，它是从准时生产发展而来的，是为消除一切无效劳动和浪费，如多余库存、多余搬运和操作、停工待料、无销量生产、废品、次品等而进行持续不断的改进和完善，直至达到最佳效果和最高境界。准时化是基本思想，应用于各个环节，准时采购是准时生产的必要前提，本章主要介绍准时生产。

二、JIT 生产系统的目标

JIT 的实质是管理过程，包括人事组织管理的优化，大力精简中间管理层，进行组织扁平化改革，减少非直接生产人员；推行生产均衡化、同步化，实现零库存与柔性生产；推行全生产过程（包括整个供应链）的质量保证体系，实现无缺陷；减少和降低任何环节上的浪费，实现零浪费，最终实现拉动式准时化生产方式。

1. JIT 生产方式的基本目标

企业是以盈利为目的的社会经济组织。因此，最大限度地获取利润就成为企业的基本目标。JIT 生产方式采用灵活的生产组织形式，根据市场需求的变化，及时、快速地调整生产，依靠严密细致的管理，通过"彻底消除浪费"，防止过量生产来实现企业的利润目标。JIT 生产方式的基本目标是彻底消除无效劳动和浪费，为实现这一基本目标，JIT 生产必须在产品质量、生产过程、时间等方面确立目标。具体要达到以下目标：零库存、高柔性（多品种）、无缺陷、零浪费。

准时制运作远不止制定时间表那么简单。从准时制运作的角度来看，存货是毫无用处的，是对资源的浪费。因此，准时制运作就千方百计地要消灭这种浪费。从传统的观点看，存货对生产起到了缓冲的作用，因此，库存管理者们需要考虑这个问题："如何才能在最小化成本的基础上提供缓冲？"在现实工作中，为了应对操作和运输中出现的一些问题，应对需求的不确定性，企业仍然需要持有一定量的存货，如果能够完全消除供给和需求之间的不平衡，那么也就不再需要存货了，如图 7-1 所示。

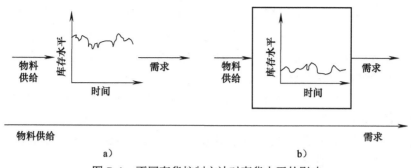

图 7-1　不同存货控制方法对存货水平的影响
a) 在独立需求方法的基础上需要更多的物资　b) JIT 的质量管理促成了存货水平的降低

2. JIT 生产方式的具体目标

（1）**零库存**　一个充满库存的生产系统，会掩盖系统中存在的各种问题。例如，设备故障造成停机，工作质量低造成废品或返修，横向扯皮造成工期延误，计划不周造成生产脱节等，都可以动用各种库存，使矛盾钝化、问题被淹没。表面上看，生产仍在平衡进行，但实际上整个生产系统可能已千疮百孔。更可怕的是，如果对生产系统存在的各种问题熟视无睹，麻木不仁，长此以往，紧迫感和进取心将丧失殆尽。而且存货本身是资源的闲置。因此，库存是"万恶之源"，是生产系统设计不合理、生产过程不协调、生产操作不良的证明。所以"零库存"就成为 JIT 生产方式追求的具体目标之一。

（2）**高柔性**　高柔性是指企业的生产组织形式灵活多变，能适应市场需求多样化的要求，及时组织多品种生产，以提高企业的竞争能力。为实现柔性和生产率的统一，JIT 生产方式必须在组织机构、劳动力、设备三方面表现出较高的柔性。

1）组织柔性。在 JIT 生产方式中，决策权力是分散下放的，而不是集中在指挥链上，它不采用以职能部门为基础的静态结构，而是采用以项目小组为基础的动态组织结构。

2）劳动力柔性。当市场需求波动时，要求劳动力也要做相应调整。JIT 生产方式的劳动力是具有多面手技能的多能员工，在需求发生变化时，可通过适当调整操作人员的操作来适应短期的变化。

3）设备柔性。与刚性自动化的工序分散、固定节拍和流水生产的特征相反，JIT 生产方式采用适度的柔性自动化技术，以工序相对集中，没有固定节拍和物料的非顺序输送的生产组织方式，使 JIT 生产方式在中小批量生产的条件下，既具有刚性自动化所达到的高效率和低成本，又具有灵活性。

（3）**零缺陷**　传统的生产管理很少提出零缺陷的目标，一般企业认为：不合格品达到一定数量是不可避免的。因而总是对花在预防缺陷上的费用能省则省，结果却造成很多浪费，如材料、工时、检验费用、返修费用等。应该认识到，事后的检验是消极的、被动的，而且往往太迟。各种错误造成需要重做零件的成本，常常是预防费用的几十倍。因此，应多在缺陷预防上下功夫，也许开始时多花些费用，但很快便能收回成本。JIT 生产方式的目标是消除各种产生不合格品的原因，要求在加工过程中每一工序都要达到最好水平，追求零缺陷。为此，强调"第一次就做对"非常重要。每一个人若在自己工作中养成了凡事先做好准备及预防工作，认真对待，防患于未然的习惯，在很多情况下就不会有质量问题了。

（4）**零浪费**　根据 JIT 生产方式的观念，浪费被定义为在生产和服务过程中不对产品增加价值的任何活动。JIT是一种以消除所有浪费为基础的生产方式，通过生产经营体系本身的不断完善，持续提高生产率和效益。它包含了生产最终产品所需的所有生产活动的成功执行，从技术设计到交货，也包含了前面的原材料的转化的所有阶段。通过消除所有阶段的浪费，从而实现整个生产过程的零浪费。

浪费的表现是资源的无价值消耗，消除浪费现象能够解放资源，提高生产力。JIT生产方式中的浪费主要包括：

1）过量生产。当产品的生产数量超过实际需要量时，就会因过剩而造成浪费。因此，过量生产是一种最大的资源浪费。

2）等候时间。等候时间是指生产资源在生产过程中滞留等候的时间，它被视为浪费的来源之一早已为人们所公认。在生产操作过程中，等候时间常常难以度量。

3）不必要的运输。运输通常是指生产过程中物料和产品的搬运。尽管运输在生产过程中往往必不可少，但由于它对产品本身不增添任何价值，只增加成本，所以仍然是造成浪费的一种固有来源。

4）库存。库存是一种浪费，是隐藏生产过程中各类弊端与缺陷的温床，是生产系统设计不合理、生产过程不协调、生产操作不良的体现。它导致资源闲置，无效生产。

5）质量缺陷。产品的质量缺陷如次品、废品，是浪费的直接来源，它还会给生产带来更多的浪费。有缺陷的产品返工会增加成本，甚至会由于客户对产品的不满意而引起可能的销售损失。

6）低效工作方法。糟糕的生产布局与物料移动模式，都会增加在制品存货，从而增加产品的生产成本。

3. JIT生产方式的终极目标

消除一切浪费，即"零浪费"是JIT生产方式的终极目标。任何活动对于产出没有直接的效益便被视为浪费。这其中，最主要的有生产过剩（即库存）所引起的浪费；搬运作业中多余的动作、机器准备、存货、不良品的重新加工等也都是浪费。消除浪费的具体目标有以下方面：

（1）"零"转产工时，实行多品种混流生产　将加工工序的品种切换与装配线的转产时间浪费降为"零"或接近为"零"。

（2）"零"库存，消减库存　将加工与装配相连接，流水化作业，消除中间库存，变市场预估生产为接单同步生产，将产品库存降为"零"。

（3）"零"浪费，实行全面成本控制　消除过量生产、反复搬运、进度安排改变、送货延迟等的浪费，实现"零"浪费。

（4）"零"不良，实现产品质量高品质　加工废品或产品缺陷，会形成不必要的生产步骤和废料，不良不应该在检查中检验出来，而应该在产生的源头消除。追求"零"不良，才能防止浪费。

（5）"零"故障，提高运转率　机械设备的故障停机，会引起人工浪费、延期交货、信用受损、增加各环节在产品存货。

（6）"零"停滞，快速反应，缩短交货期　最大限度地压缩前置时间和准备时间，为此要消除中间停滞，实现"零"停滞。

三、JIT 生产系统

1. JIT 生产系统的构成

JIT 生产方式要求消除一切浪费，追求精益求精和不断改善，去掉生产环节中一切无用的东西，每个工人及其岗位的安排原则是必须增值，撤除一切不增值的岗位；精简产品开发设计、生产、管理中一切不产生附加值的工作。其目的是以最优品质、最低成本和最高效率对市场需求做出最迅速的响应。为了实现准时生产，消除浪费、中断等，必须将物资、人力等资源优化，将从计划、设计到生产环节等过程优化，于是形成了由产品设计、过程设计、人员组成要素及制造计划与控制组成的 JIT 生产系统，并在系统运行的全过程中落实和体现 JIT 的思想。

2. JIT 生产系统的产品设计

为了实现 JIT 生产系统的前述目标，在产品设计过程中有三个具体措施要素很关键：标准部件、模块化设计和质量控制。

（1）**标准部件**　使用标准部件意味着工人需要处理的部件种类更少，产品的适配性更强，工人培训时间与相对成本将会降低。采购、处理与质量检查更加程序化，有助于相关部门不断改进工作。

（2）**模块化设计**　模块化设计分为两个不同层次。

第一个层次为系列模块化产品研制过程，需要根据市场调研结果对整个系列进行模块化设计，本质上是系列产品研制过程，如图 7-2 所示。

第二个层次为单个产品的模块化设计，需要根据客户的具体要求对模块进行选择和组合，并加以必要的设计计算和校核计算，本质上是选择及组合过程，如图 7-3 所示。

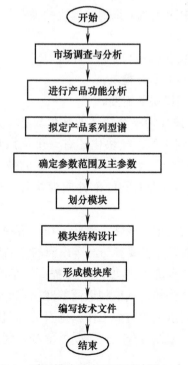

图 7-2　系列模块化产品研制过程之一

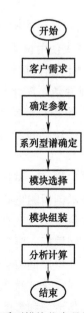

图 7-3　系列模块化产品设计过程之二

总的说来,模块化设计遵循一般技术系统的设计步骤,但比后者更复杂,花费更高,要求每个零部件都能实现更多的功能。在进行模块化设计时要注意以下几方面的问题:

1)必须注意市场对同类产品的需求量和对同类产品基型和各种变型的需求比例,分析客户的要求和模块化设计的可行性等。

2)进行产品功能分析,拟定产品系列型谱,合理确定模块化设计所覆盖的产品种类和规格。种类和规格过多,虽对市场应变能力强,利于占领市场,但设计难度大,工作量大。反之,则对市场应变能力减弱,但设计容易,易于提高产品性能和针对性。

3)确定参数范围和主参数。产品参数有尺寸参数、运动参数和动力参数(功率、转矩、电压等),须合理确定,过高过宽造成浪费,过低过窄不能满足要求。另外,参数数值大小和数值在参数范围内的分布也很重要,最大、最小值应依使用要求而定。主参数是表示产品主要性能、规格大小的参数,参数值的分布一般是等比或等差数列。

4)确定模块化设计类型。划分模块时,只有少数方案用到的特殊功能,可由非模块实现。若干部分功能相结合,可由一个模块实现(对于调整功能尤其如此)。

5)模块结构设计,形成模块库。由于模块要具有多种可能的组合方式,因此设计时要考虑到一个模块的较多接合部位,应做到加工合理、装配合理;应尽量采用标准化的结构;应尽量用多工位组合机床同时加工,否则模块的加工成本会非常高;还应保证模块使用寿命,维修及更换方便。

6)编写技术文件。由于模块化设计建立的模块通常不直接与产品联系,因此必须注意其技术文件的编制,这样才能将不同功能的模块有机联系起来,指导制造、检查和使用。技术文件主要包括以下内容:

① 编制模块组合与配置各产品的关系表。其中应包括全系列的模块种类及各产品使用的模块种类和数量。

② 编制所有产品的模块组和模块目录表,标明各产品和模块组的组成。

③ 编制系列通用的制造与验收条件、合格证明书及装箱单。

④ 编制模块使用说明,以适应不同产品、不同模块的需要。

模块化设计是标准部件概念的延伸。模块是被视为单个个体的部件集成,大大减少了需要处理的部件数,简化了装配、采购、处理、培训等。模块化还有一个优点是减少了包含在各种产品的物料清单中的部件种类数,因而简化了物料清单。模块化的缺点是产品种类较少,改变模块化设计的阻力较大。但不同产品有着共同的部件或模块可以部分地弥补这些缺陷。

实现模块化生产,零配件生产商的角色将会发生重大变化。例如,在"模块化"生产方式下,汽车技术创新的重心在零部件方面,零部件设计者要参与汽车厂商的产品设计。

采用模块化生产方式有利于提高汽车零部件的质量和自动化水平,提高汽车的装配质量,缩短汽车的生产周期,降低总装生产线的成本,这些都是汽车制造商梦寐以求的。实现模块化生产,零配件生产商将会承担以前由汽车制造商承担的装配工作。据有关部门估计,如果采用模块化方式,全球汽车装饰件生产商的业务会增加五分之一,受益匪浅。因此,模块化生产将使汽车制造商和零配件生产商都受益。

（3）**质量控制**　质量是 JIT 的必要条件。在 JIT 环境里，头等坏事不是中断生产，而是生产劣质品，因为质量低劣将导致重大停产。由于批量小，不存在缓冲存货，一旦出现问题就必须立刻停产，直到问题解决才能重新开始。显然，停产会使整个生产过程成本巨大，会降低计划输出水平。因此，要尽量避免停产，一旦出现问题便应迅速解决。

质量是指产品或服务的质量，也是指产出这些产品与服务的工作和过程的质量。它涉及企业每一个过程的活动，涵盖了产品或服务的开发、设计、生产、销售和服务。最高管理层必须建立企划质量的标准。在第一次的时候，就把企划做正确，正确地了解客户的需求，将其转换为工程及设计上的需求，并且做好事前准备，以便能顺利开始生产，尽可能地避免在生产过程中以及售后服务时，才发现问题。

开发一个新产品或设计一个新流程的工作，是先由书面作业开始的，在此阶段所发生的瑕疵或错误，可以不花成本，用笔来修改即可。但在生产阶段或在生产之后、产品送达客户手中时才发现错误，则要花费昂贵的纠正费用。根据最终客户需求与企业制造能力选择适宜的质量水平也很重要。因此，产品设计与过程设计必须联合进行。

JIT 生产系统要求产品和服务的质量方面有绝对的保障。与产品和服务的质量方面的成本可以由以下四个方面组成：

1）防范成本：防止出现质量问题所引发的成本。它包含产品本身的直接成本，如使用质量较好的材料，为使生产更为便利而进行的设计，为保证产品质量而增加的产品特性以及生产该产品所需要的额外的时间等。同时，它还包括一些间接成本，如员工的培训、试运作、模型测试、设计和维护控制系统、运行改进项目等所产生的成本。

2）鉴定费用：为确保产品质量所产生的相关费用。它包括抽样、检验、测试以及内部进行质量控制的其他一些费用。同时，它还包括开展质量项目工作的管理和审核费用。

3）内部失败成本：在生产中的某个环节被检验为次品的全部相关成本。

4）外部失败成本：生产中未被发现存在质量问题，而被客户认定为次品的全部相关成本。

例 7-1　某公司在某个生产阶段引进了一套新的质量管理体系，其所产生的成本见表 7-1。基于数据，你认为引进这套质量管理体系是好是坏？

表 7-1　某生产阶段成本数据

（单位：千元）

年		-3	-2	-1	0	1	2	3
销售额		2 643	2 846	2 785	3 103	3 543	3 559	3 728
成本	防范成本	10	12	13	45	42	42	43
	鉴定费用	23	25	30	93	90	90	89
	内部失败成本	113	106	110	35	33	31	29
	外部失败成本	137	125	136	54	27	24	13

根据上述数据，我们不难看出，该公司在销售额上升 41% 的同时，总体质量成本从实施该套质量管理体系之前第 3 年的 283 000 元下降到实施之后第 3 年的 174 000 元。

根据以上数据，我们可以以千元为单位计算出质量管理成本占销售额的百分比，见表 7-2，以得出更为客观的评判结果。

表 7-2 质量管理成本占销售额的百分比

	年	-3	-2	-1	0	1	2	3
成本占销售额的百分比（%）	防范成本	0.378	0.422	0.467	1.450	1.185	1.180	1.153
	鉴定费用	0.870	0.878	1.077	2.997	2.540	2.529	2.387
	内部失败成本	4.275	3.725	3.950	1.128	0.931	0.871	0.778
	外部失败成本	5.184	4.392	4.883	1.740	0.762	0.674	0.349
总体质量管理成本占销售额的百分比（%）		10.707	10.108	10.377	7.316	5.419	5.254	4.667

这套质量管理体系是在第 0 年引进的，由此，该公司在防范成本和鉴定费用方面加大了投入。因此，在此后的时间里，这两项成本出现了上涨。随之而来的就是产品质量的上升和失败成本的下降。从总体上看，总体质量成本下降，销售额大幅上升，因此，我们可以认定实施这套质量管理体系的结果是成功的。

3. JIT 的过程设计

JIT 的过程设计是使生产过程的各项内容合理化，以达到公司利润最大化的目标。它主要包括换产时间、批量小、制造单元、质量改进、生产柔性、存货量等方面的设计。

（1）**换产时间** 换产工具、设备及换产过程必须有简易标准。多用途设备或附件有助于减少换产时间。例如，带有许多轴的机器很容易适合各项作业的需要，从而大大减少换产时间。另外，成组技术能够通过利用循环运作中的共同点，减少换产成本与时间。如形状相似的部件、物料等需要的准备工作非常近似，在同一台设备上对它们进行顺序加工无需完全改变整个换产工作，只做较少的调整就行了。

（2）**批量小** 为了适应市场需求的多品种、小批量的特点，JIT 生产方式设计小批量生产。与大批量生产方式相比，JIT 生产方式的优越性主要表现在以下几个方面：

1）产品开发、生产系统以及工厂的其他部门所需人力资源，最低能减至大批量生产方式下的 1/2。

2）新产品开发周期最低可减至 1/2 或 2/3。

3）生产过程的在产品库存最低可减至 1/10。

4）工厂占用空间最低可减至 1/2。

5）成品库存最低可减至 1/4。

6）产品质量可提高 3 倍。

（3）**制造单元** 制造单元根据生产任务变化而快速重构，使制造系统能够迅速地响应产品的变化，满足多变的市场需求。一个制造单元是一组根据具体生产任务的需要快速组合的资源配置，当生产任务发生变化时，它能根据任务变化的特点，在原有基础上自行组织新的资源配置。

许多 JIT 系统有一个明显特征：有多个制造单元。每个制造单元都有一系列机器设备和工具，它们是用来加工那些需求近似的零部件的。制造单元实质上是专业化强、效率高的制造中心。制造中心的主要优点有：换产时间少，设备利用率高，易于交叉培训操作员等。高效制造单元与小批量生产相结合，将减少在产品存货甚至没有。

（4）**质量改进** 加工过程中出现的质量事故会使有序进行的工作中断，因此在故障发生之前就将其解决掉就显得极其重要。另外，质量改进对质量提出了无穷无尽的要求，主要是发现和消除问题起因，使问题不至于频繁地突然出现。JIT 强调质量是生产出来而非检验出来的，由过程质量管理来保证最终质量。生产过程中对质量的检验与控制在每一道工序都进行，重在培养每位员工的质量意识，保证及时发现质量问题。如果在生产过程中发现质量问题，根据情况，可以立即停止生产，直至问题解决，从而保证不出现对不合格品的无效加工。对于出现的质量问题，一般是组织相关的技术与生产人员形成一个小组，一起协作，尽快解决问题。

（5）**生产柔性**　"柔性"是相对于"刚性"而言的。传统的"刚性"自动化生产线主要适应单一品种的大批量生产。其优点是生产率很高，设备利用率很高，单件产品的成本低。但设备价格相当昂贵，且只能加工一个或几个相类似的零件，难以应付多品种、小批量的生产。随着少品种、大批量生产逐渐

> 同步思考 7.2
> JIT 系统中，质量控制的基础是什么？

被适应市场动态变化的多品种、小批量生产所替换，一个自动化制造系统的生存能力和竞争能力在很大程度上取决于它是否能在很短的开发周期内，生产出较低成本、较高质量的不同品种产品的能力。在这方面，柔性生产已占有相当重要的位置。

柔性生产主要包括：

1）机器柔性。当要求生产一系列不同类型的产品时，机器随产品变化而加工不同难易程度的零件的能力。

2）工艺柔性。一是工艺流程不变时自身适应产品或原材料变化的能力；二是制造系统为适应产品或原材料变化而自动改变相应工艺的能力。

3）产品柔性。一是产品更新或完全转向后，系统能够非常经济和迅速地生产出新产品的能力；二是产品更新后，对原产品有用特性的继承能力和兼容能力。

4）维护柔性。采用多种方式查询、处理故障，保证生产正常进行的能力。

5）生产能力柔性。当生产量改变，系统也能经济地运行的能力。对于根据订货而组织生产的制造系统，这一点尤为重要。

6）扩展柔性。当生产需要的时候，可以很容易地扩展系统结构，增加模块，构成一个更大系统的能力。

7）运行柔性。利用不同的机器、材料、工艺流程来生产一系列产品的能力，以及同样的产品换用不同工序加工的能力。过程设计阶段能够增加生产柔性，以各种方式减少瓶颈。

（6）**存货量**　JIT 系统都被设计为存货量最小的形式。在 JIT 理念中，有存货就是浪费。存货作为缓冲区能掩盖一些可复发的问题，使这些问题永远也得不到解决。这些问题由于不太明显，部分问题由于存货的存在变得不那么严重。当某台机器出现故障时，如果这台机器向下一工序的输出有足够存货的话，整个系统就不会中断。把存货当作解决停工的手段，将会不断增加存货量。调查机器发生故障的原因并设法消除才是更好的办法。产品质量、供应商、时间进度安排等方面的类似问题也可以用大量存货掩盖起来。但这些额外存货却造成了巨大的成本与流动资金负担，而且还解决不了问题。JIT 方法为使问题充分暴露往往逐渐减少存货，以发现并解决问题。

为使 JIT 系统的存货量最小，可以令运送过程从供应商直接到生产车间，完全消除储存需用零部件与物料的需要。在加工过程的另一头，产成品一生产出来就运出去，产成品存货

也最小。此外再加上很低的在产品存货，整个系统各环节都在以极少的存货运作。但持有较少存货也有一定风险，其中最主要的就是假如出现问题而没有安全库存则会导致生产中断；另一个则是如果系统不能迅速回应客户需求，就会错过机会。

4. JIT 系统的人员组织因素

有以下五个人员组织因素对 JIT 系统特别重要。

（1）**员工** JIT 理念的一个基本原则就是员工如资产，而不是工具，受过良好教育的富有积极性的员工是 JIT 系统的核心。他们有比在传统生产系统下更大的决策权、责任心和自主权，更加被看重和激励，但他们也被期望做得更多。

（2）**经过交叉培训的员工** 经过交叉培训的员工能够完成加工过程中好几个部分的任务，他们要求是多面手，一个人能操作多种机器设备，完成多道工序，这样可以增加系统柔性，因为一旦发生瓶颈或同事偶然不在，员工们可以互相帮助。

（3）**质量改进** JIT 系统中的员工比在传统生产系统下负有更大的质量责任，他们同时也被期望在问题解决与不断改进过程中起作用。员工受培训的内容很广，包括统计过程控制、质量改进与问题解决等。

（4）**人工成本** 有的 JIT 系统还有一个特征：分配间接费用的方法与传统会计方法不同。传统会计方法是以直接人工小时为基础分配间接费用，可这种方法并不总能准确反映不同作业的间接费用消耗量，且有些行业的直接人工小时数逐年下滑得很快，到最后往往只占总成本的很小一部分，而其他成本倒占了总成本的一大半。因此，劳动密集型工作（即使用直接人工的比例相对较大的）就有可能被分到与比例极不相称的间接费用，无法反映其真实成本，并且错误的成本分配结果可能导致管理者做出错误决策。有的 JIT 系统采用"活动成本法"，这种方法能通过特定的作业或活动更好地反映间接费用的实际消耗量。活动成本法首先识别出可追踪成本，然后再把它们分配到诸如机器安装、检查、机器小时、直接人工小时、物料搬运等活动中去，分到特定作业的间接费用，其分配基础是各项作业消耗活动占全部活动的百分比而不是纯人工工时。

（5）**领导能力与项目管理** JIT 系统中，人们期望中的管理者是领导者和协助者，绝不是发号施令者。JIT 系统鼓励员工与管理者之间的双向沟通。生产总监往往在项目的整个阶段具备全面权威与能力，自始至终地控制整个项目。在传统的项目管理模式中，生产总监往往需要依靠其他管理者的合作。

5. JIT 系统的制造计划与控制

制造计划与控制有以下四个要素对 JIT 系统特别重要。

（1）**拉式系统** "推"和"拉"用来表示工作经过整个生产过程的两种不同系统。在传统生产环境下使用的是推式系统，即当某个工作岗位上的工作完成时，产出物就被"推"到下一个工作岗位，或者在最终作业阶段，产出物被推进产成品存货。推式系统中的工作随着自己的结束而前进，不管下道工序是否已经做好准备。因此，工作可能会堆积在由于设备故障或发现质量问题而落后于进度安排的某些岗位上。

出于消除浪费的考虑，出现了"拉"式生产方式，这与传统的"推"式原理正好相反。从满足客户的需求到生产流程内部，都是采用这样方式，即工厂的生产需求由客户决定，而在进行生产时，每一个生产过程如何生产都是由下一个生产过程的需求决定，如果没有需求，一定不生产额外的产品，从而消除额外库存。JIT 是基于这种"拉动"式的供货机制，即以合适的零件、好的质量、正确的数量，在合适的时间提供给生产，只有在需要生产的时候，才调用合适的物资。而 JIT 机制后来用于与供应商的合作，这样生产商的大部分物资都可以存放在供应商那里，从而减少了制造企业自身的库存。

JIT 系统的信息是沿着系统一个接一个岗位地反向流动的。每个岗位（即客户）都把自己的工作要求传达给前一个岗位（即供应商），确保供需相等。工作"准时"移动到下道工序，使工作流协调一致，避免了工序间积累的额外存货。当然，由于作业不是瞬时行为，往往还需保留一些存货。如果某个工作岗位开工前一直在等待收到下一个岗位的请求，那么下一个岗位也必须等着前一个岗位完成工作。因此，通过过程设计，每个工作岗位都只生产刚够满足下个岗位（期望）需求的产出。这样一来，后道工序事先通知所需最大需求，前道工序就能提前完成工作。另外，还可以采用在工序之间设置少量存货缓冲区的方法解决问题。当缓存降低到一定程度时，就有信号通知前道工序生产足够输出以补足缓冲区。缓冲区大小取决于前道工序的循环时间。如果循环时间短，就只需很少甚至空的缓冲区；如果循环时间长，就需要大量缓冲区。然而，生产只发生在回应前道工序的使用量时，工作往往由下一工序的需求拉出。

（2）**可视系统**　拉式系统中，工作流由"下一步需求"指定。企业生产中的这种"拉动"式生产，通常通过"看板"机制来实现，每一个生产过程通过"看板"确认下一个"客户"是否有请求，有了请求才进行生产，系统能以各种方式传达此类信息，到目前为止，最常用的设备还是"看板片"。"看板"是个日本词，意为信号或"可视记录"。当某工人需要前面岗位的物料或工作时，他就使用看板片。实际上，看板片是一份移动零部件或继续工作的授权书。在看板系统中，没有看板片就不可能移动零部件或继续工作。

（3）**密切的供应商关系**　传统系统中的买卖双方不存在合作关系，相反，他们倒是有点对手关系。比较典型的做法是多源采购，即列出潜在卖主清单，分处采购，以免为单一卖主所困。这种方式下的买卖双方互相争斗，以求更好的价格或其他让步。但这样做的后果是卖方无法依靠某个买方以确定长期关系，卖方还经常设法通过损害某个买主的利益或增加买主数量来保护自己。

典型的 JIT 系统有着密切的供应商关系，买方希望供应商经常提供小运输量的高质量产品。在传统系统中，买方的角色是监督外购商品的质量，检查运输质量与数量，把质量低劣的商品退给卖方去返工。在 JIT 系统中，由于结构紧凑，低质商品会中断工作流。另外，检查入口商品被视为无效行为，因为它并不增加产品价值。出于这些原因，保证质量的任务就转交给了卖方。买方与卖方合作，帮助卖方达到所需质量水平，给买方留下商品的一致性与质量高的印象。买方的最终目标是能够保证卖方是一个高质量商品的生产者，买方可以无须检验地相信卖方送来的是高质量商品。供应商必须愿意且能够进行规则的小批量运送。理想中的供应商自己也在 JIT 系统下运作。买方往往根据自己的经验帮助供应商转换到 JIT 生产系统。如此一来，供应商实际上就成了一个集成买卖双方的扩展 JIT 系统的一部分。当供应商只供货于一个或几个买方时，集成比较容易。在实践中，供应商极有可能向许多不同买主供货，买主们有采用传统系统的，也有采用 JIT 系统的，因此，买卖双方必须相互妥协。

在 JIT 采购系统中，好的卖方关系很重要。买方设法减少供应商名单，重点维持好与几个好供应商之间的密切关系。买卖双方的长期合作关系能够加强 JIT 采购系统。卖主更愿意为长期合作关系下的买主的 JIT 系统供货。此时，保持高质量、柔性、经常的小批量送货、迅速回应问题比价格显得更为重要和引人关注。

（4）**减少相关事务，加强过程控制**　整个 JIT 生产系统的相关事务包括平衡事务、质量事务、变革事务等。平衡事务包括预测、生产计划、生产控制、获取物料、确定进度安排、订货过程等。质量事务包括确定与沟通规格说明、监督、记录和重复活动。其成本与评估、预防、内部故障（如残次、返工、再测试、延迟、管理活动等）与外部故障（如授权成本、产品可靠性、退货、未来商机的潜在损失等）有关。变革事务主要包括改变设计以及确保由此引发的规格说明、物料清单、进度安排、加工指令等的改变。在变革事务中改变设计耗费的成本最高。

JIT 系统通过减少事务数量与频率来降低事务成本。例如，供应商直接把商品运送到生产车间，完全不需要储藏室，从而也完全避免了与仓库接收货物及随后将物料运送到生产车间等相关事务的需求。另外，选择质量合格的供应商，也消除了购入商品的质检需要。遍布 JIT 系统的无穷无尽的质量改进需求，消除了以上所述的许多质量事务及其相关成本。使用条形码，能够降低数据输入事务，增加数据准确性。

第二节　JIT 生产系统的主要方法

在 JIT 基本管理思想下，产生了许多具体的独特的管理方法，如制造计划和生产控制中的看板管理、用于库存管理中的零库存管理、平准化生产、生产同步化和少人化管理。

一、看板管理

1. 看板管理的定义

看板管理可以说是 JIT 生产方式中最独特的部分，看板管理是实现准时化生产的工具之一，看板系统是 JIT 生产现场控制技术的核心，在生产现场控制技术方面，JIT 的基本原则是在正确的时间，生产正确数量的零件或产品，也就是即时生产。它将传统生产过程中前道工序向后道工序送货，改为后道工序根据"看板"向前道工序取货。看板管理方法按照准时化生产的概念把后道工序看成客户，只有当后道工序提出需求时，前道工序才允许生产，"看板"充当了传递指令的角色。使用看板管理才有可能控制准时化生产的生产进度，才能实现对作业计划做随时性的微调。

> 同步思考 7.3
> 看板的目的是什么？

2. 看板的形式

看板是一种记载着有关信息的卡片。看板也是工作指令，其中包括生产量、时间、方式、顺序、运送量、运送时间、地点、工具等生产信息和运输信息。看板管理使用的卡片有两种基本形式：即"领料看板"和"生产看板"。"领料看板"起着取货指令的作用，填明需要领用的原材料或者部件的名称和数量，用以向上道工序取货；接到"领料看板"就应该按看板上的数量立即发货。同样道理，"生产看板"起着生产指令的作用，填明需要生产的零部件的名称和数量，各道工序据此进行加工生产，供下道工序领用，当前道工序接到后道工序发来的“生产看板”，即命令工人立即生产卡片上规定数量的零件，看板形式如图 7-4 领料看板和图 7-5 生产看板所示。

前　工　序	零 件 号________		后　工　序
________车间	零件名称________		________车间
	数量	发行张数	
________工位	________件	2/4	________工位

说明：1．前工序为取货地点。

2．“发行张数：2/4”是指共有 4 张看板，此张看板是第 2 张。

图 7-4　领料看板图

送：	零 件 号________
________车间	零 件 号________
________工位	生产数量________

图 7-5　生产看板图

看板的形式可以是各种各样的，只要能表示清楚指令内容就行。在实际使用中，有的工序之间采用某种专用容器作为“看板”，甚至用发出某种打击声作为“看板”，有的采用电子显示，有的还以不同颜色的灯光来表示需要的紧急状态。

3. *看板的使用方式*

看板管理如何运作呢？这两种卡片随同存放材料或零部件的存料箱一起在上下两道工序之间往返传送。在每一道工序的加工中心设置有 A 和 B 两个存料箱，A 箱储存上道工序为本工序加工使用的零部件，B 箱储存本工序为下一道工序使用的已加工完成的零部件。在取用 A 箱零部件进行加工时，取出放置在该箱中的领料看板，待 A 箱中的零部件全部用完之后，根据本工序生产看板的指示，把 A 箱中的领料看板和装满已经加工完成零部件的 B 箱，提交相关的管理人员，管理人员将生产看板随同 B 箱送往存放地点，供下一道工序领用。如此通过看板，依次从后道工序向前道工序拉动，使整个物流环节协调运转起来。

举例来说，在一超级市场内，如何将看板管理纳入呢？如果每一样商品都附有一个看板，当客户挑选商品后去柜台结账，柜台就多了一个看板，如此一整天下来，柜台可能累积成千上万个看板，表示已销售商品数量的明细。超级市场订购人员根据这些看板向上游厂商进行订货，而厂商也只需要生产订购数量即可，如此逆向往前，生产流程在看板的拉动下，有次序地运转起来，达到准时化生产的目的。当然，仅靠看板管理一项措施还不可能完全实现准时化生产，还需要许多其他措施的配合，不过看板起了最关键的作用。

同步思考 7.4

在 JIT 系统中是如何对在产品存货的数量加以控制的？

4. *看板管理的规则*

看板管理的规则有以下方面：

1）实行后道工序向前道工序领取原材料和零部件。

2）看板随同实物一起运动，下道工序带着领料看板在需要的时间向上道工序领需要的原材料数量。

3）上道工序根据生产看板生产下道工序所要领用的零部件。

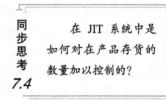

4）没有看板则不能盲目领用原材料或零部件以及盲目进行加工生产。

5）不合格的产品不能进入下一道工序。

6）每个存料箱必须按照卡片规定定量储存相应数量的零部件。

5. 看板管理的主要优点

看板管理的主要优点表现在以下方面：

（1）**降低了库存水平**　随着库存储存费用的上升，减少库存就成为降低成本的重要方面，看板管理由后续环节向上一个环节提出供货要求，这样，可以实现根据客户的需求量来完成库存调度，从而实现了零库存，大大降低了库存成本。

（2）**强化了质量控制**　看板管理要求所有的环节按照看板的要求提供服务，因此看板管理不仅局限在企业内部的管理上，还要求整个供应链上的所有供货商、服务商按照看板的要求及时提供产品和服务。因此，看板管理提高了对外部供应商的管理水平，加强了供应链的一体化，从而保证了整个流程的质量，使客户满意。

二、零库存管理

库存在财务报表中是存货，是流动资产中的一部分，表现为原材料、在产品、半成品和产成品等，存在于制造企业生产流程的各个环节中，在生产中起着保证供应等重要作用。但是，它以实物资产占用了流动资金，增加了库存管理的库房及人工费用，甚至可能因为积压太久变质、过时而淘汰，它们不但不能增值，反而会贬值，这种存货是浪费，可见库存的负面影响也很多。准时生产方式对库存的理解与管理也是很精辟的，准时生产认为过量库存掩盖了许多管理不善的问题，通过减少库存去发现问题，解决问题，可以提高管理水平。关于这个观点有一个十分形象的比喻，仓库好比一个湖泊，库存就是湖中的水，管理中存在的问题好比是礁石，湖水多了就把水中的礁石淹没了，行船不知道会在什么地方触礁，只有把水位降低，露出暗礁，并把它清除，航行才能安全。

库存量大了以后把管理中存在的大量问题掩盖住了。例如：因质量管理不善，过量的废品影响生产进度，以增加产成品库存的办法可以应付过去，但掩盖了质量管理上的问题；因设备故障影响生产，也用增加库存的办法应付，库存掩盖了设备管理上的问题，如此等等。总之，传统的生产管理观点，强调设备不能停，确保生产不能中断，哪怕生产产品质量不高，会增加废品，或者产品销路不好，也不能停机，对付种种影响生产的因素只靠增加各种库存一条措施。这样，生产虽然维持着，但效益不会好。

准时生产的主张正好相反，主张减少库存，最好降到零。零库存管理的目的是，通过降低库存，发现管理中存在的问题，然后解决这些暴露出来的问题，使生产系统得到改善。再进一步减少库存，再发现新的问题，再解决之，这样使生产系统得到进一步的改善。改善的过程是没有完结的，是一种不断提高的循环过程。零库存管理体现出准时生产追求尽善尽美的管理思想。在生产现场通过减少看板使用数量来减少库存量，库存一少，生产会出现问题，使生产中断，这时大家一起找问题，使生产恢复正常。

三、平准化生产

按照准时化生产的要求，市场需要什么产品就应该生产什么，而现在的市场需求有多品种、小批量的特点，故需求是混合的，所以生产产品也必须是混合的。平准化生产的含义是同一条生产线上均匀地混合制造各种产品，工件被拉动到生产系统之前，要人为地按照加工时间、数量、品种进行合理的搭配和排序，使拉动到生产系统中的工件流具有加工工时上的平稳性，保证均衡生产，同时在品种和数量上实现混流加工式运动，起到对市场多品种、小批量需要的快速反应和满足功能。可以说平准化生产既是实现准时化生产的必要条件，也是减少库存量的一项重要措施。

均衡生产是指总装配线在向前道工序领取零部件时应均衡地使用各种零部件，生产各种产品。为了实行平准化的混合生产，需要两个阶段配合实现：一是计划阶段，制订生产计划时就必须加以考虑，然后将其体现于产品生产顺序计划之中；二是制造阶段，均衡化通过专用设备通用化和制定标准作业来实现。所谓专用设备通用化，是指通过在专用设备上增加一些刀具、夹具的方法使之能够加工多种不同的产品。标准作业是指将作业节拍内一个作业人员所应担当的一系列作业内容标准化。生产中将一周或一日的生产量按分秒时间进行平均，所有生产流程都按此来组织生产，这样流水线每个作业环节单位时间必须完成多少种作业就有了标准定额，各个环节都按标准定额组织生产，因此要按此生产定额均衡地组织物资的供应、安排物资的流动。所以与传统的大生产、按批量生产的方式不同，JIT 的均衡化生产中无批次生产的概念。

> 同步思考 7.5
> 从 JIT 的角度看，企业和供应商之间是一种什么样的关系？

例如，A 型车的月生产计划是 2 000 辆，月工作日是 20 天，那么 A 型车的日生产计划是 100 辆，其他车型也是如此平均分配。然后在投产前两天做日计划的投产顺序排程，并立即将投产顺序下达给总装配线和主要部件厂商，最后用看板方式执行平准化生产计划。

四、生产同步化

生产同步化是指一件产品所有的加工作业同步进行，要求机械加工和装配线几乎平行作业，这样显然可以缩短生产周期。但达到同步的难度很高，要做到完全的同步化是不可能的。在这里，看板管理又起了保证作用，总装配线上将要装配的计划通过看板传递到各条零件生产线，零件生产线保证在需要的时刻，让总装线得到需要的零部件。

1. "一个流"生产

JIT 生产方式的核心思想之一，是要尽量使工序间的在产品数量接近于零。这就是说，前道工序的加工一结束，就应该立即转到下一道工序去，这种生产同步化（顺畅化）是实现 JIT 生产的一个基本原则。为了实现这一原则，JIT 生产方式在设备布置和作业人员的配置上采取了一种全新的方法："一个流"生产。所谓"一个流"生产，是指将作业场地、人员、设备（作业台）等进行合理配置，使产品在生产时，每道工序最多只有一个在产品或成品，从生产开始到完成之前，没有在产品放置场地及入箱包装的作业。"一个流"的实现有如下要素：

（1）**单件流动** "一个流"生产的第一要点就是要使产品生产的各道工序做到几乎同步进行，使产品实现单件生产、单件流动。单件流动是为了避免以批量单位进行加工，前道工序的加工一结束就立刻转到下一道工序，从而使得工序间在产品的数量接近于零。

（2）**按工序排列设备** 在一些工厂中经常可以看到，不同工序的加工设备之间距离非常远，加工过程中产生的中间产品需要花费较多时间和人力才能搬运到下一道工序，这样的现象被称为孤岛设备。"一个流"生产要求放弃按设备类型排列的布局，而是按照加工顺序来排列生产设备，避免孤岛设备现象的出现，尽可能使设备的布置流水线化，真正做到只有"一个流"。

（3）**按节拍进行生产** "一个流"生产还要求各道工序严格按照一定的节拍进行生产。如果各道工序的生产节拍不一致，将会出现产品积压和停滞，无法形成"一个流"。因此，应该设法让生产速度慢的设备快起来，生产速度快的设备适当减慢速度，每一道工序都按节拍进行生产，从而使整个生产过程顺畅。

（4）**培养多能工** 在传统生产方式中，工人通常只会操作一种设备。当A设备的生产能力很强而B设备的生产能力较弱时，很容易造成A设备的操作工人空闲而B设备的操作工人过于繁忙，从而导致生产不均衡。因此，"一个流"生产要求工人能够操作多台生产设备，通过培养多能工来均衡整个生产节拍。此外，培养多能工还有利于减少员工数量。

（5）**作业标准化** 作业标准化就是要求每一个岗位、每一道工序都有一份作业指导书，然后检查员工是否按照作业指导书的要求工作，这样就能强制员工严格按照既定的生产节拍进行生产。如果作业没有标准化，那么生产一个产品的时间就得不到控制，无法控制生产节拍，更无法保证形成"一个流"。

2. 缩短作业切换时间

在生产流水线的运作过程中，经常需要变换生产设备以适应生产新产品的需要，这就涉及作业切换时间问题。切换动作包括模具、刀具、夹具、量具的切换，组装生产中零部件、材料的切换，基准变更的切换和制造前的一般准备作业。

作业切换时间主要可以划分为内部和外部的切换时间。在JIT方式下，流水线的换线只需要将新的产品送到第一道工序，后面跟着生产线流动，这样就能顺利地完成换线。因此，流水线的换线属于外部切换，不需要停机，切换时间较短。但是，模具、刀具、夹具、量具等的切换必须停机，流水线将会中断。

为了缩短作业切换时间，就需要注意一系列的要点。对于外部切换，主要是要彻底进行作业准备和附属设备的事前准备；对于内部切换，则可以通过规范和简化基本作业、标准化模具以及相应的调整来缩短切换时间。

五、少人化管理

人员既是企业的重要资源，又是成本费用中的主要项目，如何合理利用人力资源，降低人工成本，是企业管理中非常重要的课题。所谓少人化，是指根据生产量的变动，弹性地增减各生产线的作业人数，以及尽量用较少的人力完成较多的生产。这里的关键在于能否将生产量减少了的生产线上的作业人员数减下来。具体方法是实施独特的设备布置，以便能够在需求减少时，将作业所减少的工时集中起来，以整顿削减人员。但这从作业人员的角度来看，意味着标准作业中的作业内容、范围、作业组合以及作业顺序等的一系列变更。因此为了适应这种变更，作业人员必须是具有多种技能的"多面手"。为实现少人化管理，有如下重要措施：

（1）**培养多能工** 培养多能工的目的是为了便于随时调整生产线上的作业任务，可以灵活自如地安排工人进行机床看管。工人掌握的技能越多，生产线作业越灵活。

（2）**设备U型排列** 在生产区间，需要设备和原材料的合理放置。快速转换调整为满足后道工序频繁领取零部件制品的生产要求和"多品种、小批量"的均衡化生产提供了重要的基础。但是，这种频繁领取制品的方式必然会增加运输作业量和运输成本，特别是如果运输不便，将会影响准时化生产的顺利进行。合理地布置设备，特别是 U 型单元连接而成的"组合 U 型生产线"，可以大大简化运输作业，使得单位时间内零件制品运输次数增加，但运输费用并不增加或增加很少，为小批量频繁运输和单件生产、单件传送提供了基础。U 型排列的关键是把生产线的入口和出口布置在同一位置，如图 7-6 所示。

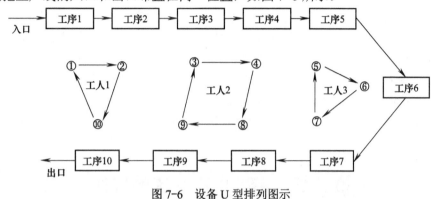

图 7-6　设备 U 型排列图示

图 7-6 中所示的生产线配有三位工人，生产线的第一道工序和最后一道工序都由工人 1 负责。他完成最后工序，运走一个工件，在入口处投入一个工件开始加工，可以严格控制加工的节奏，也使线内在产品保证恒定不变。在大多数情况下，根据产量调整后的人数不大可能正好是整数，丰田公司采用几条生产线设备的联合 U 型布置，通过在几条生产线上的调整，以达到减人的目的。

多技能作业员是与设备的单元式布置紧密联系的。在 U 型生产单元内，由于多种设备紧凑地组合在一起，这就要求并且便于生产作业工人能够进行多种设备的操作，同时负责多道工序的作业，如一个工人要会同时操作车床、铣床和磨床等。

> 同步思考 7.6
>
> JIT 对于什么样的企业最为适用？

（3）**小组工作**　精益生产强调用小组工作方式进行产品的并行设计。小组工作以设立综合工作组的方式进行，是指由企业各部门专业人员组成的多功能设计组，对产品的开发和生产具有很强的指导和集成能力。综合工作组全面负责一个产品型号的开发和生产，包括产品设计、工艺设计、编制预算、材料购置、生产准备及投产等工作，并根据实际情况调整原有的设计和计划。综合工作组是企业集成各方面人才的一种组织形式，每位员工在工作中不仅仅是执行上级的命令，更重要的是积极参与，起到决策与辅助决策的作用。组织团队的原则并不完全按行政组织来划分，而主要是根据业务的关系来划分。团队成员强调一专多能，要求熟悉团队内其他工作人员的工作，保证工作协调顺利进行。团队人员工作业绩的评定受团队内部评价的影响。团队工作的基本氛围是信任，以一种长期的监督控制为主，避免对每一步工作的核查，提高工作效率。团队的组织是变动的，针对不同的事物，建立不同的团队，同一个人可能属于不同的团队。小组要对质量负责，参与物耗控制，担负设备调整，负责设备保养和简单修理，还要从事现场的改进完善工作。小组工作是劳动组织上的一项变革，是实现精益生产核心思想——杜绝一切浪费的组织保证。小组工作坚持以人为本，强调协作与团队精神，组内的事情大家关心，共同解决。每个成员都要学会多种技能，学会组内每个岗位的操作，在需要的时候可以相互支援帮助。

小组工作的意义是十分深远的。它有利于人力资源的开发，在小组内为每位工人提供了表现自己的舞台，为他们提供了发挥才智的机会；小组工作把部分权力下放，使权力和责任结合于小组，减少了管理层次，简化工作程序，使小组可以独立自主地创造性地完成任务；小组工作有利于缩短员工之间的距离，成员之间上下信任，相互尊重，团结协作，增加企业的凝聚力。小组工作是对建立在分工基础上的传统组织方式的一场革命，在实施中统一认识非常重要。由于对工作的考核由原来的对个人考核转变为对小组的考核，这样可能因个别人的原因没完成任务，需要全小组加班劳动。所以培养团队精神是搞好小组工作的基础，实行小组工作的目的是为了把生产搞得更好，所以小组需要定期制定改进目标，并定期检查完成情况。

> 同步思考 7.7
> JIT 不能用于小规模服务型企业。你认为这句话对吗？

第三节　JIT 生产系统的转换

日本 JIT 生产系统的成功引起了世界各国企业的极大兴趣。许多企业加以仿效，把生产系统转换成 JIT 生产系统。把精益生产方式、JIT 等先进管理技术引入中国，使之与中国国情相结合，在中国已经成为一股不可逆转的潮流，并为中国企业进入国际市场找到了一条捷径。但各企业的情况不同，简单照搬是不行的，必须做好转换前的严密论证和决策，克服各种障碍，实现顺利转换。

> 同步思考 7.8
> 实现快速客户反应所带来的优势十分明显，因此，所有企业都应该向着这方向前进。你认为这句话正确吗？

一、充分考虑转换的相关因素

充分考虑转换的必要性与可能性，联系本企业的情况，考虑是以何种形式转换，考虑转换需要的时间、成本、收益、资源、批量等因素。

（1）**转换时间**　生产系统的转换时间一般要 1~3 年，要考虑生产的连续性和相关衔接。同时消除系统中的主要中断源也是关键。

（2）**转换成本**　转换成本包括：设备的重新添置、更换、挪动成本；增加运输次数的运输成本；工人培训成本；计划更改运作成本等。

（3）**系统设计成本**　系统设计成本是指转换时产品、工艺、过程及控制均需要重新设计的成本。

（4）**资源**　将现有资源与转换系统后的资源要求对照，如管理人员和工人数量及素质、环境资源、客户资源等。

（5）**批量**　小批量规模具备改换生产组合的柔性，能够减少持有成本与空间需求，但它们同时还增加了运输成本。

总之，转换生产系统是一个复杂的工程，各企业管理者必须确定 JIT 方法是否能为企业带来好处，必须慎重行事。

二、制订详尽的转换计划

为实现成功转换，企业应该制订一个详尽的转换计划，主要包括以下几方面：

1）计划应确保最高管理者负责转换过程并了解所有需要。确保管理部门参与转换过程并了解费用情况、完成转换所需时间情况以及期望产出情况等。

2）仔细研究各个工序和系统中的各个环节，确定哪些是困难部分和障碍所在。

3）取得全员的支持与合作。准备包括换产、设备维护、多任务交叉培训、协作与问题解决等在内的培训计划。确保工人充分了解 JIT 是什么，以及它为什么值得一做。

4）按照 JIT 生产系统的要求，列出工人们在识别和消除已有问题方面需要提供的帮助。

5）在维持现有系统的同时，从减少换产时间开始。

6）逐步转换运作系统，从整个过程的尾部开始，反向进行，第一个阶段，在移动之前应确保转换已经获得了相对的成功。在主要问题解决之前，不要降低存货。

7）在转换的最后几步，把供应商转换进 JIT 系统，做好与他们密切合作的准备。从减少卖方名单开始，找出那些愿意信奉 JIT 理念的供应商。给有长期可靠记录的供应商提供优惠条件。如果快速反应时间要求高的话，就选择地理位置邻近的供应商，与他们建立长期合作。

8）做好遭遇转换障碍的各种准备。

三、转换中的障碍

转换过程中可能存在许多障碍，其中最为关键的有以下几个方面：

（1）**决策部门重视不够** 决策部门重视不够，或不愿把必要资源投入到转换过程中去，致使管理部门未获得完全授权，这也许是最为严重的障碍。

（2）**工人与管理部门没有合作精神** JIT 系统以合作为基础。管理者可能会抵制变革，因为 JIT 系统把他们的部分职权转交给了工人，使工人有了更大的工作控制权。工人也可能抵制变革，因为他们的责任和压力变大了。

（3）**供应商可能抵制** 他们可能对与买方签订长期合同感到不自在；买方物料零库存，及时供应致使小运输量往往较难做到；质量控制的负担转交给了供应商。

（4）**管理观念可能抵制** 习惯性的等级管理者与工人之间严格的上下级等级关系和工人们习以为常的不参与、不太协作的态度，使 JIT 精神难以实现。

四、转换成功的条件

准时管理成功转换的条件可归纳为以下几个方面：

（1）**做好变革的准备** 企业应做好变革的准备，尤其是准时管理理念和企业文化的变革。JIT 生产系统的建立不一定需要大量的设备投资，关键是生产经营意识的更新，要用"准时化"的理念指导企业物流和信息流的改造，要根据"准时化"的要求重组企业的制造系统，最终从传统生产模式平稳过渡到现代生产模式。JIT 思想是现代企业必须严格贯彻到生产中的核心理念，但实现手段因具体企业和生产方式而不同，国内企业只有在实践中不断探索，才能寻找和确立自己的 JIT 方式，真正把握 JIT 生产方式的精髓。

（2）**建立高效率、低成本的物流运输网络** 准时管理方法要求高效率、低成本的物流运输装卸方式；要求供应商小批量、频繁运送。但是小批量、频繁运送将增加运输成本。为了降低运输成本，准时管理方法要求积极寻找集装机会。进货集装运送是指把来自多个供应商的小批量货物集中起来作为一个运输单位进行运送，这样不仅可保证按时交货，还可节约运输成本。

（3）**严格执行"拉动"的生产方式** JIT 管理方法要求严格按照"拉动"的概念，以最终需求为起点，由后道作业向前道作业按看板所示信息提取材料（商品）。

（4）**加大对人员的培训力度** 对全体人员按不同重点进行 JIT 教育培训，使他们在思想上认识到 JIT 的合理性与优越性，本企业采用这种生产方式的必要性与可能性，以及每个人在运行、完善这种生产方式中的角色与作用。培训工作是推行 JIT 自始至终的工作内容，可以说是推行 JIT 的突破口。

（5）**必须尊重人性，调动人的积极性** 1969 年，美国的《幸福》杂志在其"丰田"专辑里曾经指出："丰田公司高速发展的秘密就在于有一支卓越的管理队伍和一支高效的职工队伍"，很显然，这两支队伍的共同组成都是人。只有调动起人的主观能动性和创造性，才能激励员工去消除生产经营过程中的各种难以预料的不利因素，从而实现准时化生产，实现生产系统的柔性，以不变应万变。

（6）**必须树立正确的质量观和做法** JIT 认为质量是制造出来的，不是检验出来的，质量管理体系融于生产过程，并且要保证零废品。而我国的企业都设有专门的质量管理部门，这就使质量管理成为一个比较独立的管理体系，可是质量管理是不能脱离生产现场的加工操作及包装、运输的全部过程的，故质量管理必须融于生产体系的整体。

（7）**与供应商建立长期可靠的合作伙伴关系** JIT 生产系统要求与供应商建立长期可靠的合作伙伴关系，要求供应商在需要的时间里提供需要的数量，就是要求供应商以小批量、频繁地进行运送，严格遵守交货时间。同时要求稳定地提供高质量的零部件以便节约检验时间，保证最终产品的质量。并要求供应商能对订货的变化做出及时、迅速的反应，具有弹性。因此，必须选择少数优秀的供应商，并与他们建立长期可靠的合作伙伴关系，共享信息情报，共同协作解决问题。

> **同步思考 7.9** 从库存管理的角度看，JIT 与其他方法有什么区别？

复习思考题

一、简答题

1. 企业中常见的浪费情形有哪些？
2. 怎么理解 JIT 生产系统是"拉"式生产系统？
3. 什么是看板管理？为什么说看板管理是实现 JIT 生产的重要手段？
4. 什么是生产同步化？
5. 怎样在国内企业推行 JIT 生产方式？
6. 什么叫"一个流"生产？

7. 实现"零库存"的内外部条件是什么？

二、计算题

某公司在 3 年前引进一全新的质量管理系统。过去的 7 年中的成本数据见表 7-3。

表 7-3 质量管理系统实施成本数据

（单位：千元）

年	-3	-2	-1	0	1	2	3
销售额	1 976	2 019	1 905	2 374	2 770	2 841	2 689
成本：防范成本	14.3	15.4	15.7	52.3	57.9	61.2	60.3
鉴定费用	16.5	18.6	19.3	89.5	73.6	71.4	75.7
内部失败成本	108.3	113.5	121.8	42.6	38.5	41.7	36.4
外部失败成本	106.3	127.4	45.7	34.6	33.1	30.9	26.3

请问：根据上述数据，评价该公司引进的新质量管理系统是否成功。

三、项目题

1. 在一个企业组织中，JIT 生产系统将消除浪费。这里所指的"浪费"具体含义是什么？这些浪费又是如何产生的？如果一个生产商在一个班次（8 小时）中只有相当于 7 小时产量的需求，究竟是只生产 7 小时，机器设备闲置 1 小时所造成的浪费大，还是生产 8 小时，把多余的产品纳入库存所造成的浪费大？

2. 请阅读以下资料，并回答相关问题。

在比较传统的国有企业中经常可以看到如图 7-7 所示的情形：每个车间都有各自的仓库，A 车间先从仓库领取原料，生产出中间品后存放到 A 仓库中；B 车间从 A 仓库中领出中间品，再加工后存放到 B 仓库中；然后 C 车间又从 B 仓库领取中间品，完成最后一道加工工序后放到成品仓库中去。在这样的生产方式下，企业除了有原料仓库和成品仓库外，还多了两个中间产品库，整个库存比一般工厂大得多。

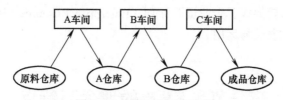

图 7-7 传统企业工序流程

你认为企业这样的生产方式是否合适？按照 JIT 中"一个流"生产的观点，应该做哪些改进？

四、讨论题

1. 如果你现在正在医院里，需要进行输血治疗。你希望这种输血治疗是用独立需求法控制血浆存货，还是采用 JIT 生产模式不控制血浆存货。

2. 由于不持有产品存货，因此就必须要以 JIT 生产模式来提供服务。生产商是如何做到这一点的？为什么生产商经历了很长一段时间，才逐渐认识到这一点？

第八章　ERP 与库存管理

▶▶ **本章目标** ◀◀

在第六、七章，我们分别介绍了 MRP 和 JIT 在企业库存管理中的应用。MRP 和 JIT 是两种现代化的库存控制系统，它们服务于共同的管理目标，即提高经济效益、减少库存费用和改善对客户的服务。同时，它们之间也存在明显的差异，各具特点。本章我们将介绍 ERP 在库存管理中的应用。在 MRPⅡ的基础上发展起来的 ERP 主要体现对整个供应链资源进行管理的思想，体现了精益生产，同步工程和敏捷制造的思想，体现了事先计划与事中控制的思想。

通过本章学习，相信读者将会具备以下能力：
1. 能够知晓 ERP 的理念与特点，了解 ERP 与 MRPⅡ的异同。
2. 能够掌握 ERP 实施的要点和方法。

随着全球经济一体化市场的逐渐形成，社会消费水平、消费结构和消费市场呈现出多样化、个性化、系统化和国际化的特征。以面向企业内部信息集成为主，强调单纯的离散制造环境和单纯的流程环境的 MRP 及 MRPⅡ系统已不能满足企业多元化、跨地区、多供应和销售渠道全球化的经营要求。随着网络通信技术的迅速发展和广泛应用，为了实现柔性制造，敏捷生产，快速占领市场，取得高回报率，制造企业必须转换经营管理模式，从"面向生产经营"的管理方式，转向"面向客户生产"，注重产品的研究开发、质量控制、市场营销和售后服务等环节，把经营过程的所有参与者如供应商、客户、制造工厂、分销商网络纳入到一个紧密的供应链中，这就促成了企业资源计划（Enterprise Resource Planning，简称 ERP）在企业经营各方面的形成发展与运用。

第一节　ERP 的理念与特点

一、ERP 的含义

ERP 管理是一种全新的管理方法，它通过加强企业间的合作，强调对市场需求快速反应、高度柔性的战略管理，以及降低风险成本、实现高收益目标等优势，提出了从集成化的角度管理供应链问题。

1. ERP 的定义

ERP 就是在 MRPⅡ的基础上通过前馈的物流和反馈的信息流、资金流，把客户需求和企业内部的生产活动，以及供应商的制造资源整合在一起，体现完全按客户需求制造的一种供应链管理思想的功能网链结构模式，如图 8-1 所示。

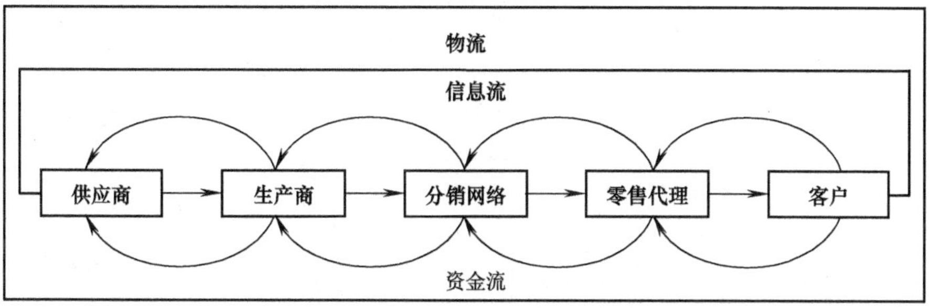

图 8-1　企业 ERP 管理价值链

ERP 的定义可表现在以下几方面：

(1) **加强对整个供应链管理**　现代企业的竞争不是单一企业与单一企业间的竞争，而是一个企业供应链与另一个企业供应链之间的竞争。供应链管理包括：战略性供应商和客户伙伴关系管理；供应链产品需求预测和计划的管理；全球节点企业的定位设定和生产的集成化计划跟踪与控制管理；企业内部与企业之间的材料供应与需求管理；基于供应链管理的产品设计的制造管理；基于供应链的客户服务和物流管理；基于 Internet/Intranet 的供应链交互信息管理。ERP 系统体现了对整个企业供应链的管理，适应了企业在知识经济时代市场竞争的需要。

(2) **加强对资金流和信息流的控制**　ERP 更加强调对整个供应链管理过程中资金流和信息流的控制，强调通过企业员工的工作和业务流程，促进资金、材料的流动和价值的增值，并决定了各种流的流量和流速。通过相关事务处理的会计核算，保证了资金流与信息流的同步记录和数据的一致性。从而根据财务现状，可追溯资金的来龙去脉，并进一步追溯所发生的相关业务活动，改变了资金信息滞后于信息流的状况，便于实现事中控制和实时做出决策。为给企业提供更好的管理模式和管理工具，ERP 还在不断吸收先进的管理技术和 IT 技术，如人工智能、精益生产、并行工程、Internet/Intranet、数据库等。

(3) **强调精益生产和敏捷制造**　ERP 已打破了 MRPⅡ只局限于传统制造业的格局，并把它的触角伸向各行各业，如金融业、高科技产业、通信业、零售业等，从而使 ERP 的应用范围大大扩展，强调了在混合生产管理中"精益生产"和"敏捷制造"。"精益生产"认为企业在按大批量生产方式组织生产时，把客户、销售代理商、供应商、协作单位纳入生产体系，它们是利益共享的合作伙伴关系，这种伙伴关系组成了一个企业的供应链。"敏捷制造"认为企业在遇有特殊的市场和产品需求时，其基本的合作伙伴不一定能满足新产品的开发生产，企业应组织一个由特定供应商和销售渠道组成的短期或一次性供应链，形成"虚拟工厂"，把供应和协作单位看成是企业的一个组成部分，运用"同步工程"组织生产，用最短的时间将新产品打入市场，时刻保持产品的高质量、多样化和灵活性。

ERP 系统能够自动完成一个组织功能领域的各项任务（财务、人力资源、销售、采购和物料分配），并能将这些不同领域的数据资料储存在一个数据库中。ERP 除了 MRPⅡ已有的生产资源计划、制造、财务、销售、采购等功能外，还具有质量管理、实验室管理、业务流程管理、产品数据管理、存货管理、分销管理、运输管理、人力资源管理和定期报告系统等功能，如图 8-2 所示。

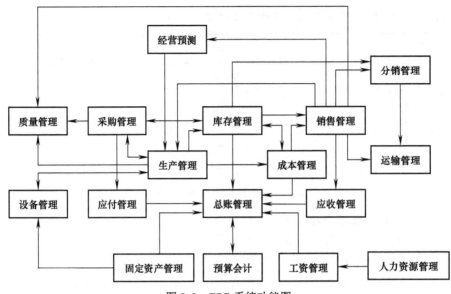

图 8-2　ERP 系统功能图

2. ERP 的特点

从管理信息集成的观点来看，从 MRP 到 MRPⅡ再到 ERP，是制造业管理信息集成的不断扩展和深化过程，每一阶段都是一次质的飞跃。

与 MRPⅡ比较，ERP 具有以下特点：

（1）**供应链管理的信息集成**　ERP 的核心管理思想是供应链管理。当前，企业之间的竞争已不再是企业个体之间的直接竞争，而是已经发展到企业之间供应链的竞争。ERP 系统正是适应这种竞争形势需求而发展起来的，ERP 的优势是强调了信息系统的集成化。具体体现在以下方面：

1）支持原材料流通体系的运输和仓储管理。

2）支持在线分析处理、售后服务及质量反馈，实时准确地掌握市场需求的动向。

3）支持生产的质量管理、实验室管理、设备维修和备品备件管理。

4）支持跨国经营的多国家地区、多工厂、多语种、多币制需求。

5）支持多种生产类型或混合型的制造企业。

6）汇合了离散型生产、流水作业生产和流程生产的特点。

7）支持远程通信、电子商务、电子数据交换。

8）支持工作流动态模型变化与信息处理程序命令的集成。

9）支持企业资本运营和投资管理、各种法规及标准管理等。

事实上，当前一些 ERP 软件的功能已经远远超出了制造业的范围，成为一种适应性强、具有广泛应用意义的企业管理系统。

（2）**最新网络通信技术的集成**　网络通信技术运用是 ERP 和 MRPⅡ的又一个重要区别。ERP 系统除已经普遍采用的诸如图形客户界面技术（GUI）、SQL 结构化查询语言、关系型数据库管理系统、第四代语言/计算机辅助软件工程、客户机/服务器和分布式数据处理系统等技术之外，还要实现更为开放的不同平台交互操作，采用适用于网络技术的编程软件，加强了客户自定义的灵活性和可配置性功能，以适应不同行业客户的需求。网络通信技术的应用，使 ERP 系统得以实现供应链管理的信息集成。

（3）**与 BRP 的有机集成**　为了使企业的业务流程能够预见并适应环境的变化，企业内外业务流程必须保持信息的敏捷畅通，实行业务流程重组（BRP），如图 8-3 所示。

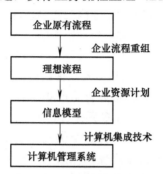

图 8-3　企业业务流程重组图

因此，为了提高企业供应链管理的竞争优势，必然要实行业务流程、信息流程和组织机构的变革。这种变革，已不限于企业内部，而是将供应链上的供需双方合作伙伴包罗进来，系统地考虑整个供应链的业务流程。ERP 系统应用程序使用的技术和操作必须随着企业业务流程的变化而相应地进行调整。将传统的 MRP Ⅱ 系统对环境变化的"应变性"上升为 ERP 系统通过网络信息对内外环境变化的"能动性"。总之，ERP 所包含的管理思想是非常广泛和深刻的，这些先进的管理思想之所以能够实现，又是与信息技术的发展和应用密不可分的。

二、ERP 与 MRP Ⅱ 的异同

1. MRP Ⅱ 是 ERP 的核心之一

ERP 最初源自于生产管理领域，是着眼于在不断发展的信息技术条件下，在 MRP 和 MRP Ⅱ 的基础之上发展起来的，特别是有关装配型产品的生产和库存管理领域。

MRP Ⅱ 主要用于订货管理和库存控制，它从产品的结构或材料清单出发，根据需求的优先顺序，在统一的计划指导下，实现企业的产销物信息集成，解决了制造业所关心的缺货与超储的矛盾。MRP 作为生产计划与控制模块，是 ERP 系统不可缺少的核心功能。特别是 MRP Ⅱ 是 ERP 的重要组成部分，MRP Ⅱ 是以生产活动中的销售、财务、成本、工程技术等主要环节闭环集成为一个系统，是覆盖企业生产制造活动所有领域的一种综合制订计划的工具。它通过周密的计划，有效地利用各种制造资源，控制资金占用，缩短生产周期，降低成本，提高生产率，实现企业制造资源的整体优化。MRP Ⅱ 较好地运用管理会计的概念，用货币形式说明了执行企业"材料计划"带来的效益，实现材料信息同资金信息集成，保证了资金流与物流的同步，便于实时做出决策。

2. ERP 与 MRP Ⅱ 的区别

ERP 除了传统的 MRP Ⅱ 系统的制造、销售和财务功能外，还借助于网络通信技术的应用，使 ERP 系统得以实现供应链管理信息集成，电子商务和客户关系管理应用，加快了信息传递速度和实时性，扩大了业务的覆盖面和信息的交换量，提高了信息的敏捷通畅，增强了企业的竞争优势，促进了企业业务流程、信息流程和组织结构的变革与重组，推动了 ERP 通过网

络信息对内外环境的变化做出能动的反应,为企业进行信息的实时处理和决策提供了极其有利的条件。ERP 与 MRP Ⅱ 的区别主要有以下几个方面:

(1) **资源管理** MRP Ⅱ 更侧重对企业内部人、财、物等资源的管理,ERP 系统在 MRP Ⅱ 的基础上扩展了管理范围,把客户需求和企业内部的制造活动,以及供应商的制造资源整合在一起,形成了一个完整的企业供应链,并对供应链中的订单、采购、库存、计划、生产制造、质量控制、运输、分销、服务、维护、财务、人事、实验室、专案、配方等进行有效管理。

(2) **经营管理** MRP Ⅱ 系统把企业归类为几种典型的生产方式进行管理,如重复制造、批量生产、按订单生产、按订单装配、按库存生产等,对每种类型都有一种管理标准,很好地支持了管理混合型制造环境,满足企业多元化经营的需求。ERP 除了具备 MRP Ⅱ 系统的制造、分销、财务管理功能外,还增加了支持整个供应链上物料流通体系中供、产、销各个环节之间的运输管理和仓库管理;支持生产保障体系的质量管理、实验室管理、设备维修管理和备品备件管理;支持对工作流(业务处理流程)的管理。

在跨国(或地区)经营方面的差别。当今企业的发展,使得企业内部各个组织单元之间、企业与外部的业务单元之间的协调变得越来越多和越来越重要,ERP 系统依托完整的组织架构,从而对跨国经营的多国家(地区)、多工厂、多语种、多币制的生产管理更具支持力。

(3) **事务处理** MRP Ⅱ 是通过计划的及时滚动来控制整个生产过程的,它的即时性较差,一般只能实现事中控制。而 ERP 系统可支持在线分析处理及售后服务和质量反馈,强调企业的事前控制能力。它可以将设计、制造、销售、运输等通过集成来并行地进行各种相关的作业,为企业提供了对质量、适应变化、客户满意、绩效等关键问题的即时分析能力。在 MRP Ⅱ 中,财务系统只是一个信息的归结者,其功能是将供、产、销中的数量信息转变为价值信息,是物流的价值反映,而 ERP 系统则将财务计价和价值控制功能集成到整个供应链上。

计算机资讯处理技术方面的差别。随着 IT 技术的飞速发展,网络通信技术的应用,使得 ERP 系统得以实现对整个供应链信息进行集成管理。ERP 系统采用客户/服务器(C/S)体系结构和分散式资料处理技术,支持电子商务、电子资料交换(EDI)。此外,还能实现在不同平台上的相互操作。

> **同步思考 8.1** ERP 的核心管理思想就是实现对整个供应链的有效管理。这句话对吗?

三、ERP 的局限性

尽管 ERP 的核心思想是供应链管理,但是目前大多数 ERP 系统还主要是用于企业内部流程的优化,并把注意力集中在如何使企业自身的运转更加有效。而企业的收益不仅取决于企业内部流程的加速和自动化,还将取决于企业将这种效率传播给它的整个供应链的能力。但是 ERP 系统达不到这种目标。

1. ERP 系统无法满足企业个性化管理的要求

随着管理理论和 IT 技术的不断创新,市场需求的不断变化,企业流程也必须随之而改革,而目前 ERP 还不能动态地满足企业流程变化的需要,必须经过艰难的二次开发和实施才能实现。虽然一些 ERP 企业正在进行动态企业建模的探索,但都还是处于初级阶段。

2. ERP 重心仍在企业内部

ERP 虽然是面向供应链管理,但其重心仍在企业内部,在现代激烈的买方市场竞争中,客户已经成为决定企业兴衰的关键。如何以客户为中心，提高客户的满意度和忠诚度，是 ERP 系统要改善的一个重要环节。

第二节　实施 ERP 的要点

ERP 虽然是从库存控制、MRP Ⅱ 发展而来，但它的实施是企业管理方式的全面变革，它涉及企业的库存控制、供应链管理、客户服务、基准评价等一系列问题，而这些问题远非是通过单纯结构调整所能做到的，必须通过管理模式、管理组织、流程和手段的改革才能得以实现。因此，企业在实施 ERP 过程中，更希望通过引入既先进又适合自身情况的管理模式来规范企业的业务流程。

一、最高管理层的积极参与

企业在引进 ERP 系统时要避免这样一个误区，即认为 ERP 纯粹是一个技术问题，是技术人员的工作，而与管理人员无关。实际上，实施 ERP 的过程是一个全面的变革过程，它既是技术的引进，更是管理方式的革命。因此，ERP 的实施必须要有企业最高管理层的重视和亲自参与。

1. 参与变革

企业最高领导在 ERP 的实施过程中一般要进行企业管理思想的革命、实现管理模式的重组和实现管理手段的改造。

2. 参与选择 ERP 软件

企业在引进 ERP 软件时要关注软件本身的功用性和信息技术的特性，尤其要注重软件所体现的管理思想、所内置的应用模型和业务流程，这样才能发现 ERP 的灵魂所在。

企业对 ERP 软件必须从应用模型和技术手段两方面加以重视，妥善解决分布式应用和体系化管理要求。实现总部与分支机构之间实时、动态的信息交换，使企业财务、销售、库存信息得到及时准确的传递，在整个企业内实现财务、采购、销售流程的统一化和标准化。要统一协调与供应商和客户的业务，快速处理企业范围内的采购、调配和送货，解决总部对下属单位的资金、物流的实时监控和管理，使企业逐步走向虚拟、敏捷和互动的高级形态。

3. 参与选择技术方案

正确的技术方案是 ERP 软件运行的载体和基石。一个优秀的应用模型如果没能建立在相应的技术框架之上，其管理作用将无从发挥，流于形式。如何选择一个适应企业管理要求、满足现状和未来发展的技术平台，是一个尤为重要的问题。

二、建立管理信息系统

1. 决策信息支持系统

在客户需求多元化的时代，企业如何才能通过科学的手段来分析、预测市场，规避风险，适应市场的快速变化，是企业时时关注的课题。面对纷繁复杂的信息，怎样对数据进行有效采集、加工并准确传递给企业的决策层，以实现科学和动态的决策，是 ERP 应用的关键环节。决策信息支持系统建立在财务、供应链、制造以及人力资源系统之上，利用数据库技术和在线分析工具，可为企业决策人员提供强有力的依据。

2. 人力资源管理系统

传统的人事档案管理已经不能满足企业的要求，企业越来越关注如何增强学习能力，最大限度地提升人员能力和工作绩效。人力资源和知识资源的结合形成了企业的智力资本，这是知识经济时代企业可持续发展的重要资本。一个全面的人力资源管理系统一般包括人力资源战略及政策、招聘管理、雇员培训、能力开发、绩效考核、升迁计划、知识管理等。

3. 物流管理信息

物流信息是指与物流活动有关的信息。在物流活动的管理与决策中都需要详细和准确的物流信息，如运输工具的选择、运输路线的确定、每次运送批量的确定、在途货物的追踪、仓库的有效利用、最佳库存数量的确定、库存时间的确定、订单管理、如何提高客户服务水平等。因此物流信息对运输管理、库存管理、订单管理、仓库作业管理等物流活动具有支持保证的功能。

三、做好前期准备工作

ERP 系统的实施要精心策划，科学组织，一抓到底，才能达到目的。在实施 ERP 之前，需要企业做好以下一些准备工作。

1. 知识更新

ERP 是信息技术和管理技术的结合，这就要求企业决策者和管理者，甚至是普通员工，要不断学习、研究、掌握现代企业管理思想、方法及计算机技术和通信技术的最新发展，用现代管理理论和信息技术武装头脑，开阔眼界。

2. 规范数据

数据规范化是实现信息集成的首要条件。ERP 作为一种管理信息系统，处理的对象是数据，因此，要求数据必须规范化，要有统一的标准，只有这样，才能保证数据的及时、准确和完整。

3. 机构重组

这是 ERP 系统实施难度最大的环节。企业必须在业务流程和组织机构方面，加以调整和变革，实行机构重组。

4. 全体动员

ERP 是对企业各层次的信息实现集成化，涉及企业的方方面面，涉及企业的每一名员工，这就要求全体员工积极参与并各负其责。

5. 理论培训

ERP 作为管理技术和信息技术的有机结合体，其在管理上所反映的思想和理论，通常要比实际运作中的先进，这就要求企业各级管理层要不断学习先进的管理理论，对 ERP 项目实施所涉及的人员分不同层次、不同程度做软件具体功能的培训。

6. 风险控制

ERP 系统的内容庞大，模块繁多，模块间的关联也比较复杂，其实施周期长，难度大，相应的实施风险也很大。企业需要对从 ERP 系统选型开始到系统上线实施的全过程存在的种种风险有系统性的认识，从而建立起一整套行之有效的风险管理机制，提高 ERP 的实施成功率，最终达到增强企业管理水平的目的。

> **同步思考 8.2**
> 在选择库存管理方法的时候，哪两个因素是最为重要的？

ERP 实施中的风险主要有：软件风险、实施风险和转变风险。其中，最为重要的是企业管理人员和业务人员管理思想的转变。

四、实施办法和程序

ERP 项目包含的内容很广，因此实施时要有总体规划，按管理上的急需程度、实施中的难易程度确定优先次序，在效益驱动、重点突破的原则指导下，分阶段、分步骤实施。ERP 实施过程一般划分为以下几个步骤：

1. 成立专门机构

ERP 的实施关系到企业内部管理模式的调整、业务流程的变化及相关人员的变动，所以必须由最高决策层组成的领导小组统一部署。为了顺利实施 ERP 系统，在企业内部成立三级专门机构，即领导小组、项目小组和职能小组。

1）领导小组负责 ERP 计划的制订、重大问题的决策及政策的制定等项目。

2）项目小组负责协调企业领导层和各部门，其负责人一般应由企业高层领导担任，有足够的权威和协调能力，同时要有丰富的项目管理和实施经验。

3）职能小组是实施 ERP 系统的核心，负责保证 ERP 系统在本部门的顺利实施，由各部门的关键人物组成，同时，应考虑请外部咨询人员以及系统集成商共同参加，他们的主要作用是将 ERP 系统的知识和项目实施经验传授给企业，使企业能够通过"知晓——接受——拥有"的过程，最终实现企业自身持续改善的目的。

2. 准备基础数据

ERP 系统可实现企业数据的全局共享，它必须在准确、完整的数据基础上运行，才能发挥实际作用。所以在实施 ERP 项目时，要花费大量时间准备基础数据，如基本产品数据信息、客户信息、供应商信息等。

3. 进行原型测试

在通过系统培训、全面了解 ERP 的基础上，结合本企业的具体情况和需求，进行适应性实验，来验证系统对具体问题解决的程度，以确定二次开发的工作量。原型测试的数据可以是模拟的，不必采用企业实际的业务数据。

4. 建立实施文档

为了保证 ERP 的实施达到满意、快速、安全的效果，使实施方案起到事半功倍的作用，企业要在各个实施步骤建立规范、详尽的实施文档。从而更准确地反映客户需求，更高效地完成阶段任务，更稳健地达到实施目标。

5. 进行系统调整

由于多元化集团企业涉及不同行业，行业之间在管理要求、应用模式、业务流程等方面存在很大差异，单一、固化的软件包无法套用到所有行业。任何一个 ERP 系统内含的先进管理模式也未必完全符合特定企业的管理要求，因此，需要考虑行业管理模式对软件功能做适当调整，以适应特定行业管理上的特殊要求。这就要选择不同的 ERP 行业模型和软件，推出不同的行业解决方案，对 ERP 系统进行调整。

6. 开展模拟运行

在完成客户化和二次开发后，就可以用企业实际的业务数据进行模拟运行。这时可以选择一部分比较成熟的业务进行试运行，实现以点带面，由粗到细，保证系统进行平稳过渡。

7. 进行系统切换

经过一段时间的试运行后，如果没有发生什么异常现象，就可以替换原来的业务系统。只有这样，整个 ERP 系统才能尽快走出磨合期，完整并独立地运作下去。

> 同步思考 8.3
>
> MRP、JIT 和 ERP 的库存控制方法之间的差异迥然，因此，每一种方法都只能独立使用。你认为这句话正确吗？

需要说明的是，ERP 的功能是非常强大的，涉及的范围十分广泛，库存管理只是其中很小的一部分。同时，ERP 的实施将会涉及企业的各个方面，要求的条件很高，并必须具备相关的基础。

复习思考题

一、简答题

1. ERP 的核心理念是什么？
2. ERP 的主要特点有哪些？
3. ERP 与 MRPⅡ有什么不同？
4. 实施 ERP 的要点有哪些？
5. 怎样实施 ERP？

二、项目题

请通过查阅有关资料充分了解 ERP 的发展现状，并对 ERP 的应用前景做出分析和判断，找出 ERP 技术与其他有关技术的关系。

三、讨论题

最近几年出现的电子商务是如何影响库存管理工作的？

第九章 库存管理实践

▶▶ **本章目标** ◀◀

在第六～八章，我们都是在介绍一些先进的库存管理方法。不同的企业组织有不同的存货问题。在库存管理中，一般把企业组织划分为厂商、批发商、零售商和物流企业四种。本章我们将重点介绍库存管理在物流、厂商、批发商和零售商中的应用。其中，厂商的库存管理最为复杂。厂商是指制造与装配企业，即购入原料，经过加工使之变成特定成品的组织。厂商的库存构成有消耗品、原材料、在产品、产成品等，其库存特定的重点是采购管理，成品出入库存管理以及库存物品的控制。批发商是指从厂商那里买来大批货物并把货物分销给零售商的组织，所以，建立库存据点、进行库存分配以及规划库存商品的布局是批发商库存管理的特色与重点所在。所有面向个人消费者的销售活动都称为零售，从事这种销售活动的企业和个人就是零售商。零售商的库存管理重点是对库存商品数量、结构和存储时间进行管理。

通过本章学习，相信读者将会具备以下能力：
1. 能够掌握物流与库存管理的关系。
2. 能够掌握库存管理在不同性质企业的应用。

第一节 物流与库存管理

物流作为经济社会发展的重要支撑，与人类生存和社会发展息息相关。没有生活消费品的时空流动，消费就无法实现；没有生产要素的时空流动，生产系统就会停止。物流是经济社会的动脉系统，是社会生产过程连续进行的前提，是社会经济发展的基础。

一、物流

1. 物流的定义

2001年8月1日中国国家质量技术监督局批准了《物流术语》国家标准（GB/T 18354—2001），2006年被 GB/T 18354—2006 代替。其中将物流定义为："物品从供应地向接收地的实体流动过程。根据实际需要，将运输、储存、装卸、搬运、包装、流通加工、配送、信息处理等基本功能实施有机结合。"物质资料的这种物理性移动存在于社会再生产全过程，包括物质资料在生产过程中各阶段之间的流动，以及从生产所在地向消费所在地的流动，以实现空间效用和时间效用。

> 同步思考 9.1
> 你认为物流对于企业的作用可表现在哪些方面？

2. 物流管理

管理是人们为了实现特定目标，对各种有限资源所实行的培育、发掘、利用和协调等活动的总称，它由管理者、管理对象和管理媒介三大要素组成。物流管理，就是在社会主义市场经济体制下，运用管理的基本原理和方法，研究物流活动中的技术问题和经济问题，以实现物流最佳经济效益，不断促进物流业的发展。

二、库存管理与物流

物流涉及企业经营中的物资流动和储存的方方面面，而库存管理是具体进行物资储存的环节。因此，库存管理是具有广泛职能的物流管理中的一个重要组成部分。

1. 物流库存管理环节

（1）**采购** 采购通常是企业经营活动中的初始环节，一个企业向其供应商发出采购订单，从此，开始了物资在供应链中的运动。采购环节的存在意味着实施采购的企业需要实施一系列有利于物资及时有效地运达采购组织的行为，应当积极寻求适当的供应商，对采购条款进行协商，设定条件，组织送货，购买保险，授权付款等。这些工作组织得好坏关系到企业的主要支出，企业需要与供应商就此建立起通畅的联系渠道。

（2）**进货运输** 进货运输是从供应商处把物资运送到实施采购的企业的收货区域。在这个环节上比较重要的问题包括运输的方式（汽车运输、铁路运输、航空运输、水路运输、管道运输等）、实施外包的政策、承运人的选择、路线的安排、安全和法律方面的要求、到货时间的确定、成本支出的考虑等。

（3）**收货** 确保物资按照订单的要求准确地送达收货地点，签署收货收据，进行卸载，对物资是否出现破损进行检测，实施分拣服务等。

（4）**物资搬运作业** 物资搬运作业包括在企业经营组织内的物资运作各环节，主要是将收到的物资从收货区域转移到储存区域，把物资从储存区域发送到对这些物资产生需求的地点，以及在各个地点之间运送物资。物资搬运作业的目标是保证企业经营中物资的有效流动，所以应该选择最为优化的流动路线，根据需要采用必要的特殊包装、作业设备和适宜的技术，实现货损最小化。

（5）**仓储作业** 对储存的物资进行管理，直到投入使用。仓储环节要确保物资在储存、处理和包装过程中始终保持在正常的状态之下，以保证物资得到及时而有效的使用。

（6）**存货和库存控制** 根据储存物资、客户服务、存货水平、订单批量和订单发布时间等多种相关因素，建立存货的相关制度。

（7）**订单分拣作业** 订单分拣作业就是从库存中按照订单的要求进行分拣。在这一环节，企业根据客户的要求，对现有存货进行定位、辨别、检验，并把发往同一个客户的货物集中组成一票进行包装，运到发货区域，准备装车发货。

（8）**发货运输** 发货运输是指把货物从发货区域运到客户手中。

（9）**实物分拨** 这是物流专业术语，是指把产成品送到客户手中的运作过程。它常常应用在市场营销方面，涉及供应链下游的一系列重要运作过程。

（10）**循环、回收和废料处理** 在物资的运输过程中有时会出现一些问题，如发货错误、发货量过多等，在这种情况下就特别需要将这些物资运送回供应商处。这种反向物流运作会涉及相关物资的回收工具，如托盘、发货箱、电缆盘以及集装箱等。这些回收物资中的一部分可用于循环使用（如金属、玻璃、塑料等），其他部分则作为废料，进行无害化处理。

（11）**合理定位** 根据实际需要，对以上环节进行准确定位。例如，对于产成品存货，既可以在生产完成之后，放在工厂附近仓库中，也可以放在一些中心设施、客户的仓库，或者交由其他方来进行管理。

（12）**信息交流** 与物资的实物流动相配合的是相关信息流。信息流连接着供应链的各个组成部分，肩负着传递多方面相关信息的使命。这些信息包括产品情况、客户需求、运送的物资情况、运作时机的选择、存货水平、物资的可靠性、运作中出现的问题、成本、服务水平等。信息流的协调工作对企业来说是十分重要和艰巨的，许多时候，物流管理工作常常可以等同于信息处理工作，信息处理工作的重要性常常大于物资的运送工作。

企业经营中的这些作业环节是密切相关的，它们有时会出现重叠。因此在实际工作中不能人为地在这些作业环节中划分界限，而要把这些环节视为物流作业中的各个不同侧面。也就是说，一切物流行为都会对存货产生影响。例如，运输方式的选择关系到物资运输所采用的工具及对存货产生直接的影响。人们根据地理位置、基础设施、物资的实际重量和体积、物资的实际价值、承诺的客户服务水平、需求的紧迫性等一系列相关因素来确定选择汽车运输、铁路运输、航空运输、水路运输，还是管道运输。空运速度最快，费用最高，在途存货数量相对较少；水路运输速度最慢，费用最低，在途存货数量相对较多。因此，选择的运输方式除了将会对到货时间和运输费用产生影响外，还会影响途中货物数量。

2. 物流环境与库存管理压力

（1）**物流环境** 我们现在处于这样一个市场化时代：市场需求表现为多样化，一方面是产品生命周期的缩短，另一方面是产品品种的飞速膨胀。与此同时，客户对交货期的要求越来越高，越来越苛刻。企业面临缩短交货期、提高质量、改进服务和降低成本的压力。所有这些要求企业对不断变化的市场做出快速响应，源源不断地开发满足客户需求的、定制的"个性化产品"去占领市场以赢得竞争优势。因此，21世纪的竞争不再是单个企业与企业之间的竞争，而是企业之间物流运作的竞争。物流竞争要加强以下几个方面的工作：

1）压缩时间。压缩时间体现在时间与速度上，这已被作为竞争优势的主要来源。快速可靠的运输送货可以使企业减少备货时间，从而减少存货成本。物流将在满足"快速响应"要求的系统中起到越来越重要的作用。

2）客户服务期望。客户所感受到的服务质量最为重要，如客户期望准时、高质量、反应快速、更精确的提货和送货服务。

3）生产全球化。如从发展中国家的生产厂商那里以超低成本价格获得所需产品或零配件。

4）供应商与客户一体化。供应商与客户一起参与制订供应计划，以减少存货，降低成本。

（2）**物流环境对库存管理系统的压力** 客户对服务、质量和多样性的要求不会减少，从这个意义上说库存管理人员所处的环境将不会变得比以前更容易。库存管理人员必须直接面对这些问题，提高技能和改进库存管理工作，从而在服务和成本的整体约束内提高库存绩效。

当存在降低仓库库存水平的压力时，这可能预示大量的慢速移动的物资应该集中储存。尽管这个目标可以达到，但需要将信息系统进行改变，并且可能由于小批量运输而导致运输成本的增加。所以，在没有考虑物流系统费用的情况下是不能够做出合理的库存管理决策的。

在考虑改变库存管理系统时，经常需要对各种因素进行权衡和评估。在整个物流系统中都存在着高库存和降低库存水平的压力。高库存一方面给管理者带来方便，但另一方面也会隐藏预测错误和其他错误；降低库存，除了考验管理者的管理水平外，同时可减少库存持有成本，提高整体利润。

三、库存管理与物流一体化

库存管理是物流运作的一个重要组成部分，对库存的管理不能仅仅停留在仓库管理上，要从一个更大范围的、物流管理的角度来进行研究。

1. 传统物流运作

传统的物流运作如图 9-1 所示。

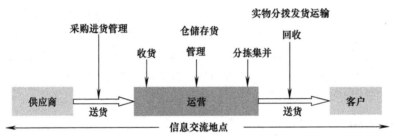

图 9-1 传统物流运作图

从传统角度来看，物流运作中的每一个运作环节都是分别进行管理的，因此就出现了角色不同的采购部、运输部、仓储、分拨车队等。然而，这种相互分离的特点带来了一系列的问题。例如，企业组织的仓储环节试图通过减少原材料存货来降低仓储成本，但是，这样做就很有可能引发频繁的缺货、运营的中断、增加紧急订货的数量、提高突然订单和特殊供货的成本，同时这还会降低整体的服务水平。结果是，仓储的成本降低了，但是整体运作的成本却大幅提高，得不偿失。同样，如果采购部为了降低管理费用而单方面决定减少订单的数量、提高订单的批量，那就很有可能提高整体的存货水平，使得仓储环节占用资金总额大幅提高。当一个企业组织的各个物流部门分割成不同的单位时，上述提到的矛盾就在所难免。由于每一个部门都拥有各自的目标，因此，就会出现力量分散和浪费资源的情况。

分散式的物流系统弊病主要表现在以下几个方面：

1）在同一个企业组织中不同部门的目标是不同的，往往也是矛盾的。

2）力量分散，生产效率低下。

3）信息流中断。

4）协调合作减少。

5）不确定因素增多。

6）制订整体计划更加困难。

7）引入不必要的缓冲，如在产品的存货。

8）使得重要的信息变得模糊不定，如总成本。
9）物流水平低下。

2. 物流一体化

如果把物流视为一个有机的整体，建立物流一体化，就可以避免上述问题的出现。这样，当一项决策通过时，库存管理者就会以整体利益为考虑的目标，而不再以单一运作环节的利益为出发点。因此，在库存管理方面进行决策的时候，要看得更高、更远一些，目标应该是达到最佳的整体效果，而不是某一个体的最高目标。

四、库存管理与逆向物流

1. 逆向物流的定义

库存物资管理的可追踪性（如通过条码）可以处理和计算退货，这就是逆向物流。逆向物流涵盖了有关再利用材料与物资的所有活动，包括收集、拆卸和处理用过的产品、零件或者原材料，使它们有效地被再利用。美国物流协会对逆向物流下的定义是：为了资源回收或处理废弃物，在有效率及适当的成本下，对原料、在产品、成品和相关信息从消费点到原始产出点的流动和储存，进行规划、执行与控制的过程。回收物流与废弃物物流都属于逆向物流。

广义的逆向物流应涉及企业生产与销售，产品售后服务等各个方面，如生产加工过程中的原材料节约、废料的重新利用、包装物的重新利用、次品的改造、产品消费后的回收等。逆向物流的运作可以给企业带来可观的经济效益，企业在处理逆向物流中的库存管理问题时，要注意以下五个基本问题：

1）什么是回收的产品、零件或者原材料的代替品？
2）谁来完成不同的回收活动？
3）不同的回收活动将怎么完成？
4）是否可以将逆向物流的典型活动与传统生产和配送系统整合在一起？
5）经济与环境的成本与收益是什么？

在物流中加入逆向物流结构后，就可以大大减少流向自然界的、需要处理的废弃物数量。在一个受管制的经济环境中，减少废弃物处置量，不仅减少了对环境的危害，也会降低企业因处理废弃物所发生的成本，如图9-2所示。

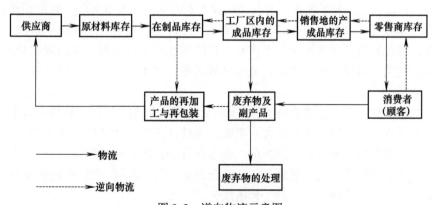

图9-2　逆向物流示意图

2. 逆向物流的处理

随着科学技术的发展和人民生活水平的提高，人们对物资的消费要求越来越高，既要质量好又要款式新。于是被人们淘汰、丢弃的物资日益增多。这些产生于生产和消费过程中的物资，由于变质、损坏或使用寿命终结而失去了使用价值。它们有生产过程的边角余料、废渣废水以及未能形成合格产品而不具有使用价值的物资，有流通过程产生的废弃包装材料，也有在消费后产生的废弃物，如家庭垃圾、办公室垃圾等。这些废弃物一部分可回收并再生利用，称为再生资源，形成回收物流。另一部分在循环利用过程中，基本或完全丧失了使用价值，形成无法再利用的最终废弃物。废弃物经过处理后，返回自然界，形成废弃物物流。逆向物流是目前物流管理的一个重要内容，企业实施逆向物流战略的动力来源于以下几个方面：

1)《环境保护法》要求企业必须回收他们的产品并对进一步的处理措施负责。
2) 使用处理过的回收产品比支付高昂的处理费用要划算。
3) 消费者对环境保护的认识进一步提高，公众认识到过多废弃物耗费社会成本。

逆向物流的处理有两方面含义。一是将其中有再利用价值的部分加以分拣、加工分解，使其成为有用的物资重新进入生产和消费领域。二是对已丧失再利用价值的废弃物，从环境保护的目的出发将其焚烧，或送到指定地点堆放掩埋，对含有放射性物质或有毒物质的工业废物，还要采取特殊的处理方法，如图9-3所示。

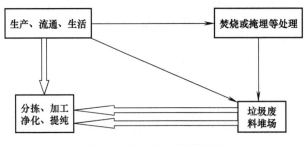

图9-3 逆向物流的流向图

3. 逆向物流组织的意义

影响库存管理的因素之一就是人们对大气污染、水污染、能源消耗、城市发展以及污水处理等问题的日益关注。公平地讲，由于物流业涉及载重汽车排放尾气、利用绿地修建仓库、在一些地方兴建道路、大量使用包装材料、船舶违法冲洗储油罐、油轮出现事故而导致原油污染等方面，因此物流业对环境保护工作有一定的消极作用。所以，逆向物流处理得好，可以增加资源的利用，降低能源的消耗，减少环境污染，这不仅有重要的经济意义，而且有更重要的政治意义。

废弃物如果处理不当，会造成公害。例如：把有毒物质倒入河川，对饮用人的健康有害；将废电池随意丢弃，对土壤危害性极大。美国把保持有害状况达7年或7年以上的废弃物定义为非常危险的废弃物。废弃物不能再用，必须进行妥善的环保处理。

对逆向物流的重视已是迫在眉睫，它可变废为宝，化害为利，创造经济价值和社会价值，为人们提供优美环境，促进人与自然的和谐统一。

第二节　厂商与库存管理

厂商主要是指进行连续性生产与装配式生产的制造与装配企业。厂商的库存管理主要是在产品管理、采购管理和仓库管理。

一、在产品管理

1. 在产品与在产品库存

（1）**在产品**　在产品是制造或生产物质产品的企业所特有的一种存货。尤其是在按订单制造产品的企业中，在产品可能占总存货金额的 50%。在产品库存量就是生产过程中产品的直接材料费、直接人工费和已分配制造费用的总和。为了最大限度地利用直接人工和设备，企业也可能出现较高的在产品库存量，造成生产控制系统的复杂化，生产周期的时间延长，生产费用的增加，较高的物资搬运费用及在产品储放和搬运占用的面积大等情况。

（2）**在产品库存**　在产品库存由于能充分利用产能而给生产带来经济效益。在产品过少，可能引起的产能利用不足使成本增加；在产品过多，也会引起超储成本的增加。连续生产过程采用的作业程序是互相衔接不可分割的。每道工序的生产率相等，因此只存在少量的在产品库存。这是均衡作业的流水生产线的一般特点。流水生产线的主要缺点是作业缺乏弹性，一旦有一道工序缺料或发生故障，整个生产线就会停止，直到物料恢复供应或机器修复为止。间断生产过程是按独立的方式来进行各道工序的生产，它不是所有的订货都需要同样的数量或类型的工序。这类生产过程消除了工序间的相互影响和存在着的订货排队等候，各工序能有效和独立地作业，相互独立的代价是一系列的在产品库存。在产品库存控制对连续生产过程而言是一个小问题，但对于间断生产过程而言却是一个大问题。

在产品库存主要存在于制造业。它对在产品的不同流量起补偿作用，能防止停工待料。当连续作业不能精确地按相同的生产率进行时，便形成在产品。控制在产品库存主要是使订货尽快地通过生产过程，过多的在产品库存将延长生产周期时间并占用资金。

2. 在产品库存量与在产品成本

（1）**在产品库存量**　在产品库存量能防止劳力、设备的利用不足和闲置。劳力和设备的闲置就是产能的损失。连续生产过程采用的作业程序是互相衔接不可分割的。在产品库存的经济性主要是当定制的物资在各工作地之间的流率失控时才显示出来。如果物资的流率能在"入口"工作地或"瓶颈"（薄弱环节）工作地被控制，则在产品库存量便决定于对这些工作地投入量的控制。如果能进行完善的控制，则正常的数量很小（接近零）。对于控制程度尚不十分确定的"中间"工作地来说，在产品存货的需要量就会更大一些。许多按订单生产的企业可从减少库存中得到利益，但是有的时候在设备和劳力利用上所蒙受的损失将大大超过这种收益。

为最大限度地利用劳力和设备，有些组织总是保持足够的在产品库存。很明显，这种办法必然使库存量大大增加。如果这种做法走向极端，它便可能对产程的安排产生影响，并使产品成本增加。这是因为：①由于在产品过多，前置时间必然增长；②由于前置时间较长，变更工作任务单次序的可能性便增加。若次序变更太频繁，则生产准备成本便会很高，同时生产率也会下降。

（2）**在产品库存与成本**　在产品库存是生产过程中不同工序间不断变化的生产率的缓冲器，其目的是使订货尽可能平稳地流动。订货流动越平稳，需要等待加工的在产品量便越少。反之，若流动很不均衡，则需要处于等待状态的订货便越多。在产品库存太少则效率低，而太多又费用大。减少在产品库存量，还可能附带地带来减少成品库存量的好处。减少在产品库存量能缩短物资通过生产过程所需的周期时间，周期时间越短，便有可能做到如期完成订货，而不依靠成品库存。在任何情况下都要求成品的安全存货量要少，而周期时间要短。减少了在产品库存，便意味着周期时间缩短，对成品库存需要量减少，使生产过程得到了较好的控制和各种资源得到了较好的利用。综合的效果是经营成本的降低，经营资金的缩减，最后是资金收益率（生产率的一项重要度量标准）的提高。

在产品存货的总成本函数很可能呈 U 字形。由于提高设备和劳力的利用率所产生的节约额呈指数形式，在产品存货为小到中等数额时，当达到某一点或某一范围时，总成本便最低。库存量再增加，则成本又会显著提高。如果超出定性描述的范畴，便需要使总成本函数定量化。由于大多数加工车间生产的复杂性，要在未来经营实际测试或模拟分析的情况下使总成本函数定量是困难的。

二、在产品库存管理方法

1. 前置时间控制法

前置时间可用于个别物资或工序，也可以一项物资（或一道工序）一个前置时间，或所有物资（或所有工序）一个前置时间。从获得全部原材料和外购零件，并对其加工、测试，到成品包装所需的总时间叫作生产周期时间。在工厂内从第一道工序开始到最后一道工序结束，完成全部必要作业所需的总制造时间叫作制造周期时间，前置时间就是所有单位制造周期时间的合计。

（1）**制造前置时间**　制造前置时间是从发出制造命令到其完成所经历的时间。它包括五个组成部分：

1) 生产准备时间。为某项作业准备物料、机器或加工中心所需要的时间。

2) 工艺时间。进行生产作业的时间。对于多数订货来说，工艺时间是很少的，只占制造周期时间的一个很小的部分。

3) 搬运时间。进行出库、入库或加工中心之间的运输所消耗的时间。

4) 等待时间。物料等待移送到下一工作地的时间。

5) 排队时间。由于有另一项订货正在加工中心加工，物料要排队等待的时间。

前置时间的最大部分（有时高达 90%）通常都来自排队时间，排队时间比所有其他时间之和往往还要长。因此，要缩短制造周期时间主要应从缩短排队时间入手。对于某项具体的订货或产品来说，排队时间还取决于它的轻重缓急。重要紧急的订货可插入已形成的排队，甚至排在队列之前，从而使其制造周期时间得到压缩，但这样必然使非紧急订货的制造周期时间延长。同时，不是所有的订货都需要同样数量或类型的工序，应积极消除生产过程中各工序间的相互影响和存在着的订货排队等候。

在产品库存投资与制造周期时间按正比例关系变化。作为制造周期时间主要组成部分的排队时间，可以通过限制生产中的实际积压，而使未交付的订货大大缩减。积压的订货可以通过更好地编制作业进度表和工件的投产计划表来压缩。缩减积压的订货或在每个加工中心的排队，其结果是零件在"返回"被加工时等待时间较少，最终效果是存货的现金投资周转率得到改善。

厂商在生产中交货延误的主要原因是等待机器或加工中心的有效工作时间，等待搬运，等待检验，为急件让路，缺少工具，材料或信息，机器发生故障，出勤不足。有关交货延误的原因都直接或间接地与计划和排产不当有关。因此，要减少延误，就必须努力做好计划与生产的协调工作。假定物料和人工费用均已得到控制，此时要降低在产品库存水准就必须缩短某工件或某项订货在制造过程中所消耗的制造周期时间。如果制造周期时间缩短，那么在产品库存投资也就按比例地减少了。

（2）制造前置时间控制 制造前置时间应看作是管理部门所要控制的变量而不是常量。缩短制造前置时间可以改善对客户的服务，改善进度计划变动的反应性及进度计划的完成情况，从而削弱预测误差和经济周期的影响，使库存量减少，降低存货成本和产品成本。所以，能否缩短制造前置时间，取决于该组织所持有在产品库存的多少。若在产品库存太多，订货的优先次序就可能频繁地变化。这样就会导致机器设备过于频繁地拆装，从而使产量下降和产品成本增加。

例 9-1 某工厂有月产 800 单位的生产能力，最多还能增加 300 单位的生产能力，要靠雇用临时工在上班时间内增加生产。但是当总需要超过 1 100 单位时，就必须靠加班来弥补不足之数，加班的能力也是 300 单位，即无论如何不可能在一个月之内生产 1 400 单位以上。由此所增加的费用为临时工工资 100 元/每单位，加班费用 140 元/每单位，库存费用 25 元/每月每个单位。

若想使 1 月末及 12 月末的库存均为零，何种计划才最为合适呢？假定不考虑预测误差和缺货情况，这个问题的答案见表 9-1。

表 9-1 使库存为零的计划表

月	需求量	计划				余额
		定时	临时	加班	合计	
1	920	800	120	—	920	0
2	350	800	—	—	800	450
3	950	800	—	—	800	300
4	1 050	800	300	—	1 100	350
5	1 500	800	300	50	1 150	0
6	1 200	800	300	100	1 200	0
7	850	800	100	—	900	50
8	300	800	—	—	800	550
9	880	800	—	—	800	470
10	1 050	800	300	—	1 100	520
11	1 250	800	300	140	1 240	510
12	1 690	800	300	80	1 180	0

总之，无论在质的方面、量的方面还是价格方面，都要求其均衡。因此，各企业根据各自的经营方针，来决定适当的库存金额才是上策。

一个车间所能完成的工作量受它的产能限制。如果产能和完成任务所需的物料均不具备，就不应该把订货单交付给车间。在产能未增加的情况下增加投入量就会使制造周期时间增长。若一个组织有产能问题，便存在使前置时间增长的诱因，前置时间的增长只能导致更大的在产品库存。

若积压而未交付的订货增加，前置时间便会延长。为了控制前置时间，就必须控制积压而未交付的订货。要控制积压而未交付的订货，交付给一项设备的任务就不能大于它可能的产量。当产出量一直不能满足投入量时，就必须扩大产能或者减少投入量。控制好前置时间才能以更低的成本和更迅速的反应能力来获得更大的竞争优势。

怎样才能缩短前置时间呢？一旦缩短之后，又怎样才能控制它呢？最好的解决办法是采用投入产出控制法。对一项设备的投入量不得大于产出能力。投入产出控制法能稳定前置时间，所以可更有效地控制在产品库存。许多企业都由于未采用投入产出控制法而面临着对车间的投入经常大于产出的问题。其后果是排队加长，导致大量订货积压，并因此而使前置时间增长。许多企业还没有意识到控制对设备的投入量的重要性，不明白要缩短和控制前置时间就必须控制投入（同时还要控制产出）。只有根据产出来减少投入，才能缩短前置时间。对于在生产中持有的订货要一直控制到可能最后存在的时刻，投入产出控制法可使车间不用去做许多不合理的工作。它有助于保持正确的先后次序，只使那些真正需要的订货被实际加工。

2. 投入产出控制法

投入产出控制法就是通过实际投入与计划投入的对比，对进入加工中心的制品流量进行控制，以及通过实际产出与计划产出的对比，对从加工中心流出的制品流量进行控制。其目的是在偏差变得严重之前就把注意力集中在预防偏差上。随着工作的进行，总会出现一些小的偏差，因此要不断纠正延误和失调，以使新工件的平均投入量和已完工工件的平均产出量大体相等。如果发出的工作量大于已完工工件的产出量，则积压而未交付的存货量便会增加，前置时间便会增长。反之，如果发出的工作量小于已完工工件的产出量，则积压而未交付的订货量便会减少，前置时间便会缩短。

应当注意的是，只有在入口加工中心才能真正地控制投入率。因为这里是工件的入口所在，可能增大或减小投入率。在后继的各个加工中心，其投入率是通过调节供料的加工中心的产出率来控制的。

投入方面的问题要检查上游的加工中心，如果是入口或最初加工中心的问题，则应检查发出订货的系统。在入口加工中心控制投入是比较容易的。但是在第二或中间加工中心控制投入就很困难，因为投放的来源很多。产出的问题往往和加工中心的产能有关，也可能同投入有直接联系。

投入产出控制法是研究吞吐量（流入量和流出量），而不仅仅是积压未交付的存货量。投入产出控制法通过对每一加工中心规定排队的计划数量来控制前置时间，然后调节每一加工中心的投入与产出的关系来实现计划的排队量。它的基本功能是产能控制，并导致对积压未交付订货量和前置时间的控制。投入量必须等于或小于产能，否则积压未交付的订货量将增加，如图9-4所示。

> 同步思考 9.2　为什么产能对于库存是非常重要的？

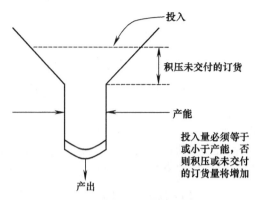

图 9-4 产能的限制

对于大量明显的积压未交付的订货的反应往往是试图用某些方式去增加产能。如果积压未交付的订货是由过早交付而又不急需的订货或工件所组成的,则这便是一种假象,增加产能只能使问题变得更加严重。如果是未能完成规定的计划,则瓶颈加工中心可通过追加人力、增加班次、加点、转包或添加设备来扩展。如果积压未交付的订货量一直很高,是由于对产品需求量的增加所导致的,则它可能表明需要扩大产能。

为了做好投入产出渠道的畅通无阻,可采取以下一些措施:

1) 外购物料的交货时期要尽可能接近第一道工序的开始时期。要拒绝接受不在规定的合理限度之内的供货。

2) 物料出库在前于其需要日期的情况下要尽可能地晚。这项措施既可抑制在产品的物料成本,又可在生产需要之前保持对物料的控制。

3) 要平衡订货的投入率和完成订货的产出率。例如,投入率大于产出率,则积压未交付的订货量和制造周期时间便会增加。

4) 在人员、物料、工具和辅助设施尚未获得所需的数量之前,不要把订单交付生产。

5) 要以尽量短的制造周期时间来安排工作,才不至于造成设备能力的浪费。除非会在其他方面产生严重的资源利用不足,否则便不要提前发出订货单(积压不能交付的订货)。

6) 增加时间要符合实际需要。在安排计划时,实际只需要一两天而用数周就很不恰当。增加的时间太多会使周期延长。计划时间和实际时间相一致的情况也是很普遍的事情。

例 9-2 公司预计某种物品的长期需求为 1 000 件/周,而现有生产设备每周的生产能力是 800 件。为解决产能不足的问题,公司现有三种方案:一是加班,该措施的固定成本为 1 000 元/周,变动成本为 10 元/件;二是实行外包,外包供应商的价格是每件 18 元;三是增加设备提高产能(设备需要一年时间才能完成安装),这时,每件产品的生产成本是 13 元。

根据题目得知:现有产能与现有需求不匹配,有 200 件/周的缺口。

加班: 1 000 + 200 × 10 = 3 000(元/周)

外包: 200 × 18 = 3 600(元/周)

扩能: 200 × 13 = 2 600(元/周)

在每件产品售价高于 13 元的前提下,最佳方案是扩大产能。由于新设备需要花一年的时间,公司可通过加班来满足这段时间客户的需求。

3. 临界比率控制法

MRP 系统的主要功能是确定和适时修正车间订货的交付日期。车间须以此为依据来确定它的各种订货的制造顺序。当若干订货同时竞相要使用某种机器时，就必须根据交付日期的信息采用某种优先次序的准则。许多不同的轻重缓急处理准则已用于机器加工车间，还有许多模拟研究法可比较各种优先次序准则的相对效果。没有一个在各种情况下都是最好的优先次序准则，已受到相当广泛重视的一项优先次序准则便是临界比率法。

临界比率是在同一台设备上比较某项订货对另一项订货的紧迫程度的一种衡量标准。它要以什么时候需要完成订货和完成订货需要多少时间为依据。其具体的计算方法如下：

$$\text{临界比率} = \frac{\text{需要时间}}{\text{可供时间}} = \frac{\text{需要前剩余的时间}}{\text{完成工作还需要的时间}} = \frac{\text{需求日期} - \text{现在日期}}{\text{完成工作还需要的时间}}$$

根据临界比率便可确定哪些订货滞后于计划，哪些订货超前于计划，哪些订货正好按计划，下一步应加工哪些订货，生产速率是否应加快等。临界比率小的订货比临界比率大的订货要优先加工。临界比率大于 1 时，订货超前于计划；临界比率等于 1 时，订货正好按计划；临界比率小于 1 时，订货滞后于计划。因此，临界比率越小，该项订货便越关键。

例 9-3 企业加工车间各工作需求日期与加工数据见表 9-2。用临界比率法对所列的工件加以排序。

表 9-2 加工车间各工作需求日期与加工数据

工件	A	B	C	D	E
需求日期	50	40	42	28	38
剩余的加工时间（天）	5	4	6	1	8

用临界比率法对表 9-2 所列的工件加以排序，假设今天是生产日历的第 28 天，排序结果见表 9-3。

表 9-3 各工件加工排序表

工件加工顺序	工件名称	临界比率
1	D	(28−28)/1=0.00
2	E	(38−28)/8=1.25
3	C	(42−28)/6=2.33
4	B	(40−28)/4=3.00
5	A	(50−28)/5=4.40

当临界比率用于安排仓库服务业或确定下一货车应装运哪些物资时，应用以下公式：

$$\text{临界比率} = \frac{\text{可供日数}}{\text{剩余的前置时间}}$$

$$\text{可供日数} = \frac{\text{现有存货量} - \text{保险存货量}}{\text{平均日需求量}}$$

在实践中，所有装运的物资都应已计算并排列好各自的临界比率。临界比率小于 1 的所有物资都应在下一车装运，如有剩余货车的装运能力，则应按临界状态的次序来装运。

三、采购管理

采购是指获得生产产品或提供服务所需的物料、零件和补给。通常，制造业产品成本中超过 60% 的部分来自外购零件和物料，所以企业对采购的管理应有相当的重视，尤其现在价格竞争的激烈与盛行全球的一体化加工，更是对采购管理工作提出了较高的要求，并且零售与批发企业的外购物百分比更高，有的甚至超过 90%，采购环节的一点点改进就可以带来可观的经济效益。假设一家企业购买了价值 60 元的材料，生产加工费用开支 40 元，然后以 110 元的价格出售。该企业的利润就是 110−(60+40)=10 元。现假设采购部门通过谈判争取到原料价格 5% 的优惠。那么原料现在的成本就是 60×(1−5%)=57 元，而卖价不变，这样节省下来的 3 元就都是利润。

例 9-4 某企业去年的总销售额为 2.16 万元，为此直接产生的原材料成本是 1.16 万元、人员工资 0.54 万元、管理费用 0.24 万元。假设把原材料成本降低 1%，会产生什么效果？

去年实现利润=2.16−(1.16+0.54+0.24)=0.22（万元）

如果原材料的成本下降 1%，为 1.16×(1−1%)=1.148 4（万元）

那么利润会增加到 2.16−(1.148 4+0.54+0.24)=0.231 6（万元）

原材料成本降低 1% 使得利润增长了 5.3%。利润率从 10.2% 增长到 10.7%。

尽管如此，采购的重要性决不仅限于外购商品成本，它的重要性还包括商品与服务的质量，以及提交商品或服务的时间选择，这两个方面都能对生产产生重大影响。

1. 采购作业

采购作业是从企业内部需要到企业外部采购物料、设备、补给及其他物资开始，在采购部门被通知货物已收、符合要求时结束。该作业的主要步骤如下：

（1）**采购部门收到正式请求** 正式请求包括所需物料细项说明、必需的质量与数量、期望交货日期、采购申请人。

（2）**采购部门选择供应商** 采购部门必须识别出能够供应所需商品的供应商。如果在当前文件清单上找不到合适的，就应立刻去找新供应商。选择供应商时可以参考供应商分级，当某供应商的未来业绩呈上升趋势时，还应更新分级信息。

（3）**采购部门向供应商订货** 如果订单涉及的费用很大，特别是在一次性购买设备的情况时，要求供应商投标，此时需要生产与设计人员来帮助采购部门同供应商进行协商。数量大、经常使用的细项可以使用总购货订单方法，这样一般情况下，每年只需和供应商协商一次价格，其后一年内的价格都遵照它来执行。中等数量的细项可以采用总购货订单方法，也可以采用个别订货方法。少量购买也可由需要某细项的生产单位直接与供应商联系，但是对这种采购一定要有控制措施，否则后果不堪设想。

（4）**监督订单** 例行跟踪订单，尤其是那些数量很大或交货时间长的订单，能使采购部门预见到送货延迟，并将这一信息传递到相关部门。同样地，有关部门也必须把所需数量与交货变化及时传递给采购部门，这样他们才有时间调整自己的计划。

（5）**接收供货** 收货部门必须检查供应商交付的货物质量与数量，同时通知采购、会计和需要货物的生产单位。如果货物不符合接收要求，就必须将其交回给供应商并要求赔偿替换。此时也要及时通知采购、会计和生产单位。无论怎样，都要更新供应商分级估价记录。

2. 采购决策

采购指的是从企业外部来购买各种形式的产品。有的企业外购很少，它们宁愿自己做每一件事，而有些企业外购范围很大。

（1）**外购选择** 外部供应商一般具有专门技术与工作知识，也就是说供应商可能有某必备零件的专利权。外部供应商可能是某零件的大规模生产商，他们提供的零件（由于规模经济），成本比企业自制的还要低，提供的材料、零件更好、更便宜或更高效。同时外购还能增加企业柔性。当企业向小型化发展时，由于注意力逐渐集中到核心活动上，外购往往会相应增加。

外购的风险主要是容易失去控制、对供应商的依赖性增加、缺乏自制能力等。

企业外购时应考虑以下因素：比较自制成本与购买成本，主要比较备货成本与外购成本；需求的稳定性与可能的季节因素；对比从供应商处可获得的质量与企业自己的质量能力；对作业保持密切控制的渴望；组织内部可获得的空闲生产能力；两种方法的生产前置时间；谁拥有专利权、专门技术等；技术稳定性（如果技术是不断变化的，最好选用供应商）；当前作业情况下，各项作业的一致性或冲突性程度。

（2）**商品价值成本分析** 价值成本分析是指对所购零件与物料在降低成本或提高业绩方面起到的作用进行检查。在这种分析中比较典型的问题有：某个比较便宜的零件或物料能用吗？起到的作用是必需的吗？由两个或两个以上零件或构件完成的功能能用某一种成本更低廉的零件完成吗？某零件能被简化吗？产品规格说明不那么严格可以吗？是不是会使价格降低？非标准零件能用标准零件替代吗？供应商或供应者有改进建议吗？员工有改进建议吗？

尽管采购部门通常无权根据价值与成本分析结果做什么改变，但它可以向生产单位、设计者、供应商提出建议，以改进所购商品的性能或降低它们的成本。采购部门能提出与众不同的分析观点，并且采购人员由于经常与供应商联系，拥有许多企业内部人员不知道的信息。如果在审视某零件或产品时需要相当的专业知识，就要从设计或生产部门找几个人当代表，和采购部门一起组成团队进行分析。很显然，采购部门无法在每次订货时都对货物进行调查，但它应该定期对花费较大的细项进行价值成本分析，这样可能会节约成本。

3. 采购定价

（1）**供应商选择** 商品采购的关键在于要选择能保证交付所需物资的供应商。确保选择最好供应商的方法主要包括以下步骤：

1）寻找供应商，建立一份具备供货能力的合格供应商的长名单。

2）比较名单上的供应商，去除那些由于各种原因，不太符合要求的供应商。按照这个原则进行筛选，直到得到一份包括四五家供应商的短名单。

3）准备一份询价书发给短名单上的供应商，或者要求对方发来报价单。

4）收集名单上供应商回复的报价，进行初步评估，淘汰那些报价中存在重大问题的供应商。

5）对物资进行技术检测以确定是否符合各方面的规范。

6）进行商业评估以比较成本和其他条款。

7）投标前与通过筛选的供应商讨论竞标事宜。
8）在与供应商签约前再安排一次会谈，看看还有什么遗漏的细节。
9）把订单授给中标的供应商。

合格的供应商应该满足以下条件：安全的财务状况、良好的远期发展前景、能够提供所需物资、质量有保障、可靠、订货至交货周期短、合理的价格和付款条件、关心客户的需求、具有必需的技能和经验、信誉良好、使用方便的采购系统以及其他优秀的品质。供应商的选择程序复杂，牵涉到许多环节，假如购买的是贵重物资，比如说是 A 类物资，花那么大的力气当然是值得的。但是假如购买的是低价值的物资，并且已经与供应商建立起了良好的业务关系，或者干脆只有一个合格的供应商可以选择，那么毫无疑问，就用不着这么复杂的程序。对于低价值的 C 类物资，即使采用常规采购程序其费用都超出了货物本身的价值，因此必须寻找更为简单、便利或者特殊的方法。

> 同步思考 9.3　选择供应商管理库存的原则是什么？

（2）采购定价

1）发报价单定价。经常或少量购买的标准商品适用于发报价单这种方法。许多时候，组织购买的产品是已经定了价的或事先约好了价格的。

2）竞标定价。大量订购商品时，常用竞标方法。采购部门向潜在供应商发出招标请求，请他们为特定数量、质量的某种物资报价。政府对标准产品的采购一般都采用这种方法。

3）协商定价。当规格说明含糊不清时，当涉及一个或几个专用产品时，以及当相关供应商数目很少时，应采用协商定价。在考虑协商定价时要注意：协商是一场输赢对抗；主要目标是尽量获得最低价格；每次协商都是一件孤立的事务。

4. 集中与分散采购

集中采购指的是所有采购任务都由一个专门部门负责。集中采购可利用大量订货取得数量折扣，在得到比分散采购更低的价格时，还能获得更好的服务，引起供应商更大的注意。另外，集中采购一般都能促使企业把专项任务分配给特定专家。由于他们全神贯注于较少事务，往往能工作得更高效。

分散采购是指各部门或各独立单位自行满足其采购需求。分散采购一般都比集中采购快。在各单位极度分散的情况下，分散采购能够通过就近购买节约运输成本。

企业可运用以上两种方法进行采购管理，允许独立单位自行购买某些细项，同时又集中采购另外一些细项。例如，少量订货与紧急订货可以由本部门就地处理，而大量、高价值物资则采用集中采购，既可利用数量折扣又可获得更好的服务。

四、仓库管理

1. 仓库的意义

大多数企业把存货放在仓库里。仓库就是储存物资的地方，当涉及物料的存货时，通常叫作配送中心或物流中心。在现实生活中，每个商业组织都持有存货，而只要持有存货就需要仓库来储存。仓库管理应该达到这样一些目标：为企业提供必要的存货，为物资提供安全的储存场所，保持物资的良好质量，避免货损货失，通过提高生产率来降低成本，提供安全的工作环境。可以说，仓库中最常见的工作主要有以下几项：

1）从上游供应商那里接收物资。
2）确认接收的物资，与订单核对并找出适用的部门。
3）从运送车辆上卸下物资。
4）履行必要的质量、数量和状态检验。
5）为物资贴上标签（通常使用条形码和磁条）以方便确认和监管。
6）根据需要储存物资。
7）将物资搬运到大批储存区域。
8）负责物资的保管，直到被调出仓库。
9）根据需要，将物资从大批储存区域搬运到较小的分拣储藏区。
10）从分拣储藏区分拣物资以满足订单的要求。
11）将物资运至调度区。
12）根据订单要求重新组合物资。
13）按需要包装和装箱。
14）装载配送车辆并发运物资。
15）监控所有相关信息及相关系统，如库存管理系统和财务系统。

2. 出入库作业设计

无论是以人工操作为主的仓库，还是以机械化、自动化操作为主的仓库，都需要进行出入库作业设计。

（1）**作业标准设计** 作业标准设计是根据仓库设施的利用程度、设施的分层楼数、货物的储存和搬运流程特点以及储存货物的运动特点而制定的。

从仓库作业管理的角度来讲，最佳的仓库作业设计是尽量将货物放置在单一楼层，这样可以避免对储存货物进行不必要的上下搬运，而且便于进行系统管理。一般来说，仓库中的基本元素包括以下主要内容：

1）一个收货或进货站台，供应商运来的物资将在这里被交付、检验和储存。
2）一个储存区域，物资被存放在这里。
3）一个发货站台，根据客户的订单在这里进行拼装和发运。
4）一套物资搬运系统，用于在仓库内处理货物搬运作业。在目前情况下，对大多数仓库而言，仍然是使用铲车、叉车和其他装备，从而使得仓库的使用高度受到一定的限制。因而在进行这个方面的作业设计时，需要尽量考虑货物的搬运特征和搬运设备的特点。对货物装运储存通道的设计应当尽量避免拥挤或混乱情况的发生，而直线型和"U"型的货物流动过程可以将这种情况降到最低。即在仓库的一端接受准备入库的货物，将其存放于仓库的中间地带，然后从仓库的另一端装运出库。随着自动化设施（如叉式升降机等）的广泛应用，增加了对仓库高度的有效使用。仓库作业设计应最大限度地利用仓库允许使用的高度。

典型的仓库设计如图 9-5 所示。

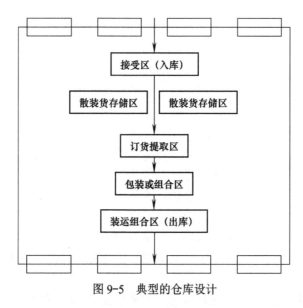

图 9-5　典型的仓库设计

5）一套信息系统，用于记录仓库所有物资的位置、来自供应商的进货、给客户的发货以及其他相关信息。

（2）**搬运过程设计**　按照我国的物流术语国家标准，搬运指的是："在同一场所内，对物品进行空间移动的作业过程。"在库存管理中，搬运作业是必不可少的环节，为了提高搬运作业的效率，降低搬运成本，通常将搬运作业设计为连续性作业。搬运连续性是指使用一辆（架）货物装卸设备进行更长时间的作业移动。这种方法比起使用几辆（架）装卸设备对同样的搬运过程作多次单独的、短距离的分割移动，效果要好得多。在搬运设备之间转移货物，将会浪费搬运作业时间和增加货物损坏的可能性。因此，仓库搬运作业一般是选择周转次数较少而距离更长的搬运移动。

移动的规模经济性是指所有的仓库作业活动要尽可能地满足搬运的最大数量或容量，即移动诸如托盘或集装箱之类的成组货物，而不是移动单个货物。尽管有时可能需要在同一时间内移动多种产品或订货，从而增加单位货物移动的复杂性，但采用这种方法能够减少大量的货物移动，降低仓储成本。

（3）**制订积载计划**　制订仓库的积载计划需要考虑储存货物流量、重量和体积等特征。销售量大或吞吐量大的货物应该将它们放置在移动距离最短的位置。相反地，低流量的储存货物可以安排在其他一些地方（如放置在距离主通道较远的位置上或货架的较高层上）。相对较重的货物安排在距离地面较低的位置，以便降低货物搬运时的劳动强度。体积较小的货物需要利用货架或货柜来堆放。

3．出入库作业管理

为了改善仓库的出入库作业管理，必须对仓库管理过程中与物流作业要求不相适应的步骤或程序进行适当的纠正，尽量减少货物流动过程的中间环节和无效步骤。例如：当物资入库时，没有加强对物资的验收和记录；当物资储存时，不注意加强物资的保管和养护；当物资出库时，没有出具出库凭证和详细清点等。仓库作业管理的每一道程序都要符合货物储存和搬运的要求。

(1) **验货收货** 物资入库，只是物资在整个物流供应链上的短暂使用，而准确的验货和及时的收货能够加强此环节的效率。在仓库的具体作业过程中，要特别注意以下几点：

1) 核对入库凭证。根据物资运输部门开出的入库单核对收货仓库的名单、印章是否有误，商品的名称、代号、规格和数量等是否一致，有无更改的痕迹等。只有经过仔细核对，确定无误后才能收货。

2) 入库验收。物资的验收包括对物资规格、数量、质量和包装方面的验收。对物资规格的验收主要是对物资品名、代号、花色和式样方面的验收；对物资数量的验收主要有对散装物资进行称量，对整件物资进行数目清点，对贵重物资进行仔细的查收等；对物资质量的验收主要有物资是否符合仓库质量管理的要求，产品的质量是否达到规定的标准等；对物资包装方面的验收主要有核对物资的包装是否完好无损，包装标志是否达到规定的要求等。

3) 记账登录。如果物资的验收准确无误，则应该在入库单上签字，确定收货，安排物资存放的库位和编号，并登记仓库保管账务；如果发现物资有问题，则应另行做好记录，交付有关部门处理。

(2) **存货保管** 物资进入仓库进行保管，需要安全地、经济地保持物资原有的质量水平和使用价值，防止由于不合理的保管措施而引起物资损坏和变质或者流失等现象的发生。因此要做好以下工作：

1) 堆码。由于仓库一般实行按区分类的库位制度，因而仓库管理员应当按照物资的储存特性，在入库单上指定的货区和库位，进行综合的考虑和堆码，做到既能够充分利用仓库的库位空间，又能够满足物资保管的要求。要尽量利用库位空间，较多采取立体储存的方式。注意仓库通道与堆垛之间保持适当的宽度和距离，提高物资装卸的效率。根据物资的不同收发批量、包装外形、性质和盘点方法的要求，利用不同的堆码工具，采取不同的堆码形式。其中，危险品和非危险品的堆码，性质相互抵触的物资应该区分开来，不得混淆。应按照先进先出的原则，不要轻易改变物资储存的位置。在库位不紧张的情况下，尽量避免物资堆码的覆盖和拥挤。

2) 养护。仓库管理员应当经常或定期地对仓储物资进行检查和养护，对于易变质或储存环境比较特殊的物资，应当经常进行检查和养护，检查工作的主要目的是尽早发现潜在的问题。养护工作主要是以预防为主。在仓库管理过程中，采取适当的温度、湿度和防护措施，预防破损、腐烂或失窃等，以保证储存物资的安全。

3) 盘点。对仓库中贵重的和易变质的物资，盘点的次数越多越好，其余的物资应当定期进行盘点。盘点时应当做好记录，并与仓库账务核对，如果出现问题，应当尽快查出原因，及时处理。

(3) **发货出库** 仓库管理员根据提货清单，在保证物资原先的质量和价值的情况下，进行物资的搬运和简易包装，然后发货。发货时要注意以下几点：

1) 核对出库凭证。仓库管理员根据提货单，核对无误后才能发货，除了保证出库物资的品名、规格和编号与提货单一致外，还必须在提货单上注明物资所处的货区和库位编号，以便能够比较轻松地找出所需的物资。

2) 配货出库。在提货单上，凡涉及较多的物资，仓库管理员应该认真复核，交与提货人；凡是需要发运的物资，仓库管理员应当在物资的包装上做好标记，而且可以对出库物资进行简易的包装，在填写有关的出库手续后，可以放行。

3) 记账清点。每次发货完毕之后，仓库管理员应当做好仓库发货的详细记录，并与仓库的盘点工作结合在一起，以便于以后的仓库管理工作。

第三节　批发商与库存管理

凡是将商品卖给那些转卖或为加工生产而购买的客户的商业活动均称为批发，以批发经营活动为业的企业和个人便称为批发商。其类型有传统的商业批发商、代理商和经纪人、生产商自设的批发机构。批发商是生产商与消费者的中间组织，它们通常不向最终消费者提供商品。它们大量购进货物但按小批量分配给零售商，在流通过程中起中介作用。其库存管理主要集中在建立库存据点、库存分配、库存商品布局等方面。

> 同步思考 9.4
> 你所知道的批发商类型有哪些？

一、建立库存据点

批发商物流的主要特点是备货广泛，配送快捷，以及主要为零售商提供优质高效的服务。因此，其库存管理的重点之一便是应该建立多少个库存据点，在满足服务水平的前提下，使物流费用最少。

1. 影响库存据点建立的因素

在进行建立库存据点决策时，需要考虑各种影响因素和要求，在此基础上预先确定仓库地址，列出几个可供选择的可行方案，利用某种评价方法，从这几个可行方案中确定最理想的仓库地址。

（1）**成本因素**

1）运输成本。对大多数制造业厂商和从事物流配送的企业来讲，运输成本在总的物流费用中占有较大的比重。运输距离的远近、运输环节的多少和运输手段等都对运输成本有比较直接的影响。因此，通过在靠近码头、铁路等交通网络比较发达的地方选址，可以使运输距离最短，减少运输过程中的中间环节（如装卸次数），可以使运输成本最低，服务最好。

2）原材料供应。企业对原材料供应的要求一般都比较严格，将仓库地址定位在原材料产地附近，不仅能够保证原材料的安全供应，而且能够降低运输费用，减少时间延迟，获得较低的采购价格。虽然科学技术的进步和信息网络的利用使得运输条件得到了明显的改善，从一定程度上减弱了对原材料供应地的要求，但尽管如此，企业仍然希望将仓库地址选在接近原材料的产地。

3）劳工成本。仓库作业都需要一定素质的人才。在不同的国家和地区，劳动力的供应数量和供应质量不同，劳动力的生产效率不一样，劳工工资水平不尽相同，这些都是仓库选址决策者所需要考虑的问题。

4）建筑成本和土地成本。不同的仓库选址方案，在对土地的征用、建筑要求等方面是不相同的，从而可能导致不同的成本开支，而且各个国家和地区对仓库征用地点的选择有着不同的规定。一般来说，在仓库选址过程中，应当尽量避免占用农业用地和环保用地。

(2) 非成本因素

1) 社区环境。仓库选址应当考虑市场营销的要求。对于从事物流服务的企业来讲，更应该注重仓库周围的社区环境、周边地区的客户流量、人们的购买力水平、公用设施条件和交通运输状况。

2) 气候和地理条件。有些行业受地理气候的影响较大，在地震断裂层地带、下沉性地带、地下有淤泥或流沙、已开采过的矿坑上或者地下有重大工程的区域应慎重选址。另外，气温对仓库储存和作业人员均会产生一定的影响，气温过冷或过热都将增加仓库气温调节费用，潮湿多雨的地方则不大适合棉纺、木质材料等物资的储存。

3) 当地政府政策法规。有些地区的政府采取比较积极的政策，鼓励在经济开发区进行仓库、配送中心、厂房的建设或出租，并在税收、资本等方面提供比较优惠的策略，同时这些地区的交通、通信、能源等方面的基础设施建设也比较便利。因此，在进行选址决策时，要充分考虑当地政府的政策法规。

2. 库存据点选址决策

库存据点选址的决策方法多种多样，从宏观方面主要是考虑仓库的选址是否与企业的战略利益相符合，能否满足企业对原材料和市场营销的要求（提高对客户的服务水平和降低总体的成本费用）。

（1）**以市场营销定位的仓库选址** 该方法是以充分满足市场营销为前提，在最靠近客户的地方选择仓库地址，追求客户服务水平的最大化，缩短将产品配送给客户的时间。同时，在一定程度上获得仓库运输方面的规模经济（从生产工厂或原材料产地到仓库地址）。采用这种方法，主要应考虑将产品从仓库运输到配送中心或最终市场的影响因素（即产品运输成本、客户订货时间、产品生产进度、产品订货批量、本地化运输的可行性和客户服务水平等）。

（2）**以生产制造定位的仓库选址** 该方法就是选择最靠近原材料产地或生产加工地点的位置建造仓库，这种选址决策是专门为方便原材料的运输和集结以及产成品加工而设定的，它能够给企业带来生产制造方面的便利。对于那些生产多种产品的企业来说，运输经济主要得益于从原材料产地到产成品流通过程中所带来的批量优势和整合装运优势。在这种方式下，影响仓库选址的因素主要有原材料的可获得性、工厂生产的产品数量和产品种类、客户订单的分发配送情况以及运输整合的效率等。

（3）**以快速配送定位的仓库选址** 该方法主要强调快速地配送，在最终客户和生产厂商之间进行适当的权衡，从而来进行仓库选址。一般来讲，它综合以上两种方法的优点，快速的配送运输最终使客户的服务水平大大提高，增强了原材料的及时供给能力和产成品的及时配送分销，缩短了产品投入市场的周期。它主要考虑运输能力和运输成本、运输路线的选择以及运输配送数量的合理分配等方面的因素。如果是一个以客户服务为中心的企业，生产出的多种产品需要配送到各个不同地点的配送中心，采取这种方法特别有效。

（4）**运输成本最小化原则** 最优的选址策略就是使总的运输成本达到最小，即从原材料的运输开始到将产成品运输到市场进行销售这一过程中发生的所有运输费用达到最小。如果在原材料的移动过程中不会发生原材料的变质或减量问题，厂商则应该在原材料产地、销售市场和产成品制造工厂三者之间进行权衡，最终做出合理的决策。

（5）**利润水平最大化原则** 仓库的选址决策工作应分析各项选址决策所能够带来的潜在收益或利润，从而在利润最大化的基础上进行仓库选址决策。

3. 库存据点的建造或租赁决策

在市场需求比较旺盛的情况下，库存据点将担负更加关键的重任，如果储存空间满足不了货物储存的要求，将会影响对客户的服务水平。因此，在某些情况下将出现需要建造新仓库或是租赁公共仓库的情形。

（1）**建造自有仓库，应该考虑的影响因素** 当地的运输水平、运输质量以及运输手段；当地劳动力提供的质量和数量；当地劳动力的生产效率和工资水平；建设仓库所需花费的成本以及仓库能够达到怎样的建造质量；潜在的扩大能力如何，与企业的发展战略是否符合；当地的税收政策和政府法规。

（2）**租用公共仓库，应该考虑的影响因素** 公共仓库的技术设备水平和维护成本；公共仓库所能提供的服务质量；当地的机械化运输水平；通信设备、计算机和互联网的应用情况；库存记录是否达到完整性、准确性和及时性的效果。

仓库是建造还是租赁取决于各种因素相互作用的结果。在目前的情况下，随着第三方物流企业的蓬勃发展，大多数批发商都倾向于租赁公共仓库，这不仅可以使批发商集中精力进行核心业务的发展和规划，而且可以节省建造仓库所需花费的时间延迟和资金投入，获得及时的市场反应速度。有时批发商的决策者会偏重于其中的某个影响因素（如树立市场形象的需要等），从而做出不太符合常规的决策。

二、库存分配的方法

批发商在建立了库存据点后，接着面临的最大挑战是库存分配，即在哪一个仓库，储存哪一种商品，以及怎样进行储存商品的组合搭配。

1. ABC 库存分配法

如果批发商在所有的厂商仓库、地区仓库和配送中心都储存所有的商品，那么库存将过大，并且持有费用也不经济。因此要通过 ABC 分析法进行库存分配。

（1）A 类商品对于批发商来说是重要商品，是利润大、占用资金多的商品，最好储存于最靠近消费地、配送服务好的配送中心。

（2）C 类商品的种类很多，一般是利润小、占用资金少的商品，要花费很多管理费。对此，应该在全国找一家厂商仓库进行集中管理。

（3）B 类商品的特点介于两者之间，储存于中间位置的地区仓库。

2. 以服务为基础的库存分配法

必须清楚地认识到服务与成本之间的关系。对于企业和客户来说，服务水平变得更好或变得更差对企业不同的部门意味着不同的结果。降低服务水平可以减少存货和改善资产回收，但是这样做可能会降低整个市场的份额，从而影响企业的长期发展。

例 9-5 根据企业仓库统计资料得知，企业库存满足客户的情况统计见表 9-4。计算企业服务水平。

表 9-4　订货满足客户的情况统计

订货次数	产品代码	所需的单位	满足订货单位
1	111	5	5
2	112	4	4
3	113	2	2
4	114	1	1
	115	3	3
5	116	5	5
	117	5	5
6	118	2	2
	119	8	4
	120	4	1
合计		39	32

可以从不同的角度来计算服务水平。

由于在 6 次订货中有 5 次满足了客户需求，所以

订货服务水平=（满足的订单数÷总订单数）×100%=（5÷6）×100%=83.33%

由于在 10 个产品代码中有 8 个产品代码满足了客户需求，只有代码为"119""120"的产品没有满足客户需求，所以

产品代码服务水平=（满足的产品代码数÷总产品代码数）×100%=（8÷10）×100%=80%

由于在总的订货单位总数 39 中，有 32 个满足了客户需求，所以

单位服务水平=（满足单位数÷单位总数）×100%=（32÷39）×100%=82.05%

通过计算可知，企业满足客户需求的服务水平平均只有约 82%。

对于改善服务水平，完成一些细节方面的控制是必要的，对于提高服务水平，所需要的库存投资可能远远高于客户能够感受到的服务改善量。所以，需要对提高服务水平的投资绩效进行评估。

以服务水平为基础的库存分配主要有三种类型，即计划库存、扩充库存与安全库存，这些库存商品应相应地分配到批发商的基础（地）仓库、临时仓库中。

（1）**计划库存的分配**　所有入库的货物都必须至少保存一段时间。计划库存是指基本库存，存量可以得到不断的补充，它一般储存于基地仓库中，如厂商仓库、地区仓库，或配送中心。计划库存的分配因不同的物流系统而不同，而物流系统的不同则依赖于其完成周期。在物流系统中，计划库存必须提供足够的库存数量及商品种类，以使仓库能充分发挥其作用。

（2）**扩充库存的分配**　扩充库存是指超出了计划库存的那部分库存，它们一般被分配到临时仓库中。在特殊情况下，客户可能在货物出运之前，要求将这些货物再多保存几个月的时间，这时仓库就需要扩充库存了。因此，为了控制和衡量仓库搬运的绩效，必须仔细地按库存的类型区分存货的周转情况。有一些商品，要求储存到有季节需求的时候才出运。当大量的库存都要求与市场供需相适应的时候，周转率就非常低了。在这种情况下，物流系统中的仓储就要进行调整，以适应季节的需要，于是就出现了对扩充库存的需求。关于需要扩充

库存的其他原因还包括不稳定的需求、商品调节、投机性购物以及减价等。

当商品有不稳定的需求波动时，仓库也应该有安全库存以满足客户要求。例如空调，由于价格较贵，因此多为小批量化的储存。但如果持续高温天气出现，那么制造商只有在很有限的时间内来配送另外的空调，这时就需要扩充库存了。商品调节（如催熟香蕉）有时也需要扩充库存，虽然食品配送中心通常都设有催熟间来使这些食品催熟到最佳质量状态。但是这一过程也可以在仓库中完成。仓库也要储存为了投机的目的而购来的商品，是否要购买这样的商品以及购买多少，要视具体的物资而定，而扩充库存则能对此起到调节作用。

扩充库存还常成为商品减价的理由。早期的批发商常因扩充库存而实行减价销售。此外，批发商也可能在一年中的某一时期进行减价销售。在这种情况下，仓库就可能超过计划库存。为此，像肥料、玩具或低档商品的批发商，就可能对一些非季节性库存实行减价，使库存的负担转嫁给零售商。

（3）**安全库存的分配**　安全库存是为了不使批发商在库存补充期间发生缺货而持有的一种库存，它是可能会用到、但不一定要用的库存。A类商品的安全库存量应尽量减少，并把其大部分分配到各配送中心；C类商品的安全库存量由于占用资金少，可大量储存于厂商仓库和配送中心；B类商品则介于A、C两类之间。

三、库存商品的布局

库存商品的布局，就是按照一定的方法，将库存物资分配到合适的库位的过程。库位是指货物存放的位置，为了便于查找货物，对货物存放通常采用"四号定位"管理，即库、架、层、位。库是指货物存放在几号库；架是指货物存放在库的几号架；层是指货物存放在架的第几层；位是指货物存放在层的几号位。

为了有效地管理这些库位，保证它们在仓库作业过程中的顺利畅通，保持仓库作业管理较高的准确性和生产率，对仓库内部布局就显得尤为重要。

1. 库存商品储存布局方式

（1）**随机库位储存**　随机库位储存（流动货架储存）是将所要储存的物资放置在最接近的自动货机、箱子和货架上。通常，这些物资的入库和出库管理是以"先进先出"的原则为基础的。这种方法能最有效地使用仓库，尽管有的时候，它不得不在各个提货地点之间花费较长的搬运时间。随机库位储存经常会使用计算机化的自动储存系统来减少花费在人力资源和运输处理上的成本。

（2）**固定库位储存**　固定库位储存（固定货架储存）是将产品或物料通常储存在仓库中的某一固定位置，仓库管理员通过简单的人工操作或记忆就能够确切地知道某种储存物资所处的位置，因此这种方法一般不需要非常先进的仓库处理设备。目前，可以采用三种措施来支持固定库位储存，即储存物资的代码编号顺序、储存物资的使用频率和储存物资入库和出库的特点（即按照物资快速进出的情况安排物资的分组和种类）。

在库存商品的内部布局上，产品可以按照它们的兼容性、区别性和使用频率来进行分组。兼容性是指各种物资能否安全地存放在一起，不会发生混淆变质或化学反应。区别性是指如何将各类物资按照一定的标准进行分组，然后放置在一起，不至于发生混淆。

使用频率是指不同物资的存货周转率和需求情况，存货周转率的另外一个指标就是存货周转速度。

2. 库存商品储存布局要点

仓库处理过程操作不善，内部布局不合理或者仓库通道过窄都会加重仓库物资搬运的困难。因此，物资在仓库内的储存和搬运，应当在保证仓库管理目标的前提下，尽量获得最大的便利和效率。目前，随着互联网、通信设备和自动化处理设备的广泛应用，能够比较及时、有效地进行仓库的物资管理。库存商品储存布局的要点如下：

1）使用比较频繁的物资项目尽量放置在便于运输和搬运的地点。例如，放置在仓库的过道两旁或仓库门口，从而在一定程度上能够减少储存物资在仓库内的运输距离和运输工具的运行距离，提高整个仓库的运行效率。相反地，运输次数较低或不常使用的物资应放置在距离仓库出口较远的地点。

2）应该在仓库中留出一部分的空间，用于物资的包装、分拣和配货。仓库物资在运输前一般需要经过重新包装或简单加工，或者是接受来自厂商或客户的退货，或者是需要进行特别处理等。

3）仓库处理设备应当能够满足大多数库存物资的操作要求。这样能够提高物资运输的效率，否则这些设备应该被重新设计或重新配置。同时，应当对仓库设备处理流程进行优化，减少不必要的损耗和多余的能源浪费。

4）仓库内物资的储存区域应当按照储存物资的周转速度和产品大小尺寸来进行设计，而不是单纯地、片面地设计所有的储存货架和仓储工具，这样就可以最大化地使用仓库内部空间。除了要满足储存物资的尺寸需要外，还要满足储存物资的重量等方面的要求。

3. 仓库内部空间选定

仓库内部空间的大小是根据每年储存货物的数量和储存货物的特点而确定的。仓库所需空间一般由货物储存所需的空间、仓库过道和通道空间、仓库设备存放空间和仓库管理人员办公所需空间等组成。

在完成仓库的内部布局之后，接着就是确定仓库内部各个空间的大小。通过对未来市场需求情况的预测，经过综合测算和权衡，确定所需的基本储存空间；依据企业未来发展的规模和速度，确定仓库的内部布局和作业的弹性发展空间（备用空间）；确定仓库所需通道和过道空间，从而确定仓库作业所需的硬性使用空间。在此基础上，综合考虑仓库建造成本和仓库维护成本以及客户服务等方面的因素，在满足客户服务的前提下，追求总成本的最小化，从而确定合理的仓库空间大小。

对不同性质的批发商来讲，仓库的内部布局和设计是不一样的，但最根本、最关键的一点，是首先充分利用现有仓库的内部空间，然后根据储存产品的特点、企业的财务状况、市场竞争环境和客户的需求情况来适时改变仓库布局。另外，批发商必须考虑成本方面的因素，在仓库员工的工资和福利开支、仓库设备能力的大小、仓库空间的使用率和仓库管理信息系统的配置等主要方面进行必要的权衡和考虑。

> 同步思考 9.5　批发商的库存管理增值服务集中反映在什么地方？

仓库处理过程操作不当，内部布局不合理，或者仓库过道过窄都会加重仓库物资的搬运困难。因此，物资在仓库内的储存和搬运，应当在保证仓库管理目标的前提下，尽量获得最大的便利和效率。目前，随着互联网、通信设备和自动化处理设备的广泛应用，能够比较及时、有效地进行仓库物资的管理。图 9-6 为一典型的仓库商品的储存布局形式，它体现了库存商品储存的布局要点。

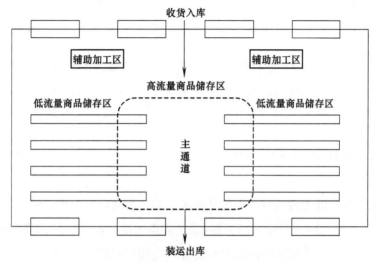

图 9-6　典型的仓库商品的储存布局形式

第四节　零售商与库存管理

零售商是面向个人消费者销售的企业，其主要类型有专用品商店、百货商店、超级市场、折扣商店、便利商店、无门市销售、连锁商店等。

零售是商业流通的最终环节，商品分销渠道的出口，因此零售商的库存管理集中在商品（成品）的库存管理上，即对库存数量、库存结构和周转时间进行管理。

一、商品库存数量管理

零售商的商品库存数量如能与商品流转率相适应，则会产生最佳经济效益。库存量过大，会造成商品积压，浪费资金，影响效益；库存量过小，会造成商品不足，市场脱销，影响收入，降低服务质量。零售企业商品库存数量管理一般采用三种方法：①最低库存量，是商品储存的下限，低于此限，将会发生脱销；②最高库存量，是商品储存的上限，高于此限，将会发生积压；③最佳经济批量，适当的采购批量可以减少商品的成本。

1. 最低库存量管理

$$最低库存量=最低周转天数×平均日销量$$

最低库存量的控制要考虑以下几个因素：

（1）**进货在途天数**　进货在途天数是指商品从办理采购至货物被运到商店的时间。

（2）销售准备天数 销售准备天数是指商品入库、验收、定价、整理装配、分装、上柜陈列等售前准备所需的时间。

（3）商品陈列天数 商品陈列天数是指店铺因陈列出售所需要的商品数量与每天平均销售量的比例。

（4）保险天数 保险天数是指为防止意外而发生脱销的机动天数，计算依据是前期商品迟到天数和本期影响因素的变化情况。

最低库存量的计算公式为

最低库存量=（进货在途天数+销售准备天数+商品陈列天数+保险天数）×平均每天销售量

例 9-6 某家超市公司的 10 家店铺某种食品的平均进货在途天数为 2 天，销售准备天数为 1 天，商品陈列天数为 1 天，保险天数为 1 天，平均每天销售量为 200 箱，计算最低库存量。

最低库存量=（2+1+1+1）×200=1 000（箱）。

2. 最高库存量管理

最高库存量是指最低周转天数加上进货间隔天数，再乘以平均每天销售量。其公式为

最高库存量=（最低周转天数+进货间隔天数）×平均每天销售量

进货间隔天数是指每次采购的间隔时间，即进货周期天数。

例 9-7 例 9-6 中每次采购的间隔时间为 5 天，计算最高库存量。

最高库存量=（5+5）×200=2 000（箱）

从计算可知，无论是最高库存量，还是最低库存量，都考虑了在店铺内的陈列时间，因此在计算库存量时不仅包括仓库里面的数量，还应包括店铺内陈列的数量。

3. 最佳经济批量管理

每次采购的数量不仅影响着各项费用的支出，而且直接影响着最佳库存量的实现。一方面，减少采购次数，提高每次采购量，可减少采购费用；另一方面，增加采购次数，减少库存量，可降低保管费用。采购费用与保管费用是相互对立的，因此必须寻求经济订货批量（EOQ）。

> **同步思考 9.6** 请你说说零售商的类型？

二、商品库存结构管理

加强商品库存结构管理是非常重要的。因为无论是仓库空间，还是资金，都是有限的。商品库存结构管理的最常用方法是 ABC 管理法。

零售商可以根据计算机统计数据，对每类商品的销售额进行分析比较，确定各自的销售比重，分出 A、B、C 三个级别，对不同级别进行不同的管理。

进行 ABC 商品分类可分为两个步骤：①排列，是指将每种商品按销售额多少进行列表，其内容包括商品代号、销售额、销售额占总销售额比重。②分类，根据所列各类商品销售额的比重，确定它们属于哪个类别。一般来说，销售额比重在 80% 左右的商品为 A 类，又称为主力商品；在 20% 左右的商品为 B 类，又称辅助性商品；在 5% 以下的商品为 C 类，又称附属性商品。A 类常处在商品生命周期的成长后期和成熟期过程中，B 类处于成长和衰退的前期，C 类则处于导入期或衰退后期，见表 9-5。

表 9-5 ABC 趋势分析表

商品代号	销售额	占总销售额比重（%）	ABC 分级
101	100	2	C
102	1 000	20	A
103	500	10	B
104	400	8	B
105	800	16	A
106	200	4	C
107	400	8	B
108	600	12	A
109	1 000	20	A
合计	5 000	100	

由表 9-5 可以看出，A 类商品占 68%；B 类商品占 26%；C 类商品占 6%。一种商品属于 ABC 的哪一类，不是固定不变的。今天畅销的商品，明天就可能滞销。为使 ABC 管理法切实起到管理库存的作用，必须进行一段时间的连续分析，调查每种商品的销售趋势，零售商可依据各种商品的销售趋势进行不同的管理。

三、商品周转时间管理

时间就是金钱，这一定律在商品周转环节体现得最为明显。加快商品周转就等于加快资金周转，自然会提高商业运作效率，这是零售商能否获得利润的关键。但是，由于大减价或费用增加会使周转速度加快而利润却没有增加，因此，零售商不应以加快周转为目的，而应以盈利为目的。

1. 商品周转时间管理的层次

商品周转率是一定时期的销售额与平均库存额之比。作为零售商来讲，常常拥有多家店铺，因此，商品周转时间的分析与管理就包括多个层次范围。

第一层次是每种商品的周转率分析与管理。通过表格形式列出商品代号、销售额、平均存货，推算出周转率。

第二层次是每类商品的周转率分析与管理。不同类别商品有不同的周转率，有必要分别进行分析与管理。零售商可以根据商品经营范围分为生鲜类、食品类、日用品类、文具类等进行分析与管理。

第三层次是每个店铺的商品周转率分析与管理。重点在于控制各店铺的整体商品周转情况，进行效益对比分析与调整。

2. 最长商品库存时间管理

库存时间是影响商品周转速度的最关键因素，同时也是影响整体经济效益的重要因素。库存时间过长，费用将把利润全部侵蚀掉，零售商一般采取保本分析法对库存时间进行控制，并提供将至亏损的预警线，如图 9-7 所示。

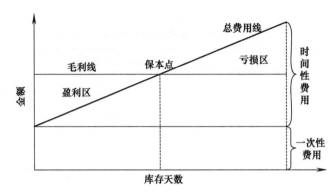

图 9-7　商品库存时间保本点分析

总费用线与毛利线的交点就是保本点，交点的横坐标为商品库存天数，纵坐标为费用额。商品库存时间保本点计算公式为

$$BP = \frac{GP - AC}{TC}$$

式中　GP——毛利额；
　　　AC——一次性费用，不随库存时间变化而变化的费用；
　　　TC——时间性费用，随库存时间变化的费用，如保管费、利息费等；
　　　BP——保本点。

例 9-8　某种商品毛利额为 900 元，时间性费用为每天 20 元，一次性费用为 100 元，则商品库存时间保本点=（900−100）÷20=40（天）

商品库存时间少于 40 天会盈利，多于 40 天会亏损。

3. 合理商品库存时间管理

如果每种商品库存时间都达到保本点，就无利可图了。因此，库存时间保本点起到预警作用，提高效益必须核定合理的商品库存时间。通常的做法是先确定商品周转率目标，通过商品周转率再求商品库存时间。

不同的商品其周转率不同，零售商应根据自身实际经营情况，总结出自己的商品周转率标准，为合理库存时间管理提供重要依据。

四、库存管理的单品管理法

零售企业库存管理的方法一般是实行单品管理法，它能有效地对库存补充订货量进行管理，此外也有利于日常商品的上货陈列、销售核对等零售商日常作业活动的开展。

1. 单品管理的含义与特点

单品管理是指为了达到最高销售额，确保合理库存量，不用金额而用数量管理不同价格、颜色、样式、尺寸等商品动向的方法。由于能掌握各种单品的销售库存数量，所以能正确地了解商品行情，以便及时订货。

单品管理是与品类管理相对应的概念。品类管理是指在商品分类基础上，按一定的商品组合对某一类别商品群进行整体的综合管理，并实行统一的营销组合策略；而单品管理是指以每一个商品品项为单位进行的管理，强调的是每一个单品的成本管理、销售业绩管理。单品管理是现代、高效的商品管理方法。在百货店兴起之前的小店铺经营时代，由于卖场面积小、经营品种少（仅几十种，至多上百种），经营者有可能按每一品项对其购、销、存进行独立管理；但随着百货店的出现，商品经营品种大幅度增加（达几百种、几千种甚至上万种），商店对所有商品统一分类，再按品项进行管理，在技术上已不大可能做到，商业组织管理结构发生重大变化，商店下设若干商场，商场又下设若干商品部（或商品柜组），各商品部（或商品柜组）仍按品项进行管理，而整个商店则实行品类管理。只有到了计算机技术广泛应用于商业的现代，人们才有可能对成千上万的商品品项统一实行单品管理。

单品管理与品类管理都是现代零售业的重要商品管理方法，都有各自的优势领域。单品管理的强化，并不意味着它能完全替代品类管理，可以放松和削弱品类管理。单品管理与品类管理应相互促进，相互补充，从而提高零售商库存商品管理的总体效益。

2. 单品管理的作用与意义

单品管理是零售商库存商品现代化管理的核心，在零售商商品管理中发挥以下重要作用。

（1）**单品管理是商品群管理的基础**　单品是零售商商品管理的最基本单位，各商品群是由一个个单品组合而成的商品集合体。所以，各商品群的管理（如某商品的选择与保证、滞销商品的选择与淘汰）要是离开单品管理，是根本无法进行的。

（2）**单品管理是商品流通顺畅的保证**　单品管理的强化使得每一种商品的采购、销售、库存环节有机结合，商品购、销、存的数量得以准确掌握与控制，为商流的顺畅提供了保证，也为商品的物流、资金流、信息流的有序运行创造了良好的条件。

（3）**单品管理是零售商获取稳定利润的手段**　单品管理突出的是适当减少商品组合深度的品牌商品的管理，通过做大品牌商品销量，提高品牌商品的市场占有率，增强零售商对品牌商品供应商的控制力，以获得稳定、丰厚的经营利润和通道利润。

在我国零售商经营管理实践中，有些零售商仅将经销（买断）商品和由配送中心统一配送的商品进行单品管理，而未将部分代销商品和供应商直送门店的商品纳入单品管理系统，造成整体商品管理的混乱与低效，也使商品采购、货款支付环节产生大量不规范行为，这种不彻底的单品管理做法应为零售商所注意，并应尽早纠正。

3. 单品管理的技术——POS系统

传统零售商之所以不能推进单品管理，是因为缺少现代化的技术手段。而现代零售商之所以能普遍实施单品管理，正是由于有POS系统作为其技术支撑。POS系统是卖场销售信息网络系统，它能对卖场全部交易信息进行实时收集、加工处理、传递反馈，是零售商经营管理，尤其是单品管理的得力助手。

（1）**POS系统的组成**　POS系统由商品条形码、前台电子收银机（ECR）和后台计算机组成。商品条形码是一种商品识别标记，是供光电识读设备向计算机输入数据的代码，其中包含该商品与销售有关的各种信息；POS系统使用的收银机除接有一般收银机所带的条码扫描仪、票据打印机之外，通常还连接磁卡或IC卡识别器，具有与计算机通信的功能；后台计算机除了及时接收与分析POS记录的销售信息外，还通过数据调制解调器与总部或配送中心、供应商进行网络信息传递。

（2）**POS系统的单品管理功能**　由于POS系统能够高效实时地收集、处理销售信息，如在收银时，POS系统将每一种商品销售的数量、金额等有关资料，实时送入POS系统数据库，经瞬时处理后，可适时提供每个时点、每个时段的销售资料，所以 POS 系统能完全实现商品的单品管理，可以对各种单品的进、销、存情况进行及时控制，大幅度提高单品管理的准确性和高效性。

关于 POS 系统还有两点需要说明：①运用 POS 系统进行信息管理是现代零售业的发展方向，百货店、专业店、专卖店等各种业态也都正在大量使用 POS 系统，但由于零售商普遍采取连锁方式经营和管理，实行网络化组织结构，信息资源的共享性效益大，所以连锁性零售商运用 POS 系统的管理效果相对比较理想。②POS 系统的实质是销售信息收集、处理、传递系统，它除了为零售商单品管理提供技术支撑手段之外，还在收银管理、品类管理、价格管理、客户管理、外部联系（与银行、供应商、配送中心等联系）等方面发挥着重要作用。

复习思考题

一、简答题

1. 什么是逆向物流？库存管理中如何做好逆向物流的处理？
2. 如何做好在产品的库存管理。
3. 批发商在建立库存据点时要考虑哪些因素？
4. 如何进行库存商品的布局？
5. 商品储存布局的要点是什么？

二、计算题

1. 某经营户以 1 000 元/件的价格购进某种商品，再以 2 000 元/件的价格售出，在剩余 100 件存货时，按照 1 250 元的价格购进了 100 件该商品，于是经营户就决定将售价提高到 2 500 元/件。到年底，该经营户共售出商品 140 件。请对该经营户的财务表现做出评价。

2. 加工车间各工作需求日期与加工数据见表 9-6。

表 9-6 加工车间各工作需求日期与加工数据

工件	A	B	C	D	E
需求日期	50	46	49	40	48
剩余的加工时间（天）	8	7	5	3	4

要求：用临界比率法对所列的工件进行加工顺序的排序。假设今天是加工日期的第 42 天。

3. 某家超市某种食品的平均进货在途天数为 5 天，销售准备天数为 2 天，商品陈列天数为 2 天，保险天数为 2 天，平均每天销售量为 100 箱。每次采购的间隔时间为 10 天。问最低库存量和最高库存量各是多少？

4. 某种商品毛利额为 2 000 元，时间性费用为每天 300 元，一次性费用为 400 元，问商品库存时间保本点是多少？

三、项目题

连锁商店的代表就是超级市场。对于连锁商店来说，为了集中分散在各销售点的力量，以求得规模经营效益，连锁商店总部通过集中采购替代批发商的职能，然后通过有计划的物流系统，有效地向其下属各零售店供应货物。连锁商店总部的物流系统由各据点设施构成网络，并通过信息系统连成一体而运转，为零售店提供服务。一般连锁商店物流网络如图 9-8 所示。

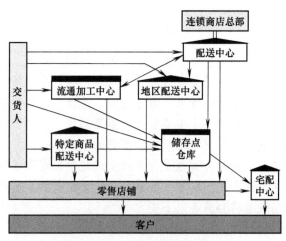

图 9-8　一般连锁商点物流网络

在完成一个连锁商店市场调研后，说说在这个物流网络系统中的配送中心、流通加工中心、宅配中心和储存点仓库的作用以及需要完成的任务。

四、讨论题

1. 物流运作中的每一个环节都应该关注自己的目标，而不是其他环节的目标。只有这样，整体的物流运作才能够达到最佳的效果。你认为这句话正确吗？

2. 在经营过程中，各企业为了各自的利益而相互竞争，因此在它们之间不可能存在真正意义上的合作。客户应该利用一切手段来压低商品的采购价格；而供应商则应该尽可能地提高销售价格。你认为这是看待相互关系的一个比较现实的态度吗？

3. 存货水平的持续降低是不可避免的。迟早会有一天，我们可以在没有存货的条件下进行工作。你认为这句话正确吗？

第十章　库存管理绩效评价

▶▶▶ **本章目标** ◀◀◀

第二~九章我们都是在介绍库存管理方法的应用。我们都知道,在做好库存管理,保证及时供应的同时,管理没有绩效就不会有效益。本章我们将对库存管理中的绩效评价方法进行介绍。库存管理中要使用的绩效指标包括财务指标、执行指标与营销指标。一个特别重要的指标是库存周转量。库存管理的一个重要目标是提高对库存客户和其他库存使用者的服务水平,库存管理的高绩效就意味着更好的效益和更好的客户体验。标杆管理通过改善业务流程而有助于增强竞争优势,改善业务流程是为了赶上或超越选定领域的"最佳"绩效;标杆管理是许多世界一流公司不断改进方案的一部分;标杆管理增加了对业务的理解。

通过本章学习,相信读者将会具备以下能力:
1. 了解库存管理绩效指标的内容及其构成。
2. 掌握绩效指标分析与评估的方法。
3. 了解标杆超越与团队精神在库存管理中的意义。

第一节　库存管理的绩效指标

绩效是什么?从管理学的角度来说,绩效是组织期望的结果,是组织为实现其目标而展现在不同层面上的有效输出,是实现目标的成本最小化。从管理上说,人们从事各项工作,都希望用最少的消耗取得最大的成果。库存管理活动担负着企业生产经营所需各种货物的收发、储存、保管保养、控制、监督和保证生产需要等多项业务职能,而这些活动都与生产经营及其经济效益密切联系。库存管理活动的各项考核指标,是库存管理成果的集中反映,是衡量库存管理水平高低的尺度,也是考核评估库存管理各方面工作和各作业环节工作成绩的重要手段。因此,加强库存管理工作,提高管理业务水平和技术水平是值得探讨的一个重要课题。由于行业和行业领域业务的不同,库存管理中的绩效指标不尽相同。但不管怎么说,作为一个企业来讲,总是希望在不断变化的市场竞争中高质量的生存,并力求发展。所以,库存管理绩效目标总是围绕企业的远期战略目标和近期战术目标来设定。

> **同步思考 10.1**　更低的库存水平通常会给企业带来更低的成本和更好的绩效。你认为这句话正确吗?

一、库存一般管理方面指标

这是反映库存容量、能力及物资储存数量、质量和效率方面的指标。核算这一指标的作用在于从总量上掌握经济成果，衡量库存能力，促进保管人员挖掘潜力，采用先进的设备和技术，提高仓库使用效益。这类指标是库存管理的基本指标。

（1）**物资吞吐量** 物资吞吐量也叫物资周转量，是计划期内仓库进出库物资数量的总和。吞吐量是反映仓库工作数量的指标，是库存管理工作考核的主要指标，也是计算其他指标的依据。其计算公式为

计划期物资吞吐量=计划期物资总进库量+计划期物资总出库量+计划期物资直拨量

计划期可分为年、季、月。物资吞吐量一般以吨表示；物资总进库量是指验收后入库物资的数量；物资总出库量是指按调拨计划、销售计划发出的物资数量；物资直拨量是指从港口、车站直接拨给客户或货到专用线未经卸车直接拨给客户的物资数量。

（2）**库存量和库存周转率**

1）库存量。库存量是指计划期内的平均库存量，它反映了仓库的平均储存水平，计量单位为吨。其计算公式为

$$月平均库存量 = \frac{月初库存量 + 月末库存量}{2}$$

$$年平均库存量 = \frac{各月平均库存量之和}{12}$$

2）库存周转率。库存周转率可用一定期间的平均库存额去除该期间的销售额而得，表示库存商品的周转情形。可以用它来区分"销路奇佳的商品"和"销路不佳的商品"，使之能提供适宜而正确的库存管理所需的基本资料。由于使用库存周转率的目的各不相同，可按照表10-1中的各种方法，来斟酌变更分子的销售额和分母的平均库存额。

表 10-1　库存周转率的算式表

求售价方法	库存周转率=销售额÷平均库存金额（按成本）
求成本方法	库存周转率=销售成本（销售原价）÷平均库存金额（按成本）
求数量方法	库存周转率=销售数量÷平均库存数量
求利益与成本方法	库存周转率=总销售额÷平均库存金额（按成本）

用售价来计算库存周转率的方法便于采用售价盘存法的单位。

用成本来计算库存周转率的方法便于观察销售库存额和销售成本的比率。

用销售量来计算库存周转率的方法便于在订立有关商品的变动、置放商品的场所及销售作业人员等计划时，实行库存的"单位库存管理"。

用利益和成本来计算库存周转率方法以总销售额为分子，而平均库存额则用成本（原价）计算。使用此方法，乍看之下，库存周转率较大，这是由于销售金额里面包含了应得利润部分金额的缘故。

上述库存周转率的计算，可以根据企业的使用目的去选择恰当的公式。主管人员或负责具体工作人员可以根据这四个公式来计算不同种类、不同尺寸、不同色彩（颜色）、不同厂商或批发商的商品周转率，调查"销路较好"和"销路欠佳"的商品，以此来改善商品管理并增加利润。

> 同步思考 10.2
> 为什么企业的库存管理都向着较低的库存水平发展？

3）库存周转期。有时也可用周转期来代替周转率。周转率所表示的是一定期间（如一年之间、一月之间，一周之间等）的库存周转比率。周转期是假定一年为期间单位时，在这期间单位中每一周转所需的时间，公式为

$$库存周转期 = \frac{12}{一年内存货周转次数}$$

或

$$库存周转期 = \frac{360}{一年内存货周转次数}$$

如果库存商品一年之内有4次周转，则库存周转期计算如下：

$$12 \div 4 = 3（月）$$

或

$$360 \div 4 = 90（天）$$

持有存货的时间与库存周转期的换算关系见表10-2。

表10-2　周转期换算一览表

年间周转率	年间手头库存量月份数	年间周转率	年间手头库存量月份数
1	12	16	0.75
2	6	17	0.71
3	4	18	0.67
4	3	19	0.63
5	2.4	20	0.6
6	2	21	0.57
7	1.71	22	0.55
8	1.5	23	0.52
9	1.33	24	0.5
10	1.2	25	0.48
11	1.09	26	0.46
12	1	27	0.44
13	0.92	28	0.43
14	0.86	29	0.41
15	0.8	30	0.4

一般制造业所使用的基准数字多为成本，而销售业的商品库存，则取销售价格为基准。所谓"商（制）品周转日数"则是以一年为单位，每一周转所需的时间，即周转期。换句话说，就是手头上持有的库存足以供几天用的意思。

对于库存周转率，并没有一种绝对的标准比例作为一般的判断标准，通常是和同行业企业相互比较，或是与企业内部的其他期间相比较、分析。应用这两种方法，作为评判库存周转率优劣的标准。

一般来说，企业所拥有的库存数量大多会超过适当的数量，所以我们制定标准值时，最好不要随便拿过去的平均值来作准绳，而是用周转率较大（周转期较短）的实绩值为好。另外，周转率和周转期的标准值，都因类似商品的分类而各不相同。除了过去的实绩外，最好还要参照其他的原则来决定。

日本能率协会的门田武治在其著作《库存管理的新技法》一书中谈到周转率和周转期间这一点时，发表意见如下：

① 一月之间出库金额（单价×出库量）越大的商品，越有必要缩短周转期间。
② 每月购入时都要耗费复杂手续的商品，则需拉长周转期间。
③ 每次变更作业流程时，所需工时越大的加工商品，越需要拉长周转期间。
④ 容易改变形态或易被流行所弃，而较易发生不良库存情形的商品，必须尽量缩短周转期间。
⑤ 保管中容易使品质降低的商品，要缩短其周转期间。
⑥ 体积较大而与单价不相称，或放置场所不够充分的商品都要缩短周转期间。

4）周转率的判断标准。我们也不能认为周转率高了就必然好，周转率低了就不好。如果这么单纯地下判断，那是非常危险的，因为周转率表面上所显示的数值中，往往在背后隐藏着下述种种内情。

① 库存周转率高，效果好。一方面销售量增加，另一方面库存量减少，库存量的减少不会导致缺货的发生，或者说虽有缺货，但销售量的增加带来的利益远远大于缺货的损失。

② 库存周转率高，效果不好。同样是一方面销售量增加，另一方面库存量减少，但库存量的减少必然导致缺货的发生，而且缺货所带来的损失要远远大于销售量增长带来的好处。

③ 库存周转率低，效果好。一方面销售量下降，另一方面库存量增加。这种现象往往在商品价格上涨时出现，意味着惜售及囤积商品，这时库存周转率虽低，但这是企业的一种主动行为，是为了获得更大的利益。

④ 库存周转率低，效果不好。与上一种情况不同的是，这是一种由于盲目大量进货，造成库存增加，而同时又由于销路不畅而造成的现象，其结果是伴随着库存周转率的降低而使企业陷入困境。

在制造业方面，从前决定库存量时，一向对于原材料、在产品和产成品等没有通盘的研究，而是分别地进行，采用不同商品库存的方式而未考虑其均衡。所以也不曾有综合总库存方面的方案，常有经年累月地自然增高库存量的倾向。

如果要实施较新的库存管理法，可以考虑各种商品的特性，依照各个品种和多数商品的特性来管理，按照品种和特性之别来积存，综合地控制原材料、在产品、产成品各类别，使之压缩整体库存量。

销售业的商品库存也是一样。决定商品总额的范畴，本是一件重要决策。但是，经营季节性强的商品的企业以及经营流动性较强的商品的企业，或销售品种多数量少的商品的小规模零售企业等，则不便如此依据库存周转率及商品构成比率来做通盘研究与管理。否则将耗费很多时间、资金及人力，多数则是不合算的。

即使是在经济通货膨胀期，如果上述各种企业还有空闲资金的话，也可以针对某种能够确实预测得到的畅销品，尤其是对于厂商或市场将要缺货且预期必定涨价的商品等，都应有计划地拥有"备荒库存"。反过来说，资金周转情况欠佳时，就需要减少批发采购商品的品种，以此来合理调整库存。这样，参照过去的经验和顺应实际情况来决定适当库存量才好。若是难以通过金额或数量来决定适当库存时，就必须分析及研究资金周转不灵的原因，是库存过多还是生产数量过多，是销售不畅还是商品批发采购选择不当，是销售方法不佳还是商品陈列展示的方式欠妥等。查究原因之后，再来调整库存额，加以适当的增减。

除此之外，还要经常调查市场的动态，了解客户的需要和喜好的变化。如果企业所经营的是季节性商品或流行性商品，更应该查看该年度与前几年度同月份的比率，以便制定产销策略和适当库存。

（3）**平均保管周期** 平均保管周期是指平均一批物资在库保管时间的长短。它反映了保管工作量强度的大小，保管期越长，要求保管的条件越高，维护保养的工作量越大，反之则越小。同时它也反映了物资周转的快慢，其计算公式为

$$平均保管周期 = \frac{计划期天数}{计划期物资周转次数}$$

$$物资周转次数 = \frac{计划期内物资出库总量}{同期物资平均库存量}$$

当出库任务不均衡时，上式分子可用计划物资吞吐量的平均值计算，在一般情况下库存物资周转速度与出库量成正比，与库存量成反比。

（4）**物资完好保管率** 物资完好保管率反映物资经过保管后，物资的完好情况。可由数量完好率、品种完好率和质量完好率来衡量，它们的计算公式分别为

$$数量完好率 = \frac{计划期内保管后完好物资总量}{计划期内入库保管的物资总量} \times 100\%$$

$$品种完好率 = \frac{计划期内入库保管的物资品种数 - 物资品种混淆数}{计划期内入库保管的物资品种数} \times 100\%$$

$$质量完好率 = \frac{计划期内保管后完好的物资总值}{计划期内入库保管的物资总值} \times 100\%$$

（5）**仓库利用率** 仓库利用率是指仓库在面积、容积等方面的有效利用程度的指标，反映仓库能力的利用情况以及仓库规划水平高低。可用仓库面积利用率和仓库容积利用率来表示。仓库面积利用率的计算公式为

$$仓库面积利用率 = \frac{仓库的有效堆放面积}{仓库总面积} \times 100\%$$

这个值随着物资的接收量、保管量、发放量、性质、保管的设备、放置方法、搬运设备、处理方法、通路的布置方法、搬运手段、库存管理方法等而不同。仓库面积利用率越大，表明仓库面积的有效使用情况越好。根据以往的统计资料，仓库面积利用率的理想值见表10-3。

表10-3 仓库面积利用率理想值

仓库库存管理状态	理想值
仓库库存管理水平高	70%及以上
仓库库存管理水平中	51%~69%
仓库库存管理水平低	50%及以下

表中理想值很难达到，因为在计算仓库总面积时包括通路面积，而在计算有效堆放面积时不包括通路面积。

仓库容积利用率的计算公式为

$$仓库容积利用率 = \frac{仓库使用容积}{仓库总容积} \times 100\%$$

计算时，通路所占容积包括在仓库总容积内。仓库容积利用率越大，表明仓库的利用效率越高。其理想值见表 10-4。

表 10-4　仓库容积利用率理想值

仓库库存管理状态	理想值
仓库库存管理水平高	50%~60%
仓库库存管理水平中	30%~49%
仓库库存管理水平低	15%~29%

要达到表中理想值 50%~60%是比较困难的，这是因为在仓库容积中，通路占用了很多面积。因此，仓库通路的布置方法左右着仓库容积利用率，能否提高仓库容积利用率最终表现为仓库管理人员才能的高低。

仓库利用率是反映库存管理工作水平的主要经济指标之一。考核这项指标，可以反映物资储存面积和仓库实际面积的对比关系及仓库面积的利用是否合理，也可以为挖潜、提高仓库的有效利用率提供依据。

(6) **设备利用率**　设备利用率包括设备能力利用率和设备时间利用率两个方面。其计算公式分别为

$$设备能力利用率 = \frac{报告期设备实际载荷量}{报告期设备额定载荷量} \times 100\%$$

$$设备时间利用率 = \frac{报告期设备实际作业时数}{报告期设备额定作业时数} \times 100\%$$

报告期设备额定载荷量和额定作业时数可由设备性能情况和报告期时间长短计算得出。对于仓库来说，设备利用率主要是考核起重运输设备和搬运设备的利用效率，对于多台设备利用率可用加权平均数计算。

(7) **物资周转速度**　库存物资周转速度指标是反映仓库工作水平的重要指标。在物资需求量一定的情况下，如果能降低库存物资的储备量，则其周转速度就会加快。从降低流动资金占用和提高物资利用效率的要求出发，就应当尽可能地减少物资的储备量。但是，若一味地减少库存，就有可能影响物资的供应。因此，库存物资的储备量应建立在一个合理的基础上，也就是说，要在保证供应的前提下，尽量地减少库存量，从而加快物资周转速度，提高资金和库存物资的利用效率。

> 同步思考 10.3　对于一个企业来说，究竟是把目标定位在高存货周转次数，还是低存货周转次数？

$$物资年周转次数 = \frac{全年物资消耗总量}{全年物资平均储存量}(次/年)$$

$$物资周转天数 = \frac{360}{物资年周转次数}(天/次)$$

或

$$物资周转天数 = \frac{全年物资平均储存量 \times 360}{全年物资消耗总量}(天/次)$$

或

$$物资周转次数 = \frac{全年物资平均储存量}{物资平均日消耗量}(次/年)$$

其中，全年物资总消耗量是报告年度仓库中发出物资的总量；全年物资平均储存量常采用每月月初物资储存量的平均数。物资周转次数越少，则周转天数越多，表明物资周转速度越慢，周转效率越低，反之，物资周转次数越多，则周转天数越少，表明物资周转速度越快，周转效率越高。

二、库存服务管理方面指标

这是一类反映库存服务管理工作质量的指标，可以全面反映库存管理工作质量的好坏，体现库存服务管理工作要求的减少损耗、降低费用、提高经济效益的管理目标。

（1）**出库率** 出库率是实际出库量（数量、重量、金额）与计划出库量的比率。出库率是反映仓库出库作业状态的一个重要指标。其计算公式为

$$出库率 = \frac{每月实际出库量}{每月计划出库量} \times 100\%$$

该比值随每月计划出库量的不同而不同。当计划出库量少时，出库率往往远远超过100%，当计划出库量多时，出库率往往大大低于100%。当计划值比较恰当时，出库率接近100%。

（2）**供给率** 供给率是表示库存物资对客户需求满足程度的一个重要指标，即满足客户要求的供给量（数量、重量、金额）与要求量（数量、重量、金额）的比值。供给率可根据不同物资种类、不同要求单位以及全月合计数量等进行计算。其计算公式为

$$供给率 = \frac{实际出库量}{要求出库量} \times 100\%$$

供给率在计算时，不管物资的种类、需求单位、全月合计数如何，都以100%为好。统计资料表明在期限允许的范围内，供给率一般在75%～90%之间。

（3）**账货相符率** 账货相符率是指在物资盘点时，仓库物资保管账面上的物资储存数量与相应库存实有数量的相互符合程度。一般在对库存物资进行盘点时，要求逐笔与保管物资账面数字相核对。该指标可以衡量仓库账面物资的真实程度，反映库存服务管理水平。其计算公式为

$$账货相符率 = \frac{账货相符笔数}{储存货物总笔数} \times 100\%$$

或

$$账货相符率 = \frac{账货相符件数（重量）}{期内储存总件数（重量）} \times 100\%$$

（4）**收发货差错率** 收发货差错率是衡量库存物资收发货准确程度的指标，是指物资种类、质量、数量、重量、金额、时刻、时期、发货目的地等收发货所发生差错的累计笔数占收发货累计笔数的百分比。其计算公式为

$$收发货差错率 = \frac{收发货差错累计笔数}{收发货累计总笔数} \times 100\%$$

或

$$收发货差错率 = \frac{账、货差错件数(重量)}{期内储存总件数(重量)} \times 100\%$$

这是库存服务管理的重要质量指标，可用于衡量收发货的准确性，一般库存物资的收发货差错率应控制在 0.005% 以下。

（5）**物资损耗率** 物资损耗率是指保管期中物资自然减量的数量占原来入库数量的比率，该指标用于反映物资保管与养护的实际状况。其计算公式为

$$物资损耗率 = \frac{货物损耗额}{货物保管总额} \times 100\%$$

或

$$物资损耗率 = \frac{货物损耗量}{期内货物库存总量} \times 100\%$$

物资损耗率指标主要可用于对那些易挥发、失重或破碎的物资，制定一个相应的损耗限度，通过损耗率与物资损耗限度的比较，尽可能地减少库存物资的自然损耗，提高对储存易挥发、失重或破碎物资的管理水平。

（6）**平均保管损失** 平均保管损失是按库存物资储存量中平均每吨物资的保管损失金额来计算的。其计算公式为

$$平均保管损失 = \frac{保管损失金额}{平均储存量} (元/吨)$$

可以说，物资的保管损失是仓库的一项直接损失。其损失范围包括因保管养护不善造成的霉变残损、丢失短少、超定额损耗及不按规定验收、错收、错付而发生的损失等。有保管期限的物资，经仓库预先催办调拨，但有关部门未能及时调拨出库而导致的损失，不能算作仓库保管损失。如因保管不善而造成的损失，应进一步追查事故原因，核实经济责任，尽可能地使损失减少到最小。

（7）**平均收发货时间** 平均收发货时间是指仓库收发每笔出入库单据上的物资平均所用的时间。它既是反映仓库服务质量的指标，也是反映仓库劳动生产率的指标。其计算公式为

$$平均收发货时间 = \frac{收发货时间总和}{收发货总笔数} (小时/笔)$$

收发货时间的一般界定为：收货时间自单证和货物到齐后开始计算，物资经验收入库到把单证送交保管会计登账为止；发货时间自仓库接到发货单开始，经备货、包装、填单等，到办妥出库手续为止，一般不把待运时间列为发货时间计算。制定和考核平均收发货时间指标的目的，是为了缩短仓库收发货时间，提高仓库利用率，加速物资的周转，促进物资购销，扩大经营效益。一般来说，仓库收发货时间应控制在一个工作日内，而对于大批的、难以验收的收发货业务可适当延长时间。

（8）**货物及时验收率** 货物及时验收率反映仓库按照规定的时间执行物资验收的情况。其计算公式为

$$货物及时验收率 = \frac{期内及时验收笔数}{期内收货总笔数} \times 100\%$$

三、库存综合管理方面指标

这一类指标主要是库存管理中综合性的指标,反映库存管理工作的综合经济效益水平。

(1) **质量保证率** 质量保证率指标主要反映仓库部门保证物资原有质量的水平。其计算公式为

$$质量保证率 = \frac{无质量事故的出库量}{出库量} \times 100\%$$

这个指标比值最好是 100%,但与综合管理工作效率一样,它不是仓库部门单独可以提高的,其指标的高低受其他各种管理方法条件的影响。

(2) **平均储存费用** 平均储存费用指标是指保管每吨物资 1 个月平均所需要的费用开支。物资保管过程中消耗的一定数量的活劳动和物化劳动的货币形式即为库存费用,这些费用包括物资出入库、验收、储存和搬运过程中消耗的材料、燃料、人工工资和福利费、固定资产折旧、修理费、水电费、租赁费及应分摊的管理费等。其计算公式为

$$平均储存费用 = \frac{每月储存费用总额}{月平均储存量} (元/吨)$$

平均储存费用是仓库经济核算的主要指标之一。它可以综合地反映库存管理的经济成果、劳动生产率、材料和燃料节约情况及管理水平等。

(3) **利润总额** 利润是所有企业追求的目标,是利润考核的主要指标。它表明利润的实现情况,是企业经济效益的综合指标。其计算公式为

$$利润总额 = 报告期库存总收入 - 报告期库存总支出$$

(4) **资金利润率** 资金利润率反映仓库的资金利用效果。其计算公式为

$$全部资金利润率 = \frac{利润}{固定资金平均占用 + 流动资金平均占用} \times 100\%$$

$$固定资金利润率 = \frac{利润}{固定资金平均占用} \times 100\%$$

$$流动资金利润率 = \frac{利润}{流动资金平均占用} \times 100\%$$

全部资金利润率反映仓库在生产经营活动中占用的资金和实现的利润之间的比例关系,并从劳动耗费和劳动占用两方面来反映经营成果。由于利润是企业总收入减去总支出后的差额,代表社会必要劳动耗费与仓库个别劳动耗费的对比结果,因而可以直接代表经营成果。利润的增减既表示成本的降低和上升,又表示仓库经营成果的大小,所以这一指标能反映仓库对资金的利用水平。

(5) **劳动生产率** 劳动生产率可以用平均每人每天完成的出入库物资量来表示,出入库量是指吞吐量减去直拨量。全员劳动生产率的计算公式为

$$全员劳动生产率 = \frac{全年物资出入库总量}{仓库全员年工作日总数} (吨/工日)$$

考核全员劳动生产率也可以用仓库中员工平均每日收发物资的笔数、员工平均保管物资的吨数等指标来考核。

（6）**资金使用效率** 资金使用效率指标主要考核仓库资金使用情况，反映资金的利用水平、资金的周转及资金使用的经济效果。其主要指标计算公式如下：

$$单位物资固定资产平均占用量=\frac{报告期固定资产平均占用量}{报告期平均物资储存量}（元/吨）$$

$$单位物资流动资金平均占用量=\frac{报告期流动资金平均占用量}{报告期平均物资储存量}（元/吨）$$

$$报告期固定资产和流动资金平均占用量=\frac{期初占用量+期末占用量}{2}$$

$$流动资金周转次数=\frac{年库存业务总收入}{年流动资金平均占用额}（次/年）$$

$$流动资金周转天数=\frac{360}{流动资金周转次数}（天/次）$$

或

$$流动资金周转天数=\frac{全年流动资金平均占用量 \times 360}{全年库存业务总收入}（天/次）$$

（7）**收入利润率** 收入利润率是仓库实现利润与实现的营业收入之比。其计算公式为

$$收入利润率=\frac{利润总额}{库存营业收入总额} \times 100\%$$

（8）**仓库安全性指标** 仓库安全性指标是用来反映仓库作业的安全程度。它主要可以用发生的各种事故的大小、次数来表示，主要有人身伤亡事故、仓库失火事故、爆炸事故、被盗事故、机械损坏事故五大类。这一指标一般不需要计算，只是根据损失的大小来划分为不同的等级，以便于考核。

四、库存管理工作量的指标

除了目标和指标，库存管理者需要对员工的工作量进行记录和监控，确保人员安排和工作都与企业目标一致。库存管理工作量的指标主要包括发货量、配送量、盘点、更换、订货次数、交易价值。这些可能包括独立部门或小组的目标或标准。

> 同步思考 10.4
> 对库存的实际绩效进行评估的主要目的是什么？

库存管理指标体系中，各个指标从不同方面和角度反映了库存管理活动的经济成果，但每个指标所反映的内容不同，有些指标反映库存管理中的一些局部情况，有些指标反映综合性情况，还有一些指标反映经营效果。库存管理绩效指标体系中，主要有数量指标和质量指标两大类。数量指标通常用绝对值表示，质量指标通常用相对值表示。在两种指标体系中，其关系是互相联系和相互制约的，达不到数量指标，也就达不到质量指标，在库存管理中应注意它们之间的关系，不能有所偏废。

第二节　绩效指标分析评估与标杆超越

一、绩效指标分析

绩效指标分析是从不同的角度反映某一方面的情况，如果仅仅从单个指标所反映的数字资料来看，将很难反映企业的经营情况和发现企业在经营管理中存在的问题，以及找出解决问题的办法。所以，要全面、准确、系统、完整地认识库存管理工作的现状和规律，必须对各个指标进行系统的比较、分析、评价和解释，并从中发现问题的实质，认识事物的内在规律，找到解决问题的方法。

> 同步思考 10.5
> 库存是如何影响公司经营战略的可行性的？

1. 绩效指标分析的意义

1）弄清库存物资储备状况，评价库存管理所取得的成绩。
2）发现库存管理中存在的问题，并查明原因加以解决。
3）了解设备利用程度，挖掘设备利用潜力，提高设备利用率。
4）考核库存作业执行情况，对库存作业做出全方位的评价。

2. 绩效指标分析的方法

（1）**价值分析法**　价值分析法就是追求采用一种成本更低的方法来达到与原先相同的功能、目的和任务。在收入一定的情况下，提高企业经济效益最好的方法是努力降低成本。在降低成本的过程中，价值分析法是一种较为有效的方法。该分析方法有以下三条基本原则：

1）消除浪费，排除无用环节和工作。
2）尽可能标准化和规范化。
3）经常分析有无更好的方法可以替代现在使用的方法。

在这三条基本原则下，还应对以下问题进行考察：

1）现在采用的方法是什么？
2）其作用（或功能）是什么？
3）采用这种方法的成本是多少？
4）是否存在其他可以完成同样工作的方法？
5）如果存在，其成本开支是多少？

（2）**比较分析法**　比较分析法是通过具有可比性的两个或两个以上的经济指标直接对比，确定出指标间差异的一种分析方法。通过经济指标的对比，可以对各项经济指标任务完成情况做出一般性的评价，揭示出指标间的差距，为进一步分析造成差距的各种原因及其影响程度，挖掘各种潜在力量指明方向。

$$实际完成较基础指标增减额 = 本期实际完成数 - 基础指标数$$

$$实际指标完成基础指标的百分比 = \frac{本期的实际指标完成数}{基础指标数} \times 100\%$$

$$\text{实际指标较基础指标增减百分比} = \frac{\text{本期实际数} - \text{基础指标数}}{\text{基础指标数}} \times 100\%$$

采用比较分析时，由于分析的目的和要求不同，所采用的形式也不尽相同。其对比形式主要有：用本期实际数与计划指标对比；与以前各期（上期、同期、特定时期）实际指标对比；与同行业、同类型的先进企业的指标对比；与历史最好水平对比。由于对比的基数不同，所以对比结果所说明的问题也不相同。

1）基础指标为计划数。其主要目的是检查计划执行情况，提示实际脱离计划的原因，并从中肯定成绩，总结经验，找出差距，评价计划指标本身的正确性和先进性。

2）基础指标为历史各期数。其主要目的是掌握经济发展动态，提示发展速度和方向。通过若干期指标连续对比，可以从中掌握经济活动发展变化趋势及其规律性，说明增长或降低的原因，并提出建议。

3）基础指标为先进部门指标。其主要目的是提示与先进企业的差距，客观评价本企业工作业绩，从而有利于挖掘企业内在潜力，提高工作效率和经济效益。

比较分析中实际指标和对比的基础指标，可以是两个绝对指标，也可以是两个相对指标。绝对指标比较在于了解企业的实际指标与比较对象间的差距，并以此来判断其成长情况和发展过程；相对指标比较在于了解与比较对象间的相对差距或其本身的发展速度。无论是绝对指标的比较，还是相对指标的比较，要找出发展变化的根本原因，还应在比较的基础上做进一步分析。虽然，比较分析法简单直观，便于掌握，但是在运用过程中必须注意对比指标间的可比性，没有可比性的指标不能进行对比，否则会出现错误的结论。为了保持对比指标的可比性，必须使对比指标在计算内容、计算方法、计价标准、时间单位等方面口径完全一致。如果是不同企业之间的指标对比，还必须注意业务经营和规模的可比性。

（3）**因素分析法** 因素分析法也称连环替代法，是利用几个相互联系的因素逐个替换，从而计算出各因素变动对分析指标影响程度的一种方法。其基本原理是：假定组成指标的其他因素不变，只有其中一个因素发生变化，其运算结果和这个因素变化前的运算之间的差异，就是这个因素变动对指标的影响程度。

在采用因素分析法时，应按照经济指标组成的因素，排列出合理的顺序，以被比较的指标为基础，用各个因素的实际数逐个、顺序地替换基数，以计算出各个因素对该指标的影响程度。要注意每次只能替换一个因素，每一次因素替换都必须在上一次替换的基础上进行。如果采用不同的因素替代顺序进行分析计算，可以得到不同的分析结果。因此，正确地确定各影响因素的替换顺序是因素分析法的关键问题。因素排列和替换顺序要根据各影响因素之间的逻辑关系和一般公认的原则确定。各因素替代顺序一般是先替代数量因素，后替代质量因素；先替代用实物量、劳动量表示的因素，后替代用价值量表示的因素；先替代主要因素、原始因素，后替代次要因素、派生因素；在分式中，先替代分子因素，后替代分母因素。

二、绩效评估

1. 绩效评估的目的

有效且公平的绩效评估制度，将使库存管理人员的努力成果获得适当的回馈与认定，对提高士气大有帮助。

（1）**在确保库存管理目标实现的同时，提供改进绩效的凭证**　企业可提供客观的标准来衡量库存目标是否实现，确定库存部门目前的工作表现。库存绩效的测量可以产生更好的决策，因为这可以从计划实施后的结果中鉴别不同的差异。通过差异分析，可以判断产生差异的原因，并可以及时采取措施防止未来突发事件。

（2）**在作为个人或部门奖惩参考的同时，协助人员甄选与培训**　良好的绩效评估方法，能较好地反映库存管理人员的个人表现，作为各种人事考核的参考资料，依据客观的绩效评估，达成公平的奖惩，使整个部门发挥合作效能。根据绩效评估的结果，可针对现有的库存管理人员工作能力的缺陷，拟定改进的计划，并相应安排参加专业性的培训。若发现整个部门缺乏某种特殊人才，则可经由企业内部甄选或向外界招聘。

（3）**在增强业务透明度的同时，促进部门之间的沟通**　定期报告制订的计划内容和实际执行的结果可以使客户能够核实他们的意见是否被采纳，这可以向客户提供建设性的反馈意见，通过向管理部门提供个人和部门业绩，有利于增强管理部门的认可程度。库存绩效受许多方面的影响，特别是各部门之间的有效分工与协作，通过透明的绩效评估，可以改善部门间的合作关系，增进企业整体的运作效率。

2. 绩效评估的标准

有了绩效评估的指标之后，必须考虑依据何种标准作为与目前实际绩效比较的基础，一般常见的标准如下：

（1）**以往绩效**　选择企业以往的绩效作为评估目标绩效，是相当正确和有效的方法。但实施前提是企业组织、职责或人员等均应无重大的变动。

（2）**预算或标准绩效**　如果过去的绩效难以取得或库存业务变化较大，则可以预算或以标准绩效作为衡量基础。标准绩效的设定主要有五条原则：①标准一旦建立，则不再变更的固定绩效标准；②在完美的工作条件下应有的理想绩效标准；③在现在状况下"应该"可以达到的可达成绩效标准；④与企业在组织、职责及人员等方面均相似的同行业平均业绩绩效标准；⑤在目前绩效标准状况下，不经过一番特别的努力，无法完成的目标绩效标准。目标绩效标准代表企业管理当局对工作人员追求最佳绩效的"期望值"。

3. 绩效评估的方式

绩效评估方式主要有以下方面：

（1）**定期评估**　定期评估是配合企业年度人事考核进行的。一般而言，以"人"的表现，如工作态度、学习态度、学习能力、协调精神、忠诚程度为考核内容。对库存管理人员的激励及工作绩效的提升并无太大作用。若能以标杆超越方式，从各种工作绩效指标中，选择当年重要性比较高的项目中的3~7个定为目标，年终按实际达成程度加以考核，则必能提升个人或部门的工作绩效，并且因为摒除了"人"的抽象因素，而以"事"的具体成就为考核重点，也比较客观、公正。

（2）**不定期评估**　不定期评估是以专案方式进行的评估。如企业要求某项特定产品的库存管理成本降低8%，当设定期限结束时，根据评估实际的成果是否高于或低于8%，给予库存管理人员适当的奖惩。此种评估方式对管理人员的士气有相当大的提升作用。此种评估方式特别适用于新产品的开发、资本支出预算、成本降低方案等。

4. 绩效评价系统建立步骤

规范和建立一个标准评价体系，可以由管理人员或经验丰富的专家组成评定小组，根据企业经营业务和经营目标，制定适合企业的评价体系；也可以采用时间序列的分析方法，根据过去的行为来推断将来的行为，以同行业先进数据资料为比较基准，以企业历史数据为比较基础，并对数据进行追踪分析，从趋势分析中找出一个适合企业的绩效评价系统。其绩效评价系统建立主要由以下几个步骤组成：

1）通过细致地分析，企业高层管理人员必须决定哪些活动最重要，并且要保证评价活动的公正性。作为企业高层管理人员要坚持定量与定性相结合的原则，建立科学、适用、规范的评价指标体系，避免主观臆断，以客观的立场评价优劣，公平的态度评价得失，合理的方法评价业绩，严密的计算评价效益。

2）必须决定数据报告的频率和格式，以及哪些人员将承担这些责任，将责任落实到个人。

3）评价系统方式一旦决定，就要形成一个系统化的程序来收集在评价过程中可能使用的大量历史数据和统计资料数据。

4）管理人员必须找出这些数据之间的相互关系，分析手段和目标之间的联系，同时区别库存管理效果和管理效率。

5）进入分析阶段时，对评价过程中所采用的不同分析方法进行分析，并做出相应的改进。要避免使用非常复杂的测量方法，简单是关键。

6）在执行的过程中通过适当的随访，定期向使用者报告结果。

在形成和实施标准计划后，要对主要的结果重新进行审视，对已经形成的标准和方法进行不断的提炼和改进。因为数据的收集、分析与方案的提炼改进，形成了一个精确而复杂的循环过程，所以整个绩效评价系统的建立过程应该是一个反复的自我完善的过程。

三、标杆超越与绩效

标杆超越是国外 20 世纪 80 年代发展起来的一种经营管理方法。标杆超越的思想运用于绩效评估体系的设计也已有众多成功的先例。最早应用标杆超越法的是美国的施乐公司。20 世纪 70 年代末，一直保持着世界复印机市场垄断地位的施乐公司，遇到了来自国外特别是日本竞争者的全方位挑战，如佳能、NEC 等公司。它们以高质量、低价格的产品迅速占领市场，使施乐的市场占有率几年时间里从 49%减少到 22%。于是在 1979 年施乐公司开始对其制造成本进行调查，发现其竞争对手是以施乐公司的制造成本为售价，故开始针对制造活动进行产品及特性的改进计划，为学习日本竞争者生产性能更高和成本更低的能力，通过买进日本复印机，用"逆向工程"分析它，实施标杆超越。对制造活动采用标杆超越法成功后，施乐公司逐步将标杆超越的方法运用于各公司单位、供应商及产品研究方面，此举使施乐公司在小型复印机市场上居于优势地位。之后，日本、加拿大、欧洲的公司也相继采用该方法并将其应用于一些领域，如今标杆超越已成为一个流行于管理领域的热门词语。

1. 标杆超越的定义

施乐公司的基准质量和客户满意部经理罗伯特·卡伯认为标杆超越是"对照最强的竞争对手或著名的顶级公司的有关指标，对自身产品、服务和实施进行连续不断的衡量的过程"。所以，我们可以这样来描述标杆超越：不断寻找和研究业内一流的、有名望的公司的最佳实践,并以此为标杆,将本公司的产品、服务和管理等方面的实际情况与这些标杆进行定量化评价和比较,分析这些标杆公司达到优秀的原因,结合自身实际加以创造地学习、借鉴并选取改进的最佳策略,从而赶超一流公司或创造高绩效的不断循环提高的过程。根据定义,可以将标杆超越分解为以下内容:

1)标杆超越中的标杆是指最佳实践或最优标准,其核心是向业内最优企业学习。也就是说,企业将自身的产品、服务、经营管理、运作方式与最好的企业比较,找出自身的差距,创造性地改进和优化企业实践,以达到增强竞争力的目的。

2)标杆超越是在全行业甚至全球范围内寻找标杆。要突破企业的职能分工界限和企业性质与行业局限,重视实际经验,强调具体环节、界面和流程。

3)标杆超越是一种直接的、片断式的、渐近的管理方法。因为企业的业务、流程、环节都可以解剖、分解和细化。所以企业可以寻找整体最佳实践作为标杆来比较,也可以仅仅发掘优秀的"片断"作为标杆来比较,使企业可供选择的视野更加开阔。同时这种方法所具有的渐进性可使企业从初级到高级,分阶段确定不同的标杆,循序渐进地进行绩效改善。

4)注重比较和衡量。标杆超越的过程自始至终贯穿着比较和衡量。无论是产品、服务和经营管理方式的比较,还是制造操作、研究开发和营销技术等比较,或是本企业与目标企业的差距衡量,对于标杆超越是否取得成功都是非常重要的。

2. 标杆超越考核体系

标杆超越的实质是以领先企业的业绩标准为参照,是对因循守旧、不思进取等陋习的变革,它必然伴随着企业原有"秩序"的改变。标杆超越活动由"标杆"和"超越"两个基本阶段组成。

"标杆"阶段就是要针对企业所要改进的领域或对象,首先确定"谁"在这一方面最好,以及它为什么最好?我们为什么最差?差在什么地方?这意味着要确定学习和赶超的榜样,并对学习和赶超的榜样与自身进行解剖和分析,通过对比找出自身与榜样之间的差距及原因。

例 10-1 由于客户投诉,影响了企业的信誉。为提高客户满意度,现本企业拟在 A、B、C 三家管理比较好的同行中确定标杆企业。客户满意度对比评价见表 10-5。

表 10-5 客户满意度对比评价

指标	重要程度	本企业	A企业	B企业	C企业
准时交货	5分	5	4	5	3
按质按量交货	3分	4	3	5	4
交货周期	1分	4	5	4	4

将表 10-5 中各指标的重要程度作为权数,各企业的客户满意度为

本企业:$5\times5+3\times4+1\times4=41$(分)

A 企业:$5\times4+3\times3+1\times5=34$(分)

B 企业:$5\times5+3\times5+1\times4=44$(分)

C 企业:$5\times3+3\times4+1\times4=31$(分)

显然,客户对 B 企业最满意。我们应该向 B 企业学习,将 B 企业作为标杆。

"超越"阶段就是"超越"对手,使自己成为"领袖"。但实施标杆超越的目的并不是仅

仅在于对榜样的简单模仿。因此，必须寻找支撑企业可持续发展的关键业绩指标及业绩改进的最优方法，拟定出超越对手的策略并加以实施，努力使自己成为同行业最佳。标杆超越考核体系基本程序如图 10-1 所示。

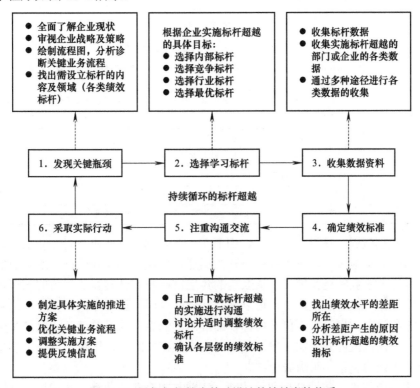

图 10-1　以标杆超越为基础设计的绩效考核体系

（1）**发现关键瓶颈**　详细了解企业关键业务流程与管理策略，从构成这些流程的关键点入手，找出企业经营的瓶颈，从而确定企业需要确定标杆的内容与领域。标杆超越法主要通过调查、观察和内部数据分析，真正了解企业的现状，通过绘制出详细的流程图将本企业在该领域中的当前状况描绘出来。这项工作的结果关系到标杆超越活动的成功与否。一张详细的流程图有助于企业管理者就当前的生产经营方式、生产成本构成状况、经营中存在的问题等达成共识。这一阶段工作若做不好，即使与标杆企业的先进之处进行比较，也很难提示出企业本身所存在的问题与不足。尽管每个企业的具体状况不一样，但是标杆内容的确定首先是从改进和提高绩效的角度出发，将企业要完成的任务和产出标杆作为企业首先要考虑的绩效指标，并对这些指标具体内容进行分解，以便进行成本、关键任务等问题的分析、量化和检查，从而最后确定标杆的具体内容。

（2）**选择学习标杆**　标杆企业应该是行业中具有最佳业绩、是竞争对手及有发展潜力的企业。所以应在具有可比性并且管理实践是可以模仿的同一类型企业中选择标杆企业，并进行深度的经营业绩剖析，构建标杆的基本框架。根据企业实施标杆超越的具体目标选择如下标杆：①将企业内部某高效行为作为标杆对象，这是最简单、最基本的标杆；②以竞争对手作为标杆对象，将自身的业务过程与那些与自己有同样市场，具有竞争性的产品、服务和过程优势的企业进行比较，从而学习标杆企业的优点；③在与企业相关的行业中选择优势企业作为行业标杆，以其绩效水平为参照来设计评估及改进体系；④选择某一方面具有优势并可以学习的企业为最优标杆，而不管它在业务、产品等方面是否与企业相同或相似，只要它先进，就将其作为绩效标杆的学习对象。库存管理活动中的标杆见表10-6。

表10-6 库存管理活动中的标杆

标杆	库存管理中的意义
资产回报	每单位销售额对应高水平的库存，要与一个经营相似产品的企业比较，看它是怎样更好地管理库存的
库存总成本	包括库存投资、储存、管理和订单处理等费用。库存太多必导致库存持有成本和管理费用增加
现金流周期	周期越短，库存越少
履约率	高水平的客户服务，无返工，无待发货成本
客户咨询反应时间	退货少，重复订货可能性大，更大的市场份额
预测精确度	降低存货安全性需求
遵守时间表	保持配送承诺，更好地为客户服务，不出现过量库存
货物过时、废弃	存货降价甚至完全失去价值是预测不当或大批量生产的结果

（3）**收集数据资料** 通过公开账目、图书馆、互联网、行业协会、公共论坛、会议、讲座、贸易展示会、实地参观调研等各种公开的渠道，广泛收集实施标杆超越企业的数据和资料，深入分析标杆企业的经营模式，从系统的角度剖析与归纳其竞争优势的来源，总结其成功的关键经验。作为标杆的数据资料可以来自行业、全国乃至全球的标杆企业达到优良绩效的方法、措施和诀窍；也可以来自开展标杆瞄准活动的企业的目前绩效状况及管理现状。这些企业反映了一定范围内的平均水平，通过与这类数据的瞄准、比较，可以了解本企业在国内外同行业中所处的位置，明确努力方向。

（4）**确定绩效标准** 将标杆企业的业绩、实践与本企业的业绩、实践进行比较和分析，找出绩效水平及管理上的差距，分析产生差距的原因。差距大小可用下列公式计算：

$$差距 = 1 - \frac{本企业绩效}{标杆企业绩效}$$

通过借鉴其成功经验，确定适合本企业能够赶上甚至超越标杆企业的关键业绩标准及其最佳实践标准。在与标杆企业分析差距和确定业绩时应注意考虑如下因素：①经营规模的差异以及规模经济成本效率差异；②企业发展阶段的管理实践与业绩差异；③企业文化理念与管理模式的差异；④产品特性及生产过程的差异；⑤经营环境与市场环境的差异。

例10-2 根据表10-7中的数据，将A公司参加业务能力提升培训人员的比例与标杆公司进行比较。

表10-7 参加业务能力提升培训人员的比例

时间	A公司	标杆公司
现在	17%	24%
两年前	15%	18%

现在的差距 = 1 − （17% ÷ 24%）= 29%
两年前的差距 = 1 − （15% ÷ 18%）= 17%

如图 10-2 所示，差距从两年前的 17%变为现在的 29%，差距拉大了。

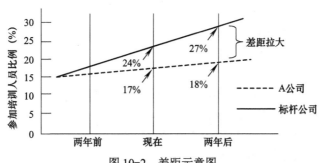

图 10-2　差距示意图

（5）**注重沟通交流**　实施标杆超越需要全体员工的积极参与，需建立标杆进程中的沟通机制。应将标杆超越法的推进与员工的沟通交流同步，并将标杆超越的目的、目标与前景让全体员工理解和支持，根据全体员工的建议，最终拟定各层次的绩效目标，并提出改进方案。由于作为标杆的绩效目标是经过员工认可、反复修改确定的，是真实、合理、客观存在的绩效水平，所以能减少员工的抵触情绪，而且能大大提高实现绩效目标的速度和可能性。

（6）**采取实际行动**　在详细分析内外部资料的基础上，确定项目、子项目负责人，具体落实行动方案，包括计划、安排、实施的方法和技术，以及阶段性的成绩评估，并在组织内部达成共识，推动方案的有效实施。在具体的实施过程中，每一个实施阶段都要进行总结、提炼，发现新情况、新问题，有针对性地及时改进。

20 世纪 80 年代，福特汽车公司由于不景气决定裁员，他们首先制定的目标是财务部门裁减 20%，即从 500 人减少到 400 人。而当这一计划目标达到时，他们却发现一个比自己规模小 5 倍的日本马自达公司的财务人员才 15 人，这是一个实实在在的标杆水平。于是福特公司改进了原来的裁减目标，最终使财务人员减少至 75 人，使得财务人员之比与公司规模之比相同。值得注意的是，由于标杆水平的可行性已经由别的企业所证实，所以如此规模的裁员计划并未引起过多的争议。

以标杆超越为基础设计的绩效考核体系，是一个不断提升的系统。企业在设计绩效考核体系时，如何设计反映企业战略发展要求的绩效考核标准是决定整个考核体系能否支撑组织高绩效的关键。标杆超越法为企业设计绩效考核体系提供了一个以外部导向为基础的全新思路，基于标杆超越法的绩效考核体系设计就是企业将自身的关键业绩行为与最强竞争企业或那些在行业中领先的、最有名望的企业的关键绩效行为作为基准进行评价与比较，分析这些基准企业的绩效形成原因，并在此基础上确定企业可持续发展的关键业绩标准及绩效改进的最优化策略，最终将标杆基准融入企业日常管理工作之中，使之成为一项经常性的制度化的绩效管理工作持续推进。

3. **标杆超越对企业的基本要求**

标杆超越需要企业内部各方面积极地参与协作，特别是企业管理者要有达到标杆目标的信心。周详的计划、培训和部门之间的广泛交流是标杆超越的基础。成功的标杆管理活动对企业的基本要求主要表现在以下方面：

1）高层管理人员对标杆超越的态度。

2）充分了解标杆超越活动和改进措施。
3）接受新思维、新观念的坦诚态度。
4）愿意与合作者分享信息。
5）致力于持续的标杆超越活动。
6）能有效地把企业运作与战略目标结合起来。
7）能对管理者和员工提供高质量的财务和非财务信息。
8）有改善与客户要求相关核心职能的能力。
9）追求高附加价值。
10）不要向竞争者索要敏感数据。
11）不要随便分享所有者信息。
12）选择一个无偏的第三者在不公开企业名称的前提下收集和提供竞争者数据。
13）不要基于标杆数据向外界贬低竞争者的商务活动。

总之，通过标杆超越活动，可以利用标杆超越过程中获得的知识，创造各种方法，超过竞争对手，从而达到降低成本，增强竞争优势的目的，用高水平的服务，使企业获得更高、更稳定的利润。标杆超越是一个需要关注细节，需要大量时间和经费的过程，世界一流企业使用它作为不断改进计划的一部分，但它不仅仅用于大企业。企业要生存，要获得竞争力，就要全面实施标杆超越。标杆超越的总目标是帮助企业获得一流的竞争力，使之成为"同业之最"。

四、改善库存绩效应注意的问题

标杆超越法作为一种有效的管理方法，适用于企业的多个方面。特别是在企业绩效比较和评价方面，运用标杆超越法可以进行真正以事实为基础、以市场竞争为目的的系统比较，利益相关者能客观地评价企业及产品的服务，更适应信息化的社会。

1. 人力资源绩效管理

传统的人力资源管理通常被认为是一种事务性的工作，随着社会向前发展，人力资源管理的参谋与咨询作用，以及在制定和执行企业战略方面的作用日益加强。当代物流战略可以描述为"客户满意最大化，物流资金及运营成本最小化"。不管在什么情况下，与客户建立更加紧密的关系都是有价值的，这需要特别强调库存管理人员沟通能力和人际关系技巧的重要性。

越来越多的企业意识到人力资源的优势在获取企业核心竞争力方面的作用，人力资源管理也成为企业竞争优势工具。标杆超越的实质是对组织的变革，是对因循守旧、抱残守缺、按部就班、不思进取等陋习的围剿，它必然伴随企业原有"秩序"的改变，而改变会遇到阻力。阻力或来源于利益冲突，或来源于旧的观念和行为习惯，或来源于不安全感等。绩效管理是帮助企业维持和提高生产力、实现企业目标的最有效手段之一。对员工来说，改变"秩序"意味着改变原来的传统工作方式，遇到阻力很平常，特别是在没有足够的咨询和参加讨论的情况下。标杆超越在改变"秩序"过程中应特别注意，要将企业目标和员工目标有效结合起来，应从以下六个方面做好人力资源绩效管理工作。

（1）**计划**　计划是绩效管理过程的起点，要将企业绩效战略目标计划分解为具体的计划目标，落实到各个岗位上。然后再对各个岗位进行相应的职位分析、工作分析、人员资格条件分析。管理者和员工一起根据本岗位的工作目标和工作职责来讨论，搞清楚在绩效计划周期内员工应该做什么工作，做到什么程度，为什么要做这项工作，以及员工权力大小和决策权限等。在这个阶段，管理者和员工的共同投入与参与是绩效管理的基础。如果是管理者单方面布置的任务，员工单纯接受要求，这就变成了传统的管理活动，失去了协作性的意义。

（2）**实施** 制订了绩效计划之后，被评估者开始按照计划开展工作。在工作的过程中，管理者对被评估者的工作进行指导和监督，对发现的问题及时给予解决，并随时根据实际情况对绩效计划进行调整。绩效计划并不是在制订了之后就一成不变的，要随着工作的开展不断进行调整。在绩效计划实施期间，管理者需要不断地对员工进行工作指导和信息反馈，即进行持续的绩效沟通。这种沟通是一个双方追踪进展情况、找到影响绩效障碍以及得到双方成功所需信息的过程。人性化管理在绩效管理中非常重要，员工之间只是从事的岗位不同，不存在谁高谁低，都是平等的，是一种服务和支持的关系。管理者要经常和员工沟通，阐明对他们的期望，并从内心的沟通开始，关心和尊重员工，与员工建立平等、亲切的感情，在实现目标的过程中为员工清除各方面的障碍，双方共同探讨员工在组织中的发展路径和未来目标。持续的沟通能保证计划实施中问题的及时处理、修订，并在平等的交往中相互获取信息、增进了解、联络感情，从而保证员工的工作能正常开展，使绩效计划能顺利的实施。

（3）**考核** 考核可以根据具体情况和实际需要进行月考核、季考核、半年考核和年度考核。绩效考核是一个按事先确定的工作目标及其衡量标准，考察员工实际完成的绩效的过程。绩效考核包括工作结果考核和工作行为考核两个方面。其中，工作结果考核是对考核期内员工工作目标进行测量和评价，一般由员工的直接上级按照绩效合同中的标准，对员工的每一个工作目标完成情况进行等级评定。而工作行为考核则是针对员工工作绩效周期内表现出来的具体行为态度来进行评估。要注意，在绩效计划实施过程中所收集到的能够说明被评估者绩效表现的数据和事实，可以作为被评估者是否达到关键绩效指标的依据。

（4）**反馈与面谈** 绩效管理过程不是一个简单的考核打分过程，管理者需要与员工进行一次甚至多次面对面的交谈，及时向员工提供有关绩效的反馈信息。通过绩效反馈面谈，一方面使员工了解主管对自己的期望，了解自己的绩效，督促员工改进绩效，认识自己有待改进的方面；另一方面员工也可以提出自己在完成绩效目标中遇到的困难，请求上级给予指导。

（5）**改进和导入** 绩效改进是绩效管理过程中一个重要环节，要及时向员工提供有关的绩效标准。绩效考核的结果不仅仅是员工薪酬、奖惩、晋升或降级的标准，其关键在于对员工能力的不断提高以及持续改进和发展。所以，绩效改进的成功与否，是绩效管理过程的关键。绩效导入就是根据绩效考核结果，对员工缺乏的技能和知识有针对性地安排培训，及时弥补员工能力的短处。这样的结果是既满足了完成工作任务的需要，又使员工的工作能力得到了不断提高。

（6）**结果应用** 绩效考核完成后，要注意以下几个管理环节：①薪酬及奖金的分配。一般来说，绩效评价越高，所得工资越多，这是对员工追求高业绩的一种鼓励与肯定。②职务调整。经过多次考核，根据员工的工作能力及工作态度，可考虑将他调整工作岗位或解雇。③通过沟通改进工作。绩效考核结果反馈给员工后，有利于他们认识自己的工作成效，发现自己工作过程中的短处和长处，从而积极主动地改进工作。④培训与再教育。对于依靠自学规范自身行为态度就能改进绩效的员工来说，管理者为员工提供关于未来职业发展的规划，组织员工参加培训或接受再教育是吸引优秀员工加盟企业的一项福利。

2. 企业组织管理绩效

标杆超越法中一个重要的问题是企业的组织管理问题。在企业组织管理中，客户永远是上帝，不管在什么情况下，与客户建立更加紧密的关系都是很有价值的，在以客户为服务中心的库存管理运作中，库存管理特别需要管理者与员工之间加强协作。在"人际活动"中组织管理者要注意以下问题：

（1）**提高组织管理技巧** 作为管理者要有预测和对库存管理做出计划的能力；有对改善库存管理绩效成本和收益进行有效评估的财务能力；有处理产品与服务供应商关系的商业服务能力；有模拟库存管理问题的分析能力。而作为公司领导要具有领导艺术，让企业的标杆超越活动获得员工的支持；具有沟通技巧、让员工了解到业务发展进程并及时对任何信息进行及时反馈；具有发展技巧，通过培训，提出并实施计划以发展个人和团队能力；具有激励技巧，给员工必要的技巧和信心以使决策能传递到层次较低的员工，他们是最接近库存计划和管理的人员。

> 同步思考 10.6
> 标杆超越中以客户为中心的库存管理的本质是什么？

（2）**加强企业团队建设** 并不是任何一群因某一共同任务而组合在一起的人都可以称为团队。团队是指由两个以上具备互补知识与技能的人所组成的、具有共同目标和具体的、可衡量的绩效目标群体。在以团队为核心的组织中，企业战略目标经逐级下达，按一定的划分规则不断分解，最终到各个团队。团队成为接受工作的基本单元，此时员工则由过去的"应声虫"式角色，转变为一个与其他团队成员彼此信任与依赖、共同为团队目标负责的团队成员，团队比相同数量单独工作的员工能产生更好的绩效。一个企业能否建设高绩效的团队，将会直接影响它在市场中的竞争力。在加强高绩效的团队建设中应注意以下问题：

1）团队规模要适度。美国组织和行为专家斯蒂芬 P. 罗宾斯认为，如果团队成员多于12人，他们就很难顺利开展工作。最好的工作团队一般不会太大。首先，成员过多，在相互交流时会遇到许多困难，更糟糕的是无法在讨论问题时达成一致意见；其次，成员过多还会导致"搭便车"的现象，造成凝聚力、忠诚度和互相信赖的缺乏。

2）成员构成要合理。一个高绩效的团队应该是三类人员的组合：一是具有技术专长，且技术专长是可以互补的成员；二是具有解决问题和决策技能，且能够就解决问题的各个建议进行权衡并做出有效决策的成员；三是具有善于倾听、反馈、解决冲突及其他人际关系技能的成员。

3）共同目标要一致。一致的共同目标是团队存在的基础，是团队凝聚力的源泉，也是团队能否成功的关键。而且成功的团队还应该将它们的共同目标转化为具体的、可衡量的、现实可行的绩效目标，以此作为团队绩效评估的依据。

4）**团队精神要培养**。团队精神是团队成员为了团队利益与目标相互协作，尽心尽力的意愿与作风。它的作用是对成员的技能、积极性、创造性向着同一个方向进行整合，以形成强大的合力指向组织共同目标。没有团队精神，要形成高绩效的团队是不可能的。培养团队精神要注意加强对团队内认知冲突

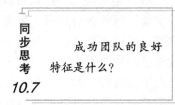

> 同步思考 10.7
> 成功团队的良好特征是什么？

与情绪冲突的管理。认知冲突是一种与任务有关的冲突，是由决策时的不同意见和分歧所引起的。而情绪冲突是与人有关的冲突，由个性与人际关系方面的摩擦，工作中的误解以及挫折所引起的。一般而言，认知冲突有助于实现高质量的决策、改善团队绩效，而情绪冲突则有损于团队绩效的提升。

5）绩效考核要规范。由于团队特殊的动作方式，要求团队成员在团队和个人两个层次上都负有责任。因此，团队绩效的评估，不仅要对团队的绩效进行评估，还要对团队成员的工作表现及团队绩效对组织目标实现的贡献进行评估。

描述一个成功团队的特点，应该以改善库存管理绩效为基础。成功的团队可能有以下良好特征：整个团队工作良好并且目标一致；成员之间极少相互影响和冲突；成员同甘共苦；成员对他们的工作有兴趣，并且很投入；成员同心协力；成员能相互弥补不足；成员工作的目标明确且积极性很高；他们彼此相信，信任他们的领导；团队通常有良好的引导；绩效比相同数量员工单独工作的绩效高。

复习思考题

一、简答题

1．库存周转量的定义是什么？怎样计算？
2．衡量库存服务水平的指标有哪些？
3．标杆的作用是什么？
4．什么是标杆超越？如何利用标杆超越来提高企业的库存管理绩效？
5．怎样建立绩效评价系统？

二、计算题

企业采购 A 商品的进货价格是每单位 1 000 元，销售价格为每单位 1 500 元。每年的销售量为 10 000 个产品单位，平均存货水平为 1 500 个产品单位。存货储存成本为存货价值的 25%。

要求：

1．分析企业的存货储存成本。
2．如果在不影响客户服务水平的情况下，平均存货水平下降 1 000 个产品单位，将会给企业带来怎样的收益？

三、项目题

绩效反馈和面谈是管理者与员工的双向沟通渠道，要实施真正的绩效管理，就必须让被评估者了解自己的绩效状况，管理者应将期望传达给员工，而这些工作的完成都需要通过绩效反馈和面谈来完成。中国古语有云"不打无准备之仗"就表明管理者和员工都需要对将要进行的绩效反馈和面谈做好准备，如果双方都没有准备就坐在一起，很可能出现长时间的沉默或者谈话不能顺利进行的情况。作为管理者和员工在绩效反馈和面谈前，各自需要做些什么准备？在双方的沟通中针对倾听、表达、体态语言及沟通结束的谈话有什么技巧？

请将全班同学分为管理者和员工,双方就"防止次品入库,提高库存绩效"问题进行一次绩效反馈和面谈。

四、讨论题

1. 对库存的实际绩效进行评估的目的是什么?
2. 由于管理者与车间工人所从事的工作不同,因此对他们的奖励也不尽相同。由于管理者们关注股东的利益,因此对他们的奖励应该是根据商业组织的盈利,给予他们股票和资金。而车间工人的主要工作是生产产品,因此对他们的奖励应该是根据生产力的情况,给予他们奖金。请问,你认为这种观点正确吗?

附录　正态分布表

z	0.00	0.01	0.02	0.03	0.04	0.05	0.06	0.07	0.08	0.09
0.0	0.500 0	0.504 0	0.508 0	0.512 0	0.516 0	0.519 9	0.523 9	0.527 9	0.531 9	0.535 9
0.1	0.539 8	0.543 8	0.547 8	0.551 7	0.555 7	0.559 6	0.563 6	0.567 5	0.571 4	0.575 3
0.2	0.579 3	0.583 2	0.587 1	0.591 0	0.594 8	0.598 7	0.602 6	0.606 4	0.610 3	0.614 1
0.3	0.619 7	0.621 7	0.625 5	0.629 3	0.633 1	0.636 8	0.640 6	0.644 3	0.648 0	0.651 7
0.4	0.655 4	0.659 1	0.662 8	0.666 4	0.670 0	0.673 6	0.677 2	0.680 8	0.684 4	0.687 9
0.5	0.691 5	0.695 0	0.698 5	0.701 9	0.705 4	0.708 8	0.712 3	0.715 7	0.719 0	0.722 4
0.6	0.725 7	0.729 1	0.732 4	0.735 7	0.738 9	0.742 2	0.745 4	0.748 6	0.751 7	0.754 9
0.7	0.758 0	0.761 1	0.764 2	0.767 3	0.770 4	0.773 4	0.776 4	0.779 4	0.782 3	0.785 2
0.8	0.788 1	0.791 0	0.793 9	0.796 7	0.799 5	0.802 3	0.805 1	0.807 8	0.810 6	0.813 3
0.9	0.815 9	0.818 6	0.821 2	0.823 8	0.826 4	0.828 9	0.831 5	0.834 0	0.836 5	0.838 9
1.0	0.841 3	0.843 8	0.846 1	0.848 5	0.850 8	0.853 1	0.855 4	0.857 7	0.859 9	0.862 1
1.1	0.864 3	0.866 5	0.868 6	0.870 8	0.872 9	0.874 9	0.877 0	0.879 0	0.881 0	0.883 0
1.2	0.884 9	0.886 9	0.888 8	0.890 7	0.892 5	0.894 4	0.896 2	0.898 0	0.899 7	0.901 5
1.3	0.903 2	0.904 9	0.906 6	0.908 2	0.909 9	0.911 5	0.913 1	0.914 7	0.916 2	0.917 7
1.4	0.919 2	0.920 7	0.922 2	0.923 6	0.925 1	0.926 5	0.927 9	0.929 2	0.930 6	0.931 9
1.5	0.933 2	0.934 5	0.935 7	0.937 0	0.938 2	0.939 4	0.940 6	0.941 8	0.942 9	0.944 1
1.6	0.945 2	0.946 3	0.947 4	0.948 4	0.949 5	0.950 5	0.951 5	0.952 5	0.953 5	0.954 5
1.7	0.955 4	0.956 4	0.957 3	0.958 2	0.959 1	0.959 9	0.960 8	0.961 6	0.962 5	0.963 3
1.8	0.964 1	0.964 9	0.965 6	0.966 4	0.967 1	0.967 8	0.968 6	0.969 3	0.969 9	0.970 6
1.9	0.971 3	0.971 9	0.972 6	0.973 2	0.973 8	0.974 4	0.975 0	0.975 6	0.976 1	0.976 7
2.0	0.977 2	0.977 8	0.978 3	0.978 8	0.979 3	0.979 8	0.980 3	0.980 8	0.981 2	0.981 7
2.1	0.982 1	0.982 6	0.983 0	0.983 4	0.983 8	0.984 2	0.984 6	0.985 0	0.985 4	0.985 7
2.2	0.986 1	0.986 4	0.986 8	0.987 1	0.984 5	0.987 8	0.988 1	0.988 4	0.988 7	0.989 0
2.3	0.989 3	0.989 6	0.989 8	0.991 0	0.990 4	0.990 6	0.990 9	0.991 1	0.991 3	0.991 6
2.4	0.991 8	0.992 0	0.992 2	0.992 5	0.992 7	0.992 9	0.993 1	0.993 2	0.993 4	0.993 6
2.5	0.993 8	0.994 0	0.994 1	0.994 3	0.994 5	0.994 6	0.994 8	0.994 9	0.995 1	0.995 2
2.6	0.995 3	0.995 5	0.995 6	0.995 7	0.995 9	0.996 0	0.996 1	0.996 2	0.996 3	0.996 4
2.7	0.996 5	0.996 6	0.996 7	0.996 8	0.996 9	0.997 0	0.997 1	0.997 2	0.997 3	0.997 4
2.8	0.997 4	0.997 5	0.997 6	0.997 7	0.997 7	0.997 8	0.997 9	0.997 9	0.998 0	0.998 1
2.9	0.998 1	0.998 2	0.998 2	0.998 3	0.998 4	0.998 4	0.998 5	0.998 5	0.998 6	0.998 6
3.0	0.998 7	0.998 7	0.998 7	0.998 8	0.998 8	0.998 9	0.998 9	0.998 9	0.999 0	0.999 0
3.1	0.999 0	0.999 1	0.999 1	0.999 1	0.999 2	0.999 2	0.999 2	0.999 2	0.999 3	0.999 3
3.2	0.999 3	0.999 3	0.999 4	0.999 4	0.999 4	0.999 4	0.999 4	0.999 5	0.999 5	0.999 5
3.3	0.999 5	0.999 5	0.999 5	0.999 6	0.999 6	0.999 6	0.999 6	0.999 6	0.999 6	0.999 7
3.4	0.999 7	0.999 7	0.999 7	0.999 7	0.999 7	0.999 7	0.999 7	0.999 7	0.999 7	0.999 8

参 考 文 献

[1] 现代物流管理课题组. 物流库存管理[M]. 广州：广东经济出版社，2002.
[2] 赵启兰，刘宏志. 生产计划与供应链中的库存管理[M]. 北京：电子工业出版社，2003.
[3] 唐纳德·沃尔特斯. 库存控制与管理[M]. 李习文，李斌，译. 北京：机械工业出版社，2005.
[4] 黄君麟. 物流学导论[M]. 北京：人民交通出版社，2009.
[5] 保罗·齐普金. 库存管理基础[M]. 马常松，译. 北京：中国财政经济出版社，2013.
[6] 张旭凤. 库存管理[M]. 北京：北京大学出版社，2013.
[7] 王远炼. 库存管理精益实战手册（图解版）[M]. 北京：人民邮电出版社，2015.
[8] 陈胜利，李楠. 仓储管理与库存控制[M]. 北京：经济科学出版社，2015.
[9] 蹇令香，李东兵. 采购与库存管理[M]. 2版. 大连：东北财经大学出版社，2016.
[10] 刘宝红. 供应链管理：高成本、高库存、重资产的解决方案[M]. 北京：机械工业出版社，2016.
[11] 伊桥宪彦. 库存消减术：高效库存管理实务[M]. 李莹，译. 广州：广东经济出版社，2017.
[12] 赵晓波，黄四民. 库存管理[M]. 2版. 北京：清华大学出版社，2018.